David Molden

NLP im Management

David Molden

NLP im Management

Werkzeuge für die Führungspraxis

Deutsch von Kirsten Arend-Wagener

WILEY-VCH Verlag GmbH & Co. KGaA

Die englische Originalausgabe des Buches erschien 2007 unter dem Titel *Managing with
the Power of NLP. Neurolinguistic Programming;
a Model for better Management* bei Pearson Education Limited, Edinburgh Gate, Harlow
CM202JE.

© Pearson Education Limited, 2001, 2007

This translation of *Managing with the Power of
NLP. Neurolinguistic Programming; a Model for
better Management* 02 Edition is published by
arrangement with Pearson Education Limited.

1. Auflage 2009

Alle Bücher von Wiley-VCH werden sorgfältig erarbeitet. Dennoch übernehmen Autoren, Heraus-
geber und Verlag in keinem Fall, einschließlich
des vorliegenden Werkes, für die Richtigkeit von
Angaben, Hinweisen und Ratschlägen sowie für
eventuelle Druckfehler irgendeine Haftung

**Bibliografische Information
der Deutschen Nationalbibliothek**
Die Deutsche Nationalbibliothek verzeichnet diese
Publikation in der Deutschen National-
bibliografie; detaillierte bibliografische Daten sind
im Internet über http://dnb.d-nb.de abrufbar.

© 2009 WILEY-VCH Verlag GmbH & Co.
KGaA, Weinheim

Printed in the Federal Republic of Germany

Gedruckt auf säurefreiem Papier.

Satz K+V Fotosatz GmbH, Beerfelden
Druck und Bindung AALEXX,
Großburgwedel
Umschlaggestaltung init GmbH, Bielefeld
ISBN: 978-3-527-50283-7

Geleitwort

Ein exzellenter Manager verfügt über Fähigkeiten, um komplexe Prozesse erfolgreich zu steuern. Er muss Ursache-Wirkungs-Zusammenhänge treffend einschätzen können, und er muss sicherstellen, dass strategische Pläne so umgesetzt werden, dass die beabsichtigten Ergebnisse tatsächlich erzielt werden. Kurzum: Er muss dafür sorgen, dass in seinem Verantwortungsbereich alles optimal funktioniert. Doch in jedem managerialen System gibt es eine Variable, die sich nur allzu oft als schwer steuerbar entpuppt: den Menschen. Die menschliche Komponente sorgt immer wieder für Reibung und Irritationen, insbesondere dann, wenn chronischer Stress den Alltag prägt, und gleichzeitig hohe Leistungs-Motivation und konsequente Realisierung von hohen Zielen gefordert wird.

Nicht alle Manager sind fähige Menschenführer – im Gegenteil, viele Manager verfügen zwar über beachtliche BWL-Kenntnisse, jedoch nur selten über die nötigen »Leadership-Skills«. Führung geschieht nur allzu oft »aus dem Bauch heraus«, mittels Macht und Sanktionen, im besten Fall über Argumente und mit technischem Sachverstand. So ist es kaum verwunderlich, wenn die geführten Mitarbeiter mit einem gestressten »Frustrations-Pegel« durch den Alltag irren – in erster Linie bemüht, offensichtliche Fehler zu vermeiden und dadurch den gefürchteten Sanktionen zu entgehen. So entsteht »Dienst nach Vorschrift« – Werte wie Motivation, Team-Geist, Top-Leistung oder gar Exzellenz entpuppen sich nicht selten als sinn-entleerte Worthülsen auf dem Hochglanzpapier der Unternehmens-Broschüren.

Exzellente Manager müssen lernen zu verstehen, wie Menschen funktionieren. Sie brauchen praktische Strategien, um gezielt auf ihre Mitarbeiter einwirken zu können. Das moderne Business-NLP bietet solche »Win-Win-Strategien« zur hilfreichen Beeinflussung:

NLP im Management. David Molden
Copyright © 2009 WILEY-VCH Verlag GmbH & Co. KGaA, Weinheim
ISBN: 978-3-527-50283-7

- Die Kenntnis der menschlichen Wahrnehmungsfilter ermöglicht ein diagnostisches Modell zur Orientierung in der Gesprächsführung.
- Durch die Anwendung der NLP-Werkzeuge erhöht sich die Flexibilität im Denken, Bewerten und Verhalten.
- Verständnis für psychische Prozesse während der Informationsverarbeitung steigert die Wirksamkeit von Argumenten.
- Durch den bewussten Umgang mit den unbewussten Strukturen des Menschen ergeben sich zielführende Handlungsoptionen in der Mitarbeiterführung.
- Empfänger-orientierte Kommunikation führt zu einer nachhaltigen Verbesserung der Beziehungs-Ebene in Bezug auf Wertschätzung und Vertrauen.

Mit Hilfe des NLP können Manager lernen, sowohl das eigene Gehirn als auch das Gehirn ihrer Mitarbeiter auf Erfolg zu programmieren – zum Wohle aller Beteiligten. Nachhaltig erfolgreiche Kommunikation funktioniert am besten in einem Klima von Wertschätzung und Vertrauen. Ein negatives Betriebsklima ist nachweislich ein hoher Kostenfaktor und bietet keinen fruchtbaren Boden für erfolgreiche Zusammenarbeit. Deshalb fokussiert das moderne NLP zunächst auf das Erzeugen eines positiven Klimas – durch das Prinzip von »Pacing und Leading« und den Kontakt mit attraktiven Win-Win-Zielen und den dafür benötigten Ressourcen.

David Molden ist ein gestandener Manager. Er kennt die komplexen Anforderungen und den enormen Druck, der auf den Entscheidern lastet. In lebendigen Worten beschreibt er, wie das Know-how des NLP im Business auf nützliche Weise angewendet werden kann. Mit sicherer Hand wählt er aus dem riesigen Repertoire des NLP diejenigen Werkzeuge aus, die keinerlei therapeutisches Setting erfordern, sondern von verantwortungsvollen Führungskräften im Business-Alltag praktisch eingesetzt werden.

NLP ist ein ziel-orientiertes Instrumentarium. Ein Manager wird daran gemessen, inwieweit es ihm gelingt seine Ziele zu erreichen. David Molden gelingt es, NLP und Management zu einer fruchtbaren Einheit zu verbinden. Vor dem Hintergrund seiner eigenen Erfahrung als Manager zeigt er dem Leser, wie die Anwendung der NLP-Werkzeuge im Alltag realisiert werden kann.

Dieses Buch kann eine wertvolle Quelle der Inspiration sein – nicht nur für verantwortungsvolle Manager, die ihren persönlichen Handlungsspielraum vergrößern möchten, sondern auch für all diejenigen, die mit anderen Menschen gemeinsam exzellente Leistungen realisieren wollen.

Thomas Rückerl
V.I.E.L Coaching + Training
www.viel-coaching.de

Inhaltsverzeichnis

Geleitwort 5

Vorbemerkung 13

Vorwort 15

Einleitung 19
Welche Fertigkeiten möchten Sie gerne beherrschen? 20
Feedback 23
Wahl 24
Generative Entwicklung 24
Das Maximum aus dem vorliegenden Buch herausholen 27

Kapitel 1
Wie gut sind Sie als Manager? 29
Arbeitet Ihr Autopilot für oder gegen Sie? 29
Wie reagieren Sie auf Probleme? 31
Was glauben Sie zu managen? 35

Kapitel 2
Von der Idee zur Tat 53
Wie gut kommunizieren Sie? 55
Ihre Landkarte der Realität 57
Wie das NLP-Kommunikationsmodell funktioniert 59
Ihre Informationsfilter 60
Wie Ihre Physiologie Ihre Ergebnisse beeinflusst 73

NLP im Management. David Molden
Copyright © 2009 WILEY-VCH Verlag GmbH & Co. KGaA, Weinheim
ISBN: 978-3-527-50283-7

Kapitel 3
Die Richtung gestalten   77
Von hier zu Ihrem Wunschziel gelangen   79
Ihre Richtung gestalten   85
Die Umsetzung   89

Kapitel 4
Selbstbeherrschung   95
Der sechste-Strategie-Zustand   96
Metaprogramme   105
Selbstbeherrschung erreichen   114
Denken in orangen Kreisen   116

Kapitel 5
Macht den Menschen   125
Macht   126
Empowerment   127
Welche Art von Macht haben Sie?   128
Macht generieren   132
Zwei wichtige Lektionen über Empowerment   135
Eine Frage des Respekts   136
Pacing und Leading   139
Reframing   140
Die Macht verleihende Führungskraft   142

Kapitel 6
Erforschen sie ihre Gedanken   149
Einblicke in die Denkweise der Menschen   149
Wie Menschen interpretieren, was Sie sagen   150
Repräsentationssysteme   151
Das visuelle System   154
Das auditive System   157
Das kinästhetische System   159
Innerer Dialog   161
Submodalitäten   166

Kapitel 7
Die Macht der Worte *171*
Intention, Zweck und Outcome *172*
Wie wahrhaftig ist Ihre Sprache für Ihre Erfahrung? *173*
Wie groß ist Ihre Einheit? *174*
Kunstvoll vage Sprache *178*
Framen Sie Ihre Denkweise *190*
Reframen Sie Ihre Denkweise *194*
Lernen Sie, mit Metaphern zu lernen *196*
Ist das, was Sie sagen, kongruent mit dem, was Sie tun? *197*

Kapitel 8
Einfluss und Überzeugungskraft *199*
Sind Sie eine vertrauenswürdige Person? *200*
Wie ich – wie Sie *201*
Rapport *202*
Sinnesspezifische Informationen *202*
Pacing *204*
Leading *210*
Ankern *211*

Kapitel 9
Anwendung von NLP
auf 13 alltägliche Herausforderungen *221*
NLP und Stressmanagement *221*
NLP und Zeitmanagement *223*
NLP und Selbstvertrauen *233*
NLP und persönliche Kreativität *241*
NLP und Gruppenkreativität *255*
NLP und Zögern *272*
NLP und Entscheidungsfindung *277*
NLP und Gruppenpräsentationen *280*
NLP und Motivation *289*
NLP und Meetings *292*
NLP und Projektmanagement *295*
NLP und Management Ihrer Freunde *296*
NLP und Aufbau effektiver Teams *299*

Abschließende Gedanken *309*

Danksagungen *311*

Glossar der NLP-Begriffe *313*

Stichwortverzeichnis *325*

Über den Autor *331*

Vorbemerkung

In den letzten ungefähr 35 Jahren ist die Idee der eigenen Entwicklung von den äußersten Randzonen des Managements und der menschlichen Entwicklung ins Zentrum des Interesses gerückt. Diese Entwicklung ist teilweise auf einen Wechsel der Strategien weg von »Kontrolle« hin zu »Engagement« bei geschäftsführenden Organisationen zurückzuführen. Herrscht bei der Geschäftsführung ein Modell der Planung, Motivation und Kontrolle, dann können diejenigen, die auf die Vorstellung von Menschen stoßen, die für ihr eigenes Lernen verantwortlich sind, nur wenig Sinn darin sehen, verwerfen es als »nicht geschäftsmäßig« oder vielleicht »kalifornisch«. Aber Manager und Geschäftsführer in flachen, schlanken, dezentralisierten Strukturen können schwerer ihre Kontrollfunktionen ausüben und müssen daher gezwungenermaßen über das Fördern von Engagement arbeiten: das Herz und den Geist der Menschen ansprechen, sie ermutigen, ihr ganzes Potenzial und ihre Fähigkeiten zu entfalten.

Diese Verlagerung hat eine große und sich ausbreitende Auswahl von Methoden zur eigenen Entwicklung ins Leben gerufen. Das Neurolinguistische Programmieren (NLP) stammt in der Tat aus Kalifornien, ist aber inzwischen weit gereist. Da ich zur Zeit der Beatles, der Kampagnen für nukleare Abrüstung und *Catch-22*[1] volljährig geworden bin, war ich »Programmieransätzen« zur menschlichen Entwicklung gegenüber immer argwöhnisch. Aufgrund ihrer Stärke in der Schaffung wirkungsvoller Techniken ber-

---

1) *Catch-22* ist der Titel eines Anfang der 60er Jahre erschienen Romans von Joseph Heller über die Absurdität des Krieges und die Dummheit des Militärapparats. In Deutschland wurde das Buch anfänglich unter dem Titel *Der IKS-Haken* veröffentlicht, erschien später dann aber auch unter dem Originaltitel. Anfang der 70er erschien eine erfolgreiche Verfilmung des Buches unter der Regie von Mike Nichols.

NLP im Management. David Molden
Copyright © 2009 WILEY-VCH Verlag GmbH & Co. KGaA, Weinheim
ISBN: 978-3-527-50283-7

gen sie immer auch die Gefahr, vollständig, ausreichend und ohne die Notwendigkeit einer Alternative zu erscheinen. Dennoch sind einige meiner besten Freunde als Ingenieure, Wissenschaftler oder Spezialisten für Fachdokumentation ausgebildet und lieben ihre Stufenmodelle, kognitiven Landkarten und sozialen Technologien – und es gelingt ihnen, für die Welt etwas Gutes zu tun. Wie Buddha schrieb »Es ist besser, etwas Gutes zu tun, als schwierige Bücher zu schreiben.«

Was in diesem Buch zum Vorschein kommt, ist David Moldens Offenheit, Freundlichkeit und Begeisterung für das Lernen. NLP mit seinen Einblicken in Denkmuster, Kreativität und das »Empowerment« (Befähigung, Bevollmächtigung) von Einzelnen und Gruppen hat seine Entwicklung stark geprägt. Hier sehen Sie einige Ergebnisse dieses Lernprozesses. Das Buch ist sehr klar und mit offensichtlicher Hingabe geschrieben. Es liefert nützliche Modelle und überzeugende Aktivitäten zur Verbesserung der menschlichen Kommunikation. Es ist ökologisch, antiautoritär und Verfechter einer Lernkultur in Organisationen, was will man mehr?

Mike Pedler
Revans Professorial Fellow am Revans Centre for Action Learning and Research, Salford University

Vorwort

Lebendig in meiner Erinnerung ist der Tag, an dem ich Manager wurde. Ich sollte die Verantwortung für die Einstellung, Entlassung und Arbeitsleistung von Menschen übernehmen, die ich zum Teil selbst eingestellt hatte, die schon für meinen Vorgänger gearbeitet hatten und die vorher zu meinen Kollegen zählten, aber nicht befördert worden waren. Von mir wurde außerdem erwartet, dass ich Verkäufer war und Verträge abschloss, dass ich Kunden-Präsentationen hielt, meine Organisationseinheit bei Konferenzen des Unternehmens vertrat und die Verantwortung für ein erhebliches Budget übernahm. Nach einer ganz kurzen Zeit der anfänglichen Harmonie wurde mir klar, dass es auch meine Aufgabe war, eine Reihe von Problemen zu lösen, von denen einige größere Auswirkungen auf die Rentabilität hatten.

Als sich die Gehaltserhöhung, der neue Firmenwagen und andere Verlockungen des Managements abgenutzt hatten, erkannte ich schließlich, was für eine enorme Herausforderung ich angenommen hatte. Es lag an mir, andere Menschen dazu zu bringen, großartige Leistungen zu erbringen. Damals hatte ich keine entsprechende Ausbildung und wenig Erfahrung im Führen von Menschen, und NLP war noch nicht im Vereinigten Königreich angekommen.

Wenn ich auf diese Anfangsjahre zurückblicke, erkenne ich, wie viel leichter es gewesen wäre, wenn mir das NLP schon zur Verfügung gestanden hätte, anstatt auf meine Naivität und die wenigen Management-Ratgeber in den örtlichen Buchhandlungen vertrauen zu müssen. Allerdings hatte ich das Glück, einen äußerst effektiven Geschäftsführenden Direktor zu haben, von dem ich zahlreiche Lektionen lernte, und mit einer Reihe anderer Direktoren zusammen zu arbeiten und sie zu beobachten, von denen ich einige als ausgezeichnet und andere als weniger ausgezeichnet erachtete.

NLP im Management. David Molden
Copyright © 2009 WILEY-VCH Verlag GmbH & Co. KGaA, Weinheim
ISBN: 978-3-527-50283-7

Nach einigen Jahren als Manager für Militärdienst und Training lernte ich das NLP kennen und erkannte sofort, wie es mir in dieser Funktion von Nutzen sein konnte. Ich setzte es ein, um mein Vorhaben stufenweise zu steigern und begann, es in die Lehrgänge des Unternehmens für Führungskräfte und Mitarbeiterführung zu integrieren. Die Ergebnisse waren erstaunlich. Wir sahen einen deutlichen Unterschied zwischen Managern, die auf herkömmliche Weise fortgebildet wurden, und denjenigen, die die NLP-Auswahl hatten. Die gut feststellbaren Ergebnisse führten dazu, dass die Kurse sich allein durch Mund-zu-Mund-Propaganda füllten.

Dieses Buch stützt sich auf Erfahrungen, die ich in den Jahren der Fortbildung und des Unterrichtens von tausenden Managern unter Einsatz von NLP-Werkzeugen zur Aufladung ihrer Leistungsfähigkeit gesammelt habe. Manager, die meine Kurse besucht haben, zeigten danach außerordentlich gute Leistungen und haben heute führende Positionen in Unternehmen inne. Einige leiten heute ihre eigenen Unternehmen, andere unterrichten Manager und Direktoren, die am Anfang ihrer Laufbahn stehen. Eine Sache haben sie alle gemeinsam: Sie haben gelernt, mit den tagtäglichen Herausforderungen des Managements wie Motivation, Entscheidungsfindung, Kommunikation, Projektmanagement, Auswahl und Einstellen von Mitarbeitern, Konferenzen, Zeitmanagement, Veränderungsmanagement, Finanzen, Strategie, Kreativität, Team-Performance und Beeinflussung umzugehen und dabei frei von den physischen Belastungen zu bleiben, die so häufig mit dieser Funktion einhergehen. Auch Sie können lernen, das NLP für all diese Aspekte des Managements und darüber hinaus zu nutzen. Während die betriebliche Umgebung immer stärker vom Wettbewerb geprägt ist, spielt NLP eine zunehmend zentrale Rolle, wenn es darum geht, Manager und Geschäftsführer darin zu unterstützen, auf Draht und ganz oben zu bleiben.

Beim Management gibt es, gelinde gesagt, einige wirklich schwierige Herausforderungen. Es gibt außerdem einen guten Teil »Unsinn« – wie Meetings, die man ohne wirkliche Absicht besucht, die Zeit, die man mit politischen Spielchen vertut, und die abteilungsbezogene Silomentalität. NLP bietet viele *How-to*-Werkzeuge, um Ihnen beim Umgang mit sowohl unsinnigen als auch wirklichen Herausforderungen beim Management von heute zu helfen.

Einige Hintergrundinformationen

Im Jahre 1976 saßen Richard Bandler und John Grinder[2] in einer Hütte in den Bergen oberhalb von Santa Cruz, Kalifornien, zusammen und dachten über einen Namen für ihre bahnbrechende Forschung im Bereich menschliche Kommunikation, Lernen und Veränderung nach.

Sie gelangten zu dem Begriff *Neurolinguistisches Programmieren* oder kurz NLP, eine äußerst treffende und beschreibende Bezeichnung. Ich frage mich, ob ihnen seinerzeit bewusst war, was für einen Sprung sie in dem Bereich gemacht hatten, den wir im Allgemeinen als Persönlichkeitsentwicklung bezeichnen, als sie die Erkenntnisse zusammenführten, die sie von Menschen aufgezeichnet hatten, die vollkommen anders dachten und handelten als es der Konvention entsprach, u.a. Gregory Bateson, Milton H. Erickson, M.D., Virginia Satir und Fritz Perls. Ob sie es wussten oder nicht, ist unwichtig; ich bin nur dankbar, dass es geschehen ist und das NLP letztendlich den Weg von Kalifornien bis zu meiner Türschwelle hier im Vereinigten Königreich gefunden hat.

Dieses Buch ist eine Sammlung meiner eigenen Erfahrungen aus dem Einsatz von NLP in der Wirtschaft, von meinem ersten NLP-Abenteuer im Jahr 1994 bis heute. Es ist in Schlüsselabschnitte unterteilt, die langsam NLP-Wissen, Konzepte und Techniken aufbauen, sodass Sie ein gutes und gründliches Verständnis von dem Thema bekommen. Es ist außerdem so aufgebaut, dass Sie jederzeit in einzelne Abschnitte eintauchen können, um einen schnellen und leichten Hinweis zu bekommen.

Ihr Entschluss, dieses Buch zu lesen, bedeutet, dass Sie motiviert sind, neue Perspektiven des Lernens, der Kommunikation und der Persönlichkeitsentwicklung zu suchen. Vielleicht sind Sie einfach neugierig, die Unterschiede, die im Bereich Denken und Verhalten im Management festgestellt worden sind, zu erforschen. Perspektive und unterschiedliche Denkmuster sind die Wurzeln unseres gesamten Verhaltens. Wie Sie Ihren Geist einsetzen, entscheidet über Ihre Ergebnisse.

---

2) Bandler und Grinder, *Frogs into Princes*, Real People Press, 1979.

Was auch immer Ihre Motivation ist, dieses Buch in die Hand zu nehmen, ob Sie, wie eine wachsende Anzahl von Geschäftsführern, effektive Kommunikationsfähigkeiten entwickeln möchten, ob Sie größere Dinge mit spürbarer Leichtigkeit und Vortrefflichkeit erledigen möchten oder ob Sie einfach all Ihre Ergebnisse verbessern möchten, begleiten Sie mich auf der weiteren Reise, um die Kraft von NLP – eine Wissenschaft der Perspektive und des Unterschieds – zu entdecken.

David Molden

Einleitung

Wenn es Sie reizt, über konventionelle Lehrmodelle hinaus nach *neuen* Wegen zur Entwicklung von Management-Kompetenz zu suchen, so ist dieses Buch für Sie geschrieben. Es konzentriert sich auf *Sie*, den Manager, und darauf, wie *Sie* sich verändern können, um höhere Qualitätsstufen zu entwickeln, und nicht so sehr darauf, wie Sie andere verändern können. *Sie sind das Rollenvorbild für Ihre Leute. Sie sind das Beispiel dafür, wie man in der Organisation sein muss.* Wenn Sie motiviert sind, zu lernen und sich selbst zu entwickeln, dann wird Ihnen NLP helfen zu entdecken, wie Sie Ihre Gedanken und Ihre Sprache nutzen oder *programmieren* müssen, um die Ergebnisse zu erhalten, die Sie sich wirklich für sich selbst, Ihr Team und Ihre Organisation wünschen. Infolge dieser Veränderungen werden Sie einen positiven Einfluss auf andere Menschen haben, die sich daher auch verändern werden. Ich werde erläutern und praktische Beispiele dafür anführen, wie NLP von allen Managern genutzt werden kann, von dem *blutjungen, frischen Nachwuchs* bis zu den *nicht mehr ganz frischen, aber erfahrenen Managern* und den *führenden Unternehmensstrategen.* Ich werde mit Ihnen meine persönlichen Erfahrungen aus dem Einsatz von NLP, um ein effektiverer Manager zu werden, und die Erfahrungen anderer aus der Praxis, von denen ich so viel lernen durfte, teilen. Außerdem lade ich Sie ein, einige Übungen durchzuarbeiten, damit Sie beginnen können, NLP zu praktizieren und die Ergebnisse selbst zu erleben.

Neuro – was wir mit unserem Gehirn tun.

Linguistisch – verbale und nonverbale Sprache, die wir zur Organisation und Kommunikation unserer Gedanken verwenden.

Programmieren – die einzigartige Weise, auf die jeder Einzelne alles zusammensetzt, um Verhalten zu erzeugen.

NLP im Management. David Molden
Copyright © 2009 WILEY-VCH Verlag GmbH & Co. KGaA, Weinheim
ISBN: 978-3-527-50283-7

Es handelt sich hier um ein Buch über die Persönlichkeitsentwicklung für Manager. Meine Absicht war es, mich auf die praktische Anwendung des NLP im Management zu konzentrieren, sodass ich nur soviel Theorie und Fachjargon hinzugefügt habe, wie zum Verständnis der Funktionsweise von NLP nötig ist. In den ersten acht Kapiteln werden Sie in Konzepte des Managens und NLP eingeführt, u. a. einige Kernübungen des NLP. In Kapitel 9 werden viele der wichtigsten Gebiete der Arbeitsleistungen eines Managers abgehandelt, wobei spezielle NLP-Werkzeuge zur Erzielung von vorzüglichen Leistungen auf jedem dieser Gebiete erläutert werden. Als Entwickler habe ich NLP sowohl in Klassenräumen als auch außerhalb eingesetzt, und in diesem Buch lasse ich Sie an Anwendungen aus meiner eigenen Erfahrung als Manager und aus meinen Management-Trainingskursen teilhaben. Zunächst werde ich die Basis für Kapitel 1 legen, indem ich Ihnen von einer frühen persönlichen Erfahrung des Managens *ohne* die Kraft von NLP berichte.

NLP ist eine Lerntechnologie

Welche Fertigkeiten möchten Sie gerne beherrschen?

Ich erinnere mich daran, vor meine erste wirkliche Herausforderung im Management gestellt worden zu sein – einen regionalen Servicebetrieb aus dem Nichts aufzubauen. Die Aufgabe ging mit der vollen Mitgliedschaft in der Zunft bekannt als *Management* einher. Die Zeiten bei Computacenter, einem Unternehmen in der jungen, aber schnell wachsenden Microcomputer-Branche, waren spannend und ich wünschte mir nichts mehr, als Erfolg zu haben und mir als Manager einen Namen zu machen.

Die ersten Wochen dienten mir als Orientierungsphase in meiner neuen Umgebung, und dann, am Montagmorgen der dritten Woche, wurde mir plötzlich die nackte Realität meiner Situation bewusst. Was waren meine Ziele? Was wurde von mir erwartet? Welche Verantwortung und Autorität hatte ich? Was war aus der Aufregung geworden, die ich bei meinem Vorstellungsgespräch mit meinem Manager empfunden hatte? Die Beförderung hatte mir ein solch überwältigendes Gefühl einer großartigen Leistung vermittelt, dass ich alle rationalen Fragen zur Funktion, die mir übertragen worden war, verdrängt hatte. Es wurde mir jedoch schnell klar, dass, was für Pläne es auch immer für den Betrieb in der Region gegeben haben mochte, es allein an mir lag, sie zum Erfolg zu führen! Es dauerte nicht lange, bis ich typische Symptome desjenigen entwickelte, der auf seine Rolle nicht vorbereitet ist, u.a. Zögern, Unruhe, mangelndes Vertrauen in meine Entscheidungen, schlechte Zeiteinteilung, Verschiebung von Prioritäten und natürlich Stress. Irgendwie gelang es mir, ein brillantes Team aufzubauen, und ich hatte einige vorzügliche Rollenvorbilder, von denen ich lernen konnte, und schließlich setzte ich meiner Zeitverschwendung ein Ende, fand den richtigen Weg und kam richtig in Fahrt.

Später erkannte ich, dass meine persönliche Erfahrung, einfach in das Management berufen zu werden, sich nicht von den Erfahrungen zahlreicher Kollegen und Gleichrangiger in anderen Unternehmen unterschied. Ich habe nie den »How-to«-Managementführer gefunden, und somit entwickelten sich meine Fertigkeiten allmählich aus der Erfahrung heraus. Von meinen Rollenvorbildern lernte ich sowohl außerordentlich gutes Management als auch Missmanagement – zum Glück folgte ich nicht allen Beispielen. Also womit möchten Sie aufhören? Wenn Sie ein junger Manager am Anfang Ihrer Karriere sind, kommt Ihnen meine Geschichte vielleicht bekannt vor. Wenn Sie eher in meinem Alter sind, reifer mit über eine Reihe von Jahren gesammelter Erfahrung, ist es wahrscheinlich, dass die vor Ihnen liegenden Herausforderungen aus der sich verändernden Organisationsumgebung herrühren, in der Verschlankung, Hierarchieabbau, Neuorganisation und Umstrukturierung als Grundzutaten für die zukünftige Gesundheit und Fitness des Unternehmens gelten. Welche Management-Erfahrung Sie auch immer gesammelt haben, Sie wissen wahrscheinlich, womit Sie aufhören und was Sie stattdessen tun möchten.

Tom Peters[3] vertritt in seinem Buch *Kreatives Chaos* die These, dass die Gewinner von Morgen diejenigen sind, die fähig sind, pro-

---

[3] Tom Peters, *Thriving on Chaos – Handbook for a Management Revolution*, Pan Books, 1987 (im Deutschen erschien das Buch unter dem Titel: *Kreatives Chaos*).

Arbeitsumgebungen werden durch wachsende Vielfalt und Mehrdeutigkeit komplexer.

aktiv mit dem Chaos umzugehen, das die Folge des zunehmenden Wettbewerbs ist. Wenn also das Chaos etwas ist, auf dem man gedeihen kann, so ist die entscheidende Frage: Welche Fertigkeiten braucht ein Manager, um in dieser chaotischen Umgebung Ergebnisse zu erzielen?

Konventionelle Lernmethoden erfüllen die Anforderungen heutiger Manager nicht. Konvention hat nicht die Schnelligkeit, Flexibilität und generativen Eigenschaften, die für die Persönlichkeitsentwicklung mitten in dem sich beschleunigenden Tempo der modernen Geschäftswelt erforderlich sind.

Die Herausforderung der heutigen Generation von Managern besteht in der Entwicklung der Fähigkeit, im Rekordtempo zu lernen, die Mehrdeutigkeit zu überwinden und die Arbeitsumgebung zu einem Ort zu machen, deren Teil die Menschen sein wollen. Welche Erfahrung, welchen Status, welchen Intellekt, welche Rolle oder welche Ziele Sie auch immer haben, mit NLP können Sie lernen, Ihr Potenzial voll zu entwickeln und Erfolg im Management zu realisieren.

Manager brauchen die Fähigkeit, immer kreativere und raffiniertere Unternehmenslösungen hervorzubringen.

Beim Managen geht es nicht so sehr darum, *was* man tut, als vielmehr darum, *wie* man es tut. Um als Manager in der heutigen, sich schnell verändernden Geschäftswelt effektiv zu sein, benötigt man effektive Lernstrategien. Strategien sind, *wie* Sie Ihre gewünschten Ziele erreichen, und NLP ist eine der effektivsten *How-to*-Technologien, die es im Bereich der menschlichen Kommunikation, des Lernens und der Veränderung heute gibt.

Sie werden genau erkennen, wie Sie durch ein wachsendes Selbstbewusstsein eine fruchtbare bzw. generative Lernfähigkeit in drei wesentlichen Rollendimensionen entwickeln können: Leadership, Kommunikation und Innovation. Stärkeres Selbstbewusstsein führt zu mehr Kontrolle über Ihr Denken und Verhalten. Dies erzeugt die erforderliche Flexibilität für den Aufbau effektiver Strategien – für jede Herausforderung des Managements. Welche Fertigkeiten möchten Sie also gerne beherrschen?

Starkes Selbstbewusstsein führt zu mehr Kontrolle über Ihr Denken und Verhalten.

Feedback

Viele Menschen glauben, dass das Lernen von Feedback ein unbewusster Prozess ist, d. h., dass sie keine Zeit darauf verwenden müssen, über Feedback nachzudenken, weil das Lernen als natürlicher und automatischer Prozess abläuft. Sie haben völlig Recht. Allerdings handelt es sich beim automatischen Lernen nicht notwendigerweise um das gewünschte Lernen.

Das automatische Lernen ist nicht notwendigerweise das gewünschte Lernen.

Manager, die immer wieder Brände bekämpfen, nutzen Feedback auf diese Weise. Sie nutzen das Feedback, um ihr System der Brandbekämpfung, das sie von einer Krise zur nächsten führt, aufrechtzuerhalten. Zu meiner Zeit kannte ich einige gute Löschtruppführer, und es waren ihre automatischen Reaktionen auf Feedback, die dazu führten, dass sie weiterhin routinemäßig ihren Trott beibehielten. Bedauerlicherweise lernen sie aus ihrer Erfahrung nur verschiedene Möglichkeiten kennen, um noch mehr Feuer zu löschen – ohne dass ein Brandschutzplan in Sicht wäre!

Das ist eine Möglichkeit, mit Feedback umzugehen. Eine andere ist zu denken, dass Feedback einen persönlichen Angriff bedeutet, in die Defensive zu gehen und das Feedback als den Fehler eines anderen von sich zu weisen. Das nützlichste Feedback ist frei von Urteil über Wesen, Absicht, Emotion oder jede andere Art der Kontamination.

Das nützlichste Feedback ist frei von Urteil.

Behandeln Sie es, wie ein Wissenschaftler ein Laborexperiment behandeln würde – genaue Beschreibung dessen, was Sie sehen und hören. Zu sagen »Er mochte meinen Vorschlag nicht« – »Er kann die Qualität dessen, was wir ihm vorlegen, nicht richtig einschätzen«, bedeutet, lebenswichtiges Feedback mit Vorlieben/Abneigungen und Urteilen darüber, ob etwas richtig eingeschätzt wird oder nicht, zu kontaminieren. Es ist besser, das Feedback zu akzeptieren, herauszufinden, warum der Vorschlag nicht angenommen wurde und etwas Positives dagegen zu unternehmen.

Wahl

Wir alle treffen im Laufe eines Tages viele Male eine Wahl. Wie wir auswählen und was wir auswählen, schränkt unsere Optionen ein. Auf einem Flughafen kann ich aus einer Reihe von Flugzielen auswählen. Wenn ich New York wähle und mitten im Flug einen Bericht über schlechtes Wetter dort höre, ist es Pech – ich befinde mich auf dem Flug nach New York. Die Wahl des Verhaltens ist damit vergleichbar, und die Folgen einer unpassenden Auswahl müssen wir akzeptieren und damit leben.

Sie haben auch die Wahl, wie Sie eine Wahl treffen. Sind Sie jemals aus Gewohnheit in einen falschen Bus gestiegen oder an ein falsches Ziel gefahren? Das geschieht häufig, wenn Sie dieselbe Strecke regelmäßig fahren, aber ein Mal irgendwo anders hinfahren müssen. Weil Sie damit beschäftigt sind, über etwas anderes nachzudenken, wählen Sie den falschen Bus oder die falsche Autobahnausfahrt. Sie können Ihren Gewohnheiten gestatten, automatisch die Wahl für Sie zu treffen, oder Sie können sie im Hintergrund mit höherwertigen bewussten Gedanken ausstatten. Im Berufsleben können scheinbar unbedeutende Entscheidungen im Hinblick auf das, was Sie bei einem Vorstellungsgespräch oder bei Verhandlungen sagen, weitreichende Folgen für Sie, das Unternehmen und dessen Beschäftigte haben.

Generative Entwicklung

Dieses Buch ist um ein allumfassendes »generatives Management-Entwicklungsmodell« herum aufgebaut. Das Konzept hinter dem Modell ist einfach. Sie werden selbstbewusst, indem Sie Feedback akzeptieren, das Sie innerhalb von drei Kern-Dimensionen des Managements verarbeiten – Leadership, Kommunikation und Innovation (siehe Abb. 1.1). Der Begriff *generativ* bedeutet, dass – anders als bei anderen Arten zu lernen –, wenn Sie eine Strategie für fortwährendes Lernen haben, neue Fertigkeiten aus Ihren alltäglichen Erfahrungen entstehen. Also ist Lernen eher ein laufender Prozess als etwas, dass dem Klassenzimmer vorbehalten ist.

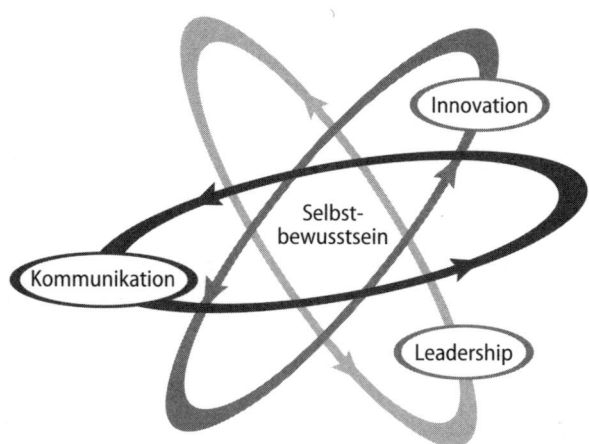

Abbildung 1.1: Generatives Management-Entwicklungsmodell

Sie sind in der Organisation als Führungskraft, Kommunikator und Innovator beschäftigt. Sie bekommen Feedback für Ihre Bemühungen in jeder dieser drei Dimensionen, das Sie entweder ignorieren oder aus dem Sie lernen können. Wenn Sie Ihre betriebliche Leistungsfähigkeit verbessern wollen, werden Sie die Wahl treffen, von Ihrem Feedback Kenntnis zu nehmen, damit Sie in Ihrem Verhalten die notwendigen Veränderungen vornehmen können. Die persönliche Leistungsfähigkeit wird verbessert, indem man Zeit in die Überlegungen investiert, wie man ändern kann, was man tut und sagt (Verhalten). Wenn zum Beispiel ein Meeting nicht entsprechend Ihren Vorstellungen verläuft, was lernen Sie dann über die Art und Weise Ihrer Interaktion? War Ihre Kommunikation klar und deutlich? Haben Sie Ihre führende Rolle (Leadership) deutlich herausgestellt? Waren Sie neugierig genug, um mehr über die Situation zu erfahren? Was können Sie anders machen, um die Dinge zu verbessern?

Manager, die wenig Zeit auf diese Tätigkeit verwenden (Sie kennen sicherlich einige in Ihrem Unternehmen), verändern nur selten, was sie tun und sagen – und ihre Ergebnisse spiegeln häufig dieses unflexible Verhalten wider.

Zeit damit zu verbringen, Ihr Feedback zur Kenntnis zu nehmen und eine intelligente Auswahl in den drei Dimensionen Leadership, Kommunikation und Innovation zu treffen, wird also Ihr Selbstbewusstsein verbessern und Ihre persönliche Entwicklung stärken. Auf diese Weise ist das Modell generativ, was bedeutet, dass Sie Ihr eigenes Lernen und Ihre eigene Entwicklung in allen *vier* Schlüssel-Dimensionen fortwährend generieren.

Selbstbewusstsein

Wie gut Sie sich selbst kennen; was Sie anspricht; sich selbst die Richtung und Ergebnisse vorgeben; ein Rollenvorbild sein und Ihre Fähigkeit verbessern, neues Lernen zu integrieren.

Leadership

Wie Sie sich selbst organisieren und die Methoden, durch die Sie sich motivieren, lenken und das meiste aus sich und Ihrem Team herausholen. Welche Ihrer Verhaltensweisen stellen ein Rollenvorbild für andere dar? Was lernen andere von Ihrem Leadership?

Kommunikation

Wie Sie mit anderen auf mentaler und emotionaler Ebene eine Verbindung herstellen.

Innovation

Wie Sie Vielfalt bieten, eine Plattform für neue Ideen schaffen und eine Umgebung des Lernens und der Innovation pflegen.

Sie agieren, erhalten Feedback und verändern Ihr Verhalten entsprechend der von Ihnen gewünschten Ergebnisse. Im Verlauf dieses Buches werden Sie in verschiedene NLP-Techniken eingeführt, die Ihnen helfen werden, die Qualität und die Quantität von reinem Feedback zu steigern, generative Denkprozesse zu entwickeln und die Flexibilität Ihrer Tätigkeiten in jeder dieser vier Dimensionen zu steigern.

Das Maximum aus dem vorliegenden Buch herausholen

> Chaos erzeugt oft Leben,
> während Ordnung oft Gewohnheit erzeugt.
>
> *Henry B. Adams (1838–1918), Amerikanischer Historiker*

Können Sie sich daran erinnern, als Sie zum ersten Mal Rad gefahren sind? Wie schwierig der Versuch schien, das Gleichgewicht auf zwei dünnen Reifen zu halten, während man seine Füße kreisförmig bewegte. Sich bewusst zu machen, dass die Füße Kontakt mit den Pedalen haben mussten, und gleichzeitig das Gleichgewicht zu halten, um das Rad in die richtige Richtung zu lenken, war nicht leicht, oder? Dann haben Sie es ein zweites Mal versucht, dann ein drittes Mal, bis Sie schließlich, nach vielen blauen Flecken, den Drahtesel beherrschten und damit begannen, Innovationen auf dem Rad vorzunehmen – Sind Sie je freihändig gefahren?

Dies ist ein gutes Beispiel dafür, wie wir lernen. Wenn man zum ersten Mal etwas völlig Neues ausprobiert, fühlt man sich oft unbehaglich. Um Fortschritte zu machen, muss man diese anfängliche Hürde vor dem Lernen überwinden und üben, indem man Anpassungen entsprechend dem Feedback vornimmt. Schließlich verliert sich das Gefühl der Unbehaglichkeit und man fühlt sich bei der neuen Sache wohl. Durch weitere Übung und weiteres Feedback gelangt man auf eine Ebene, auf der man das Rad leicht und anmutig fahren kann, ohne bewusst darüber nachzudenken. Diesen Ansatz benötigen Sie für die praktischen Übungen in diesem Buch, die Ihnen viele neue Wege des Denkens und des Seins aufzeigen werden. Führen Sie die Übungen durch und Sie werden die Früchte ernten.

Im Verlauf des vorliegenden Buches wird Ihnen die Gelegenheit gegeben, NLP-Techniken zu üben. Wenn Ihnen einige seltsam oder merkwürdig erscheinen, so ist das ein Zeichen dafür, dass Sie sich an etwas Neues wagen – außerhalb Ihres vorhandenen Wissens über das Lernen. Beschäftigen Sie sich weiter mit dem Stoff, erforschen Sie ihn und bewahren Sie Ihre Neugierde, mehr zu entdecken. Wenn Sie weiterlesen, werden Sie möglicherweise feststellen, dass sich Ihre eigene Wahrnehmung des Lernens verändert und dass das Generieren eines größeren Selbstbewusstseins für Sie noch natürlicher wird.

Kapitel 1
Wie gut sind Sie als Manager?

Arbeitet Ihr Autopilot für oder gegen Sie?

Wie viel Zeit verbringen Sie mit Selbstreflexion? Wenn Sie wie die meisten anderen Menschen sind, so stehen die Chancen gut, dass Sie es häufig tun, sei es als Urteil darüber, was Sie gesagt oder getan haben, oder als Meinung über Ihr Aussehen und Ihre Gefühle. Es ist so leicht, sich von der aktuellen Situation zu lösen und Gedanken über sich selbst und andere anlässlich vergangener, aktueller, zukünftiger oder imaginärer Ereignisse hervorzurufen. Dieses Verhalten wird häufig als »geistesabwesend« bezeichnet, wobei der Fokus der Aufmerksamkeit nach innen gerichtet wird. Wie oft haben Sie sich auf der Heimfahrt von der Arbeit dabei ertappt, dass in Ihrem Kopf ein Film über irgendein Geschehnis des Tages ablief und Sie sich bei der Ankunft nicht mehr an die Fahrt erinnern konnten?

> Die Ketten der Gewohnheit sind zu leicht, als dass man sie spüren könnte, bis sie zu stark sind, um gesprengt werden zu können.
>
> *Dr. Samuel Johnson (1709–1784),*
> *Britischer Dichter*

Dieser Rückblick wird von dem Bewusstsein ausgeführt, wobei es sich von der äußeren Welt loslöst, und das Unterbewusstsein – oder Ihr Autopilot – übernimmt die Verarbeitung der eingehenden Signale Ihrer fünf Sinne. Wenn Sie noch nie ein Auto gesteuert haben, können Sie sich dann vorstellen, dass man alle Hebel bedient, ohne darüber nachzudenken, *und* sicher fährt? Wenn Sie noch

NLP im Management. David Molden
Copyright © 2009 WILEY-VCH Verlag GmbH & Co. KGaA, Weinheim
ISBN: 978-3-527-50283-7

> **Ihr Unterbewusstsein ist ein Autopilot für Ihre Körperfunktionen und Ihre Gewohnheiten, wohingegen Ihr Bewusstsein die Teile Ihrer Neurologie steuert, die benötigt werden, um die Worte, die Sie gerade jetzt vor Augen haben, zu lesen und zu deuten.**

nicht sehr lange Autofahrer sind, haben Sie möglicherweise die Koordination der Bedienungselemente des Fahrzeugs noch nicht in dem Maße entwickelt, dass das Fahren nur wenig Ihrer bewussten Aufmerksamkeit fordert. Das kommt mit der Zeit. Wenn Sie ein erfahrener Fahrer sind, wissen Sie, wie es ist, am Ziel angekommen zu sein und sich nicht an die Fahrt selbst zu erinnern.

Am letzten Beispiel lässt sich ausgezeichnet zeigen, wie das Unterbewusstsein als Autopilot arbeitet und die Kontrolle über gewohnheitsmäßiges Verhalten übernimmt, während das Bewusstsein innere Prozesse verarbeitet.

Daraus können wir drei Lehren ziehen:

> **Wir sind Meister darin, einen Vorgang zu wiederholen, wenn wir erst einmal gelernt haben, wie es geht.**

1 Wir sind Meister darin, einen Vorgang zu wiederholen, wenn wir erst einmal gelernt haben, wie es geht. So werden Gewohnheiten ausgebildet und beibehalten (Führer von Löschtrupps sind auf diesem Gebiet besonders talentiert).

2 Haben wir erst eine neue Gewohnheit erworben, kann es schwierig sein, damit zu brechen, insbesondere da wir uns die Gewohnheit bewusst machen müssen, damit wir sie vermeiden können. Haben Sie jemals versucht, zum ersten Mal einen Wagen mit Automatikgetriebe zu fahren, und festgestellt, wie Sie nach Kupplung und Schaltknüppel gesucht haben? Das ist ein Grund, warum Menschen es so schwer finden, mit dem Rauchen aufzuhören, sich an eine Diät zu halten oder die Art und Weise zu verändern, wie sie sich gegenüber den Menschen an Ihrem Arbeitsplatz verhalten.

3 Veränderung erfordert sehr häufig das »Verlernen« unerwünschter gewohnheitsmäßiger Verhaltensweisen, bevor nützlichere erlernt werden können. Fahrzeugführer werden durch erworbene Gewohnheiten gefährlich, wie zum Beispiel zu dichtes Auffahren auf den Vordermann. Das Lernen, ein

sicherer Fahrer zu werden, beginnt damit, diese gefährlichen Gewohnheiten zu verlernen, bevor mit dem Erlernen neuer Gewohnheiten wie zum Beispiel der Fähigkeit des vorausschauenden Verhaltens begonnen werden kann.

Arbeitet Ihr Autopilot also für Sie oder gegen Sie? Um diese Frage beantworten zu können, hilft Ihnen eine kleine Selbstanalyse im Detail zu lernen, *wie* Sie mit sich selbst kommunizieren und *wie* Sie Ihren Autopilot programmieren, um neue Gewohnheiten zu erwerben. Lassen Sie uns zunächst einen Blick darauf werfen, wie Sie auf Probleme reagieren.

> **Negatives Denken – was nicht getan werden kann oder was nicht möglich ist – wirkt als begrenzender oder entkräftender Einfluss auf das Unterbewusstsein.**

Wie reagieren Sie auf Probleme?

Hören Sie den Menschen in Ihrer Umgebung zu, wenn sie über ihre Probleme sprechen, und Sie werden zwei verschiedene Arten, Probleme zu beschreiben, erkennen. Manche Menschen werden Ihnen einfach sagen: »Hier gibt es ein Problem«, andere hingegen werden Ihnen sagen, wie ihrer Meinung nach die Lösung aussehen

> **Lassen Sie das NICHT weg. Denken Sie stattdessen, was getan werden kann und was möglich ist.**

müsste, z. B. das Problem eines zu geringen Lagerbestandes könnte geäußert werden mit den Worten »Wir müssen unseren Vorrat aufstocken«. Es mag unwichtig erscheinen, aber bedenken Sie die möglichen Folgen der Reaktion auf jede der beiden Äußerungen. Die erste lässt Raum für weiteres Denken und ermöglicht anderen, sich daran zu beteiligen, mehr über die Situation herauszufinden. Es ist wahrscheinlicher, dass sie zu einer effektiven Antwort führt, als dass einfach davon ausgegangen wird, dass ein niedriger Lagerbestand automatisch bedeutet, dass man den Vorrat aufstocken muss. Wie reagieren Sie auf Probleme? Betrachten Sie die nachfolgende Frage: *Kann man einen quadratischen Klotz in ein rundes Loch stecken?* Was für Antworten würden Sie erwarten?

1 Nein – *das geht nicht*. Das ist die Antwort eines *Defätisten*. Es wird auf die dargestellte Situation und Information reagiert und schließt mit dem Wort *nicht*. Es ist ein entkräftendes Wort, das Ihrem Unterbewusstsein eine Nachricht der Inflexibilität und des Selbstzweifels vermittelt und Sie darauf programmiert, sich stärker auf das

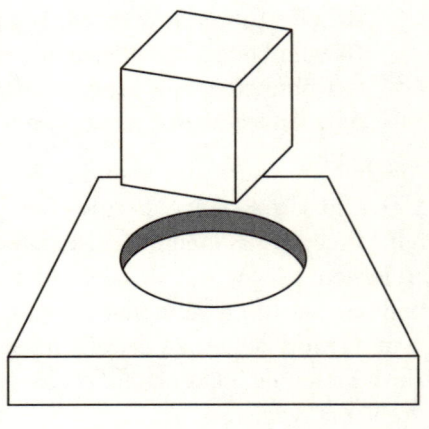

Unmögliche als auf das Mögliche zu konzentrieren. Außerdem ist das Wort in vielen Zusammenhängen, in denen es benutzt wird, unwahr. Woher wissen Sie, dass es nicht geht?

Eine wahrheitsgemäßere Antwort wäre *Ich habe keine Möglichkeit gefunden, es zu tun*. In einem geschäftlichen Umfeld interessieren sich Kunden nicht dafür, was Sie nicht für sie tun können – sie wollen wissen, was Sie tun können –, und ja, manchmal verlangen sie auch etwas, was unmöglich erscheint. Häufig kommen neue und kreativere Alternative zum Vorschein, wenn man das scheinbar Unmögliche erforscht.

2 Geben Sie mir einen ausreichend großen Holzhammer und ich versuche es. Das ist die Antwort eines *Reaktionärs*. Sie mag Entschlossenheit beweisen, lenkt aber die Energie in eine reaktive Lösung. Es besteht die große Gefahr, dass der Klotz, das Loch und der Holzhammer dabei beschädigt werden.

3 Ja, wenn ich den quadratischen Klotz so umforme, dass er passt. Das ist eine *komplexe* Antwort. Damit der Klotz passt, muss ich lernen, wie man quadratische Klötze so verändert, dass sie in runde Löcher passen. Sie ist komplex, weil die Folgen häufig Umgestaltungen von Systemen, Prozessen und Verfahren oder Umstrukturierungen sind, die oft ungeeignet oder nicht durchführbar sind. Sie ist außerdem reaktionär, weil sie ohne wenn und aber auf die dargestellte Situation und Information reagiert.

4 Weshalb soll er passen und vor allem, wie hat jemals ein quadratischer Klotz in ein rundes Loch gepasst? Das ist eine *neugierige*

Antwort. Sie will die Absicht, die hinter der Frage steht, ergründen und sucht nach mehr Informationen außerhalb des gegebenen Rahmens. Das Ergebnis ist ein klareres Bild der Situation, das beim Entscheidungsprozess hilft. Die Antwort fordert die Frage heraus, d. h. sie setzt nicht voraus, dass das Ziel darin besteht, einen quadratischen Klotz in ein rundes Loch zu stecken, und sucht nach weiteren Informationen, um damit zu einer angemessenen Entscheidung zu gelangen. Das heißt nicht, dass alles in Frage gestellt werden sollte, aber wenn man etwas nicht in Frage stellt, besteht die Möglichkeit, dass Ihr Betrieb in überholten Geschäftsabläufen feststeckt.

Vor einigen Jahren trat ein Direktor an einen Freund von mir, der in einer Konkurrenzorganisation arbeitete, mit dem Plan heran, eine zentrale IT-Support-Einrichtung für das Vereinigte Königreich aufzubauen. Mein Freund war begeistert, die Leitung dieses strategisch wichtigen Projekts bekommen zu haben, und akzeptierte alle Voraussetzungen, die damit einhergingen, u. a. diese: *die Analysten des Vereinigten Königreiches wünschen eine zentralisierte Support-Einrichtung*. Ohne dass er es wusste, war dies ein quadratischer Klotz in einem runden Loch.

Drei Jahre später war die Support-Einrichtung ein völliges Chaos. Ihr wurde schlechter Service nachgesagt, das Management-Team war sich über den grundlegenden Sinn und Zweck der Abteilung nicht einig und sie verlor Geld. In dem Versuch, sie funktionstüchtig zu machen, waren viele Veränderungen an Systemen und Investitionen in neue Technologie vorgenommen worden.

> **Das Infragestellen von Voraussetzungen hilft, scheinbar mehrdeutige Situationen zu verstehen.**

Die Analysten des Vereinigten Königreichs, die die Kunden dieser Dienstleistung waren, waren zu keiner Zeit gefragt worden, und sie sahen kaum Nutzen in der Investition. Sie bevorzugten die örtlichen Support-Gruppen, weil sie Netzwerke mit Gleichgesinnten bevorzugten. Diese Situation hätte man möglicherweise vermeiden können, wenn die Voraussetzungen in dem ursprünglichen Auftrag in Frage gestellt worden wären. Die Support-Gruppe wurde schließlich aufgelöst.

Die Neugier-Antwort erfordert flexibles Denken. Man muss offen dafür sein, etwas Neues oder Anderes über die Situation zu entdecken. Flexibel zu sein, bedeutet nicht, Fragestellungen zu vermeiden. Es bedeutet, eine Geisteshaltung zu haben, die ohne Rücksicht auf die aktuelle Situation, Komplexität, Ambiguität, Tempo, Erwartungen, Kultur und Voraussetzungen die gewünschten Ergebnisse liefert. In der Systemtheorie[4] – die viel mit dem ganzheitlichen Ansatz des NLP im Hinblick auf Lernen und Veränderung gemeinsam hat – gibt es ein Prinzip, das als das Gesetz der erforderlichen Varietät (Law of requisite variety) bezeichnet wird. Dort heißt es: »Um sich erfolgreich anzupassen und zu überleben, benötigt ein Mitglied eines Systems ein gewisses Maß an Flexibilität, und diese Flexibilität muss proportional zu der potenziellen Veränderung oder Unsicherheit des übrigen Systems sein.«

Für Manager bedeutet dies, sich nie mit einer Lösung zufrieden zu geben, sondern lieber Voraussetzungen in Frage zu stellen, die Einflüsse in dem größeren System der Organisation zu betrachten und so viele alternative Vorgehensweisen wie nötig zu entwickeln, um neue effektive Möglichkeiten zu schaffen.

Wenn man vor einer Herausforderung steht, hat man vier grundlegende Möglichkeiten zu reagieren:

1 Niederlage,
2 Reaktion,
3 Komplexität,
4 Neugierde.

Der flexible Manager wird gemäß seiner Grundeinstellung mit Option 4 beginnen.

> NLP: »*Um sich erfolgreich anzupassen und zu überleben, benötigt ein Mitglied eines Systems ein gewisses Maß an Flexibilität, und diese Flexibilität muss proportional zu der potenziellen Veränderung oder Unsicherheit des übrigen Systems sein.*«

---

4) Ashby W. Ross, *Introduction to cybernetics*, Chapman & Hall Ltd, London, 1956.

Was glauben Sie zu managen?

Das NLP geht davon aus, dass Sie alle Ressourcen haben, die Sie zum Erfolg brauchen, und wenn Sie den Eindruck haben, dass Sie irgendwo feststecken, liegt es daran, dass Sie Ihren inneren Ressourcen wie Selbstvertrauen, Fokus, Entschlossenheit und Motivation Hindernisse aufgebaut haben. Sie haben bereits gelernt, wie die Gewohnheiten des Denkens und der Sprache Grenzen errichten können. Sie werden sich auf das konzentrieren, von dem Sie glauben, dass es wichtig ist. Sie werden das managen, von dem Sie glauben, dass Sie es managen sollen. Ihre persönlichen Werte werden Ihre Handlungen beeinflussen, und wie Sie sich selbst sehen, wird bestimmen, wie erfolgreich Sie sein werden. Ihre Überzeugungen, Ihre Werte und Ihr Gefühl für ein größeres Ziel als Manager beeinflussen sich gegenseitig und erzeugen Ihr Verhalten. Wie das funktioniert, kann an einem einfachen Modell erklärt werden.

> **NLP:** *Sie haben alle Ressourcen, die Sie zum Erfolg brauchen.*

Es gibt fünf Ebenen beim Lernen, bei der Kommunikation und bei der Veränderung [5], die der Schlüssel für die Entwicklung der Flexibilität Ihres Denkens und Ihres Verhaltens sind. Diese fünf Ebenen sind:

1 Identität oder Rolle
2 Werte und Überzeugungen
3 Fähigkeiten
4 Verhalten
5 Umgebung

In Abbildung 1.2 werden diese fünf Ebenen in einem Kontext dargestellt. Der Kontext oder die Situation, in der Sie sich befinden, hat Auswirkungen auf jede dieser Ebenen. So beruht Ihr Verhalten beispielsweise auf einem Satz von Werten und Überzeugen, wenn Sie bei der Arbeit sind, und auf einem anderen Satz, wenn Sie Zuhause sind; was Sie als Elternteil schätzen, kann etwas ganz anderes sein als das, was Sie als Manager schätzen.

---

[5] Bateson, G., *Steps to an ecology of mind*, Ballantine Books, New York, 1972.

Identität – *wer*?

Menschen, die sich beruflich verändern, beginnen damit, indem sie unbewusst ihre Identität neu rahmen (Reframing). Sie denken zwar oft nicht auf diese Weise darüber – Menschen wachen nur selten am Morgen auf und sagen »Ich habe beschlossen, meine Identität zu ändern«, aber tatsächlich geschieht genau das auf einer unbewussten Ebene.

Nehmen Sie sich einen Augenblick Zeit, um über Ihre berufliche Identität nachzudenken, und vervollständigen Sie diese Aussage: »Ich bin ...« Die Worte, die Sie wählen, um sich selbst zu beschreiben, sind Bezeichnungen (Labels) für Ihre Identität.

In Unternehmen sollen die Bezeichnungen die Funktionen/Rollen der Mitarbeiter beschreiben. Bezeichnungen geben Dingen eine Bedeutung und beeinflussen somit durch ihr Wesen wie wir über sie denken; Projektleiter, Finanzdirektor, Personalsachbearbeiter etc. Ein Einzelhandelsunternehmen, mit dem wir zusammengearbeitet haben, beschloss, alle Mitarbeiter auf allen Ebenen »Kol-

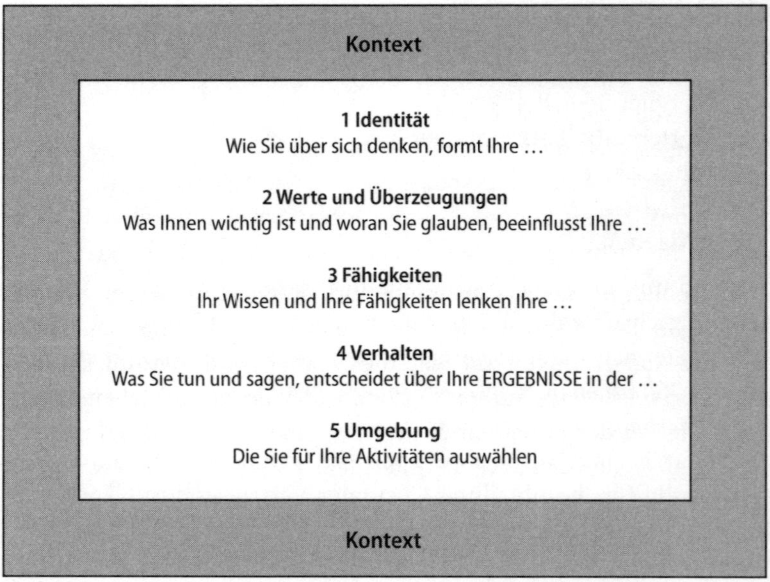

```
                          Kontext

                        1 Identität
              Wie Sie über sich denken, formt Ihre ...

                  2 Werte und Überzeugungen
     Was Ihnen wichtig ist und woran Sie glauben, beeinflusst Ihre ...

                       3 Fähigkeiten
           Ihr Wissen und Ihre Fähigkeiten lenken Ihre ...

                       4 Verhalten
     Was Sie tun und sagen, entscheidet über Ihre ERGEBNISSE in der ...

                        5 Umgebung
              Die Sie für Ihre Aktivitäten auswählen

                          Kontext
```

Abbildung 1.2: Ebenen des Lernens, der Kommunikation und der Veränderung

legen« zu nennen, um von der alten auf den Status ausgerichteten und hierarchischen Kultur wegzukommen.

Aus ihren Visitenkarten geht nur hervor, welchen Teil des Unternehmens sie repräsentieren, nicht die Funktion, die sie ausüben. Identitätsbezeichnungen (Identity Labels) haben großen Einfluss auf Ihren Autopiloten und genau hier, auf der Ebene der Identität, können Sie Ihre Leistungsfähigkeit erheblich verändern.

Übung 1: Identifizieren Sie sich mit Ihrer Rolle

Das Ziel besteht darin, dass Sie über die Bezeichnungen nachdenken, die Sie derzeit für Ihre beruflichen Rollen verwenden, und überlegen, ob es möglicherweise geeignetere Bezeichnungen gibt, die Ihnen helfen können, in diesen Rollen flexibler und erfolgreicher zu sein.

Schreiben Sie in die linke Spalte von Tabelle 1 eine Bezeichnung pro Zeile für jede Ihrer beruflichen Funktionen. Lassen Sie dann für eine Bezeichnung nach der anderen einen Film aus einer bestimmten Zeit, in der Sie diese Funktion ausgeübt haben, vor Ihrem geistigen Auge ablaufen. Lassen Sie sich vollkommen auf diese Situation ein und lassen Sie den Film lebendig werden, indem Sie sich voll und ganz darauf konzentrieren ... lassen Sie ein helles, farbiges, sich bewegendes 3-D-Bild entstehen ... fügen Sie Umgebungsgeräusche hinzu, sodass Sie die Worte der Gespräche, die Sie führen, hören können ... und wenn Sie dann vollen Kontakt mit der Erfahrung hergestellt haben, achten Sie darauf, was Sie sagen und tun, und falls Ihnen Teile in Ihrem Film auffallen, bei denen Sie sich unwohl fühlen, fragen Sie sich: *Was ist hier los?* Und stellen Sie sich dann folgende Fragen: *Wie hätte ich noch flexibler an diese Situation herangehen können? Was könnte ich ändern, um meine Ergebnisse an dieser Stelle zu verbessern?*

Stellen Sie sich beispielsweise vor, Sie hätten als Manager die Verantwortung für die Abteilung Customer Service und Sie legen eine Ihrer Rollenbezeichnungen als »Informationsorganisator« fest. Wenn Sie jetzt Kontakt mit einem typischen Tag herstellen, können Sie den Schwerpunkt darauf legen, dass das Erheben und Ordnen

Tabelle 1: Identitätsbezeichnungen (Identity Labels)

	Herkömmliche Rollenbezeichnungen	Nützlichere Rollenbezeichnungen
1		
2		
3		
4		
5		
6		
7		

von Informationen Ihrer Kunden Zeit raubt, die möglicherweise besser dazu genutzt werden könnte, die Abhängigkeit Ihrer Kunden von Ihrer Dienstleistung zu reduzieren. Eine nützlichere Rollenbezeichnung könnte dann »Erzieher« sein. Durch diese Übung werden verschiedene Bezeichnungen für jede Ihrer Rollen erzeugt. Schreiben Sie diese Bezeichnungen in die rechte Spalte von Tabelle 1 neben die herkömmlichen Rollenbezeichnungen. Führen Sie diese Übung jetzt durch. Möglicherweise bringt sie Sie dazu, anders darüber zu denken, wie Sie Ihre verschiedenen Rollen wahrnehmen.

Wie ist es gelaufen? Haben Sie einige Bezeichnungen gefunden, die möglicherweise nützlicher sind als die herkömmlichen Bezeichnungen? Haben Sie den Umfang Ihrer beruflichen Identität erweitert oder verkleinert? Was Sie gerade getan haben, war einige Identitätsbezeichnungen zu generieren, die möglicherweise eine Auswahl anderer oder alternativer Verhaltensweisen dafür bieten, *was* Sie tun könnten, um flexibler zu sein. Später in diesem Buch folgen Übungen, anhand derer Sie lernen, *wie* Sie Ihre Verhaltensflexibilität verbessern. Erscheint eine der nachfolgenden Bezeichnungen in der von Ihnen soeben ausgefüllten Tabelle: *Fragesteller, Analyst, Innovator, Kompass (anderen Weisungen erteilen), Entwickler, Forscher, Informationsbeschaffer, Hirte, Krankenpfleger, Großvater, Verbreiter?* Einige dieser Bezeichnungen sind metaphorisch. Identitätsmetaphern können sehr effektive Mittel sein, um Ihren Rollen eine Bedeutung zu geben.

> **Identitätsmetaphern können sehr effektive Mittel sein, um Ihren Rollen eine Bedeutung zu geben.**

Ich kannte eine Managerin, die sich selbst als *Löwenbändigerin* betrachtete, weil sie sich in ihrer Hauptfunktion als Verkaufstrainings-Leiterin in einem im aggressiven Wettbewerb stehenden Unternehmen so fühlte. Ihre Kursteilnehmer mussten zahlreiche negative Verhaltensweisen verlernen, die auf einem neuen Marktplatz irrelevant waren. Erst nachdem sie die Konsequenzen ihres üblichen Umgangs mit den Kunden erkannt hatten, konnten sie damit beginnen, die neuen auf Beratung beruhenden Verkaufstechniken zu erlernen – zuerst mussten sie *gezähmt* werden.

Eine Managerin für Kundendienst legte den Schwerpunkt so stark auf Verfahren, dass sie sämtliche Mitarbeiter demotivierte, indem sie deren Zeiteinhaltung ständig auf die Minute genau überwachte. Sie identifizierte sich außerordentlich stark mit Verfahrenstechniken, konnte sich aber schlecht mit der Förderung und Weiterbildung von Menschen oder strategischem Handeln identifizieren. All ihre wichtigsten Mitarbeiter wechselten schließlich in andere Bereiche des Unternehmens.

Ein Manager eines Support Centers identifizierte sich dermaßen mit der Verwaltung, dass er die Bedeutung von Anweisungen an seine Abteilungsleiter nicht erkannt hatte. Es ist wohl überflüssig zu sagen, dass die Ergebnisse der ganzen Abteilung katastrophal waren, weil der Manager sich nicht mit einer Funktion identifiziert hatte, die den Menschen für ihre Arbeit die Richtung vorgegeben hätte.

Werte und Überzeugungen – *warum?*

Werte sind Dinge, die Ihnen wichtig sind.

Werte und Überzeugungen bestimmen, *warum* Sie etwas tun. Sie bestimmen den Zweck und unterstützen oder beschränken Ihre Fähigkeiten. Werte sind Dinge, die Ihnen wichtig sind; und es gibt zwei Arten von Werten – Mittel-Werte (Means Value) und End-Werte (End Value).

Mittel-Werte nähren End-Werte, und sie sind sehr mächtig, denn sie sorgen für Ihre Motivation, Dinge zu erledigen.

Es ist mir wichtig, regelmäßig Sport zu treiben (Mittel-Wert), weil es mir meine Gesundheit wert ist (End-Wert). Ihre End-Werte in einem beruflichen Kontext sind der Grund dafür, warum Sie das tun, was Sie tun – die Job-Zufriedenheit. Erreichen Sie im Beruf keine Zufriedenheit, dann nähren Sie Ihre Werte nicht und leiden wahrscheinlich unter Stress. Mittel-Werte nähren End-Werte, und sie sind sehr mächtig, denn sie sorgen für Ihre Motivation, Dinge zu erledigen. Ein Beispiel:

- Ich beschäftige mich gerne mit kleinen Details in den Lehrmaterialien für meine Kurse, weil (durch dieses Mittel) *Qualität* sichergestellt wird.
- Ich stelle hohe *Ansprüche* an mich selbst und mein Team, weil (durch dieses Mittel) unsere Abteilung ein *professionelles Image* bekommt.
- Es ist wichtig, ein *professionelles Image* zu bewahren, weil wir (durch dieses Mittel) größere Verantwortung und größeres Renommee bekommen, die uns *herausfordern*.
- Vor größere *Herausforderungen* gestellt zu werden, bedeutet (durch dieses Mittel), dass für mich und mein Team *Entwicklungs*möglichkeiten geschaffen werden.

Endwert = Entwicklung

Ricardo Semler[6], Inhaber der Semco S/A, eines brasilianischen Herstellungsbetriebs, führte radikal neue Betriebsabläufe ein, reduzierte die Hierarchie auf drei Ebenen und begann damit, den Mitarbeitern zuzutrauen, die richtigen Entscheidungen zu treffen, ohne bei der Geschäftsführung Rücksprache zu halten.

Im herkömmlichen Sinne hatte das Unternehmen wenig Kontrolle und praktisch keine Disziplin. Während der Übergangsphase verließen einige Leiter aus dem mittleren Management das Unternehmen, weil sie sich nicht länger mit den neuen Rollen identifizieren konnten, die sie jetzt erfüllen sollten. Schließlich waren sie zunächst als Entscheidungsträger, Problemlöser und Mitarbeiterführer eingestellt worden, und diese Rollen waren nun durch die neue Anordnung bei Semco nicht mehr den »Managern« vorbehalten.

Werte verändern sich auch, wenn sich die persönliche Situation verändert. Wenn Sie plötzlich mehr Geld benötigen, um den Lebensstandard zu halten, dann könnte dies einen höheren Stellenwert bekommen. Wenn Ihre Beziehung zu geliebten Menschen schwierig wird, beginnen Sie möglicherweise damit, Ihre Aufmerksamkeit und Energie auf die Wiederherstellung der Harmonie innerhalb der Familie zu richten. In den meisten Fällen verlieren die Werte, die die Arbeit betreffen, an Bedeutung, wenn es größere Defizite auf den grundlegenderen Ebenen der menschlichen Bedürfnisse gibt, wie zum Beispiel Bezahlung und Zugehörigkeit. Überzeugungen unterstützen und verstärken Ihre Werte – sie wirken wie Klebstoff, der sie zusammenhält. Ihre Überzeugungen haben wenig mit einer anderen Realität als Ihrer eigenen zu tun, und Ihre Sinne sind ausgesprochen effizient darin, Informationen auszufiltern, die im Widerspruch zu einer Überzeugung stehen könnten, und Informationen zu entdecken, die eine Überzeugung stützen könnten.

> Überzeugungen unterstützen und verstärken Ihre Werte – sie wirken wie Klebstoff, der sie zusammenhält. Ihre Überzeugungen haben wenig mit einer anderen Realität als Ihrer eigenen zu tun.

6) Semler, R., *Maverick*, Warner Books Inc., New York, 1995.

Überzeugungen sind eher Meinungen als Tatsachen. Hier folgt ein bekanntes Szenario, um die Kraft der Überzeugung darzustellen:

> *Glauben Sie, dass es auf anderen Planeten Leben und die Technologie, die Erde zu besuchen, gibt?*

Von dieser Vorstellung sind manche Menschen überzeugt und andere nicht. Es ist allerdings interessant festzustellen, dass, wenn Sie ein Dutzend Personen aus jedem Lager als Zeugen einer angeblichen UFO-Erscheinung auf einem Hügel versammeln müssten, die Ungläubigen wahrscheinlich alle möglichen Beschreibungen vorbringen würden, die die These stützen, dass es sich bei dem UFO um eine irdische Konstruktion oder eine Illusion handelt, während die Gläubigen eher bereit wären, die Möglichkeit zu erforschen, dass es sich wirklich um ein UFO handelt. Die Überzeugungen der jeweiligen Gruppen beeinflussen ihre Informationsverarbeitung auf unterschiedliche Weisen und unterstützen ihre Werte in mancherlei Hinsicht. Das NLP vertritt den Grundsatz, dass, wovon auch immer Sie überzeugt sind, für Sie wahr ist.

NLP: Was auch immer Sie glauben, es ist für Sie wahr.

Ein ranghoher Manager war von seinem unzweifelhaften Urteil überzeugt. Schließlich erhielt er ein hohes Gehalt dafür, dass er wichtige Entscheidungen traf. Monatelang kämpfte er darum, ein Mitglied seines Teams zu motivieren, aber egal, was er versuchte, die Arbeitsleistung war nie zufriedenstellend. Erst nach einigem professionellen Coaching erkannte er, dass das Problem mit seinem Teammitglied mit den schwachen Arbeitsleistungen darin bestand, dass er ihm einen Aufgabenbereich übertragen hatte, für den es ungeeignet war – eine Entscheidung, für die er allein verantwortlich war. Nach dieser Erfahrung änderte er seine Überzeugung von seiner Urteilsfähigkeit und begann infolgedessen, andere Personen stärker einzubeziehen, wenn er wichtige Entscheidungen zu treffen hatte. Wenn man eine Überzeugung verändert, verändert man die Ergebnisse.

Häufig bitten uns Mandanten darum, mehr Selbstbewusstsein zu entwickeln, was inzwischen ein allgemeines Merkmal vieler unserer Kurse für Persönlichkeitsentwicklung ist. Die entscheidenden Elemente bei der Entwicklung von Selbstbewusstsein sind *Überzeugung* und *Identität*.

Hier folgt ein Beispiel aus dem Bereich der Konferenzleitung:

> Die entscheidenden Elemente bei der Entwicklung von Selbstbewusstsein sind *Überzeugung* und *Identität*.

Stehen Sie plötzlich vor dem Vorsitz oder der Durchführung eines Meetings mit leitenden Direktoren bzw. einer Gruppe von leitenden Spezialisten, so wird eine begrenzende Überzeugung in Ihre Fähigkeit, mit diesen Leuten zu kommunizieren, Ihre Arbeitsleistung und somit Ihre Ergebnisse wahrscheinlich vermindern. Ist die begrenzende Überzeugung stark genug, so werden die Sitzungsteilnehmer Ihrer Körpersprache und der Klangfarbe Ihrer Stimme (Tonalität) wahrscheinlich Signale für wenig Selbstvertrauen entnehmen. Dies wird wiederum Einfluss darauf haben, wie sie mit Ihnen kommunizieren.

Überzeugungen können sich durch Erfahrungen ändern. Wenn Sie bei diesem Meeting eine gute Leistung zeigen, kann die Erfahrung Ihnen helfen, die geringe Überzeugung von Ihren Kommunikationsfähigkeiten zu vermindern. Bedauerlicherweise müssen viele Menschen diese Erfahrungen über eine lange Zeit sammeln und einige Menschen erkennen ihr wahres Potenzial nie. Begrenzende Überzeugungen erzeugen ressourcenarme Geistes- und Körperhaltungen. Wenn es Ihnen an Selbstvertrauen mangelt, sind Sie nicht im besten »Zustand«, mit der Situation umzugehen.

Ressourcenarme Zustände benötigen Energie, um sie zu ertragen – Energie, die besser auf das äußere Problem verwandt würde, nicht auf das innere Dilemma in Ihrem Kopf!

> Ressourcenarme Zustände benötigen Energie, um sie zu ertragen – Energie, die besser auf das äußere Problem verwandt würde, nicht auf das innere Dilemma in Ihrem Kopf!

Selbstvertrauen spielt beim Erwerb von Fertigkeiten eine große Rolle. Wenn Ihr Selbstbild und Ihre Überzeugungen sich gegenseitig positiv verstärken, werden Sie in einem zuversichtlicheren Zustand sein, wenn es darum geht, neue Fähigkeiten zu erlernen und entwickeln.

Ich habe einige Zeit mit einem Freund, der als unabhängiger Berater arbeitet, einen Workshop besucht. Sinn und Zweck des Workshops war es, die Dynamik einer Reihe von Persönlichkeitskomponenten zu erforschen und zu analysieren, wie sie konstruiert waren. Mein Freund erstellte von sich folgendes Profil:

Identität:
Eine Kombination aus Mutter Theresa und Christoph Columbus (ein Helfer mit großer Integrität mit dem Wunsch, andere auf neue Wege des Lernens und der Abenteuer zu führen).

End-Werte
- *Als Mentor anderer Menschen anerkannt zu werden.*
- *Führend im Bereich Persönlichkeitsentwicklung zu sein.*
- *Meine eigenen Fähigkeiten zu verbessern.*
- *Für meine Familie einen gewissen Lebensstandard aufrechtzuerhalten.*

Mittel-Werte
- *Die Probleme anderer Menschen zu analysieren und zu verstehen.*
- *Mehr über mich selbst zu verstehen.*
- *In vielen Netzwerken sehr aktiv zu sein.*
- *Viele neue Freunde zu gewinnen.*
- *Mir selbst und anderen gegenüber ehrlich zu sein.*
- *Neue Entwicklungstechniken und Ideen zu entdecken.*
- *Ein respektables Einkommensniveau zu halten.*

Überzeugungen
- *Jeder braucht einen Mentor.*
- *Mentoren müssen Zeit investieren, um sich selbst zu entwickeln.*
- *Begrenzungen zu beseitigen ist leicht.*
- *Die Menschen mögen mich, weil ich ihnen zuhöre.*
- *Teile meines Wesens verstehe ich noch nicht.*
- *Jeglicher Fortschritt erfolgt durch Erfahrung und persönliche Entwicklung.*

Bei dieser Person handelt es sich um einen überaus fähigen und erfolgreichen Berater für Persönlichkeitsentwicklung und Coach von Führungskräften. Die Menschen rühmen seine Fähigkeiten, sein Mitgefühl, sein Verständnis und seine Gesellschaft. Sein Unternehmen ist erfolgreich. Seine Identität, seine Werte und seine Überzeugungen ergänzen sich gegenseitig, und sein Verhalten entspricht voll und ganz seiner Denkweise.

Im Verlauf dieses Buches bekommen Sie immer wieder die Gelegenheit, das Bewerten ressourcenreicher Zustände in verschiedenen Situationen zu üben und verschiedene Werte und Überzeugungen auszuprobieren, um Ihre Identität zu unterstützen und zu entwickeln. Vielleicht möchten Sie Ihre Identitätsbezeichnungen ändern, wenn Sie weitergelesen haben. Außerdem werden Sie in einige herausragende Techniken eingeführt, mit Hilfe derer Sie persönliche Veränderungen schneller erreichen können, als Sie vielleicht für möglich halten.

Übung 2: Identifizieren Sie Ihre Werte und Überzeugungen

Diese Übung soll Sie dazu veranlassen, über Ihre eigenen Werte und Überzeugungen nachzudenken. Schreiben Sie Ihre Antworten in der Reihenfolge nieder, in der sie Ihnen in den Sinn kommen. Kümmern Sie sich nicht darum, ob es sich um einen End- oder Mittel-Wert handelt oder ob es sich bei einer Antwort um einen Wert oder eine Überzeugung handelt. Es ist nicht immer auf den ersten Blick klar.

Beantworten Sie eine Frage nach der anderen. Frage 1 soll Ihnen einen Mittelwert entlocken. Frage 2 soll Ihnen Werte höherer Ebenen entlocken, die Mittel- oder End-Werte sein können. Wenn Ihnen auf diese Frage keine Antworten mehr einfallen, haben Sie wahrscheinlich einen End-Wert erreicht. Versuchen Sie mindestens drei verschiedene Antworten auf Frage 2 zu finden. Mit Frage 3 sollen Ihnen die Überzeugungen entlockt werden, die Ihre Werte unterstützen. Versuchen Sie, drei oder vier Überzeugungen zu finden, die jeden Satz von Werten unterstützen. Wenn Sie nicht sicher sind, ob etwas eine Überzeugung, ein Mittel- oder ein End-Wert ist, so ist das in Ordnung – schreiben Sie Ihre Gedanken dennoch einfach auf.

Halten Sie einen ersten Entwurf fest, so schnell Sie können; überprüfen Sie dann noch einmal, was Sie geschrieben haben und betrachten Sie die Stärke jedes einzelnen Wertes und jeder einzelnen Überzeugung.

Frage 1 *Was schätzen Sie so sehr an Ihrem Beruf, dass sich Ihre Job-Zufriedenheit erheblich vermindern würde, wenn Ihnen dieser Wert genommen würde?*

Antwort _____

Frage 2 *Und was bringt Ihnen dieser Wert?*

Antwort _____

Antwort _____

Antwort _____

Frage 3 *Wovon müssen Sie überzeugt sein, um die obigen Punkte wertzuschätzen?*

Antwort _____

Antwort _____

Antwort _____

Antwort _____

Antwort _____

Stellen Sie Ihre Werte und Überzeugungen dann und wann in Frage. Ermöglichen sie es Ihnen, flexibler, fähiger und erfolgreicher zu sein?

Vielleicht ist es das erste Mal, dass Sie den Grund und den Zweck Ihres Handelns in Frage stellen. Meine Absicht ist es zu diesem Zeitpunkt, Ihnen das Grundwissen darüber zu vermitteln, wie man eine Verhaltensflexibilität entwickeln kann.

Vielleicht sind Sie damit zufrieden, quadratische Klötze umzuformen oder schwere Holzhämmer zu schwingen. Ich ermuntere Sie jedoch, Ihre Werte und Überzeugungen dann und wann in Frage zu stellen. Ermöglichen sie es Ihnen, flexibler, fähiger und erfolgreicher zu sein?

Fähigkeit – wie?

Fähigkeit kann definiert werden als *wie Sie Ihr Wissen und Verhalten einsetzen, um ein Ziel zu erreichen.* In den meisten Organisationen werden Sie feststellen, dass der Begriff, der am häufigsten benutzt wird, um über Fähigkeit und Verhalten zu sprechen, Fertigkeit ist. Wenn Sie aber lernen möchten, wie eine Fertigkeit überhaupt zu einer Fertigkeit wird, so werfen Sie einen Blick auf die Fähigkeit.

Stellen Sie sich beispielsweise einen Manager vor, der beauftragt wurde, eine wichtige Verhandlung zu führen. Nehmen Sie an, dass er ein bestimmtes Ziel erreichen möchte. Im Laufe der Zeit wird er sicher viele Worte gelernt haben, die sein Vokabular ausmachen, und er hat möglicherweise durch ein unternehmensinternes Strategiepapier, ein Buch, einen Film, einen Lehrgang oder das Beobachten einer anderen Person eine bestimmte Struktur oder ein bestimmtes Format für das Verhandeln erlernt. Dabei handelt es sich um Wissen. Die Fähigkeit ist, *wie* das Wissen genutzt wird, und dieses *wie* hängt von den Unterschieden ab, die er im Zusammenhang mit dem Meeting macht. Was bemerkt er und worauf achtet er? Wie verhält er sich bei seinen Reaktionen?

Die Unterschiede, die er macht, erzeugen sein Verhalten – was er als Reaktion auf jede Interaktion sagt oder tut. Hört und sieht er weiterhin zu oder beginnt er zu sprechen? Welche Worte wählt er, wenn er an der Reihe ist? Wen sollte er ansprechen? Was sollte seine Körpersprache ausdrücken?

Fähigkeit wird auch von allen darüber liegenden Ebenen des Lernens beeinflusst – Identität, Werte und Überzeugungen. Wenn der Manager in unserem Beispiel sich nicht stark mit der Rolle des Verhandlungsführers identifiziert, ist er möglicherweise untauglich. Seine Werte und Überzeugungen wirken sich auf das Ziel aus, das er sich selbst setzt. Möglicherweise glaubt er, dass die Verhandlung aussichtslos ist oder dass es schwer wird. Seine Erwartungen und Ziele werden als Reaktion auf seine Überzeugungen festgelegt, die den Wert, den er der Aktion des Verhandelns beimisst, beeinflussen, entweder als hochwertige Aktivität oder als minderwertige Aktivität.

Das Endergebnis all dieser Einflüsse wird sich in den Unterscheidungen, die er macht, zeigen. Feine Unterscheidungen und klare Ziele sind das Ergebnis hoher Aufgabenwerte, befähigender Überzeugungen und einer starken Rollenidentität. Grobe Unterscheidungen und schwammige Ziele sind das Ergebnis niedriger Aufgabenwerte, begrenzender Überzeugungen und einer schwachen Rollenidentität.

Wenn Sie das Feedback aufnehmen, feine Unterscheidungen machen und Ihr Verhalten modifizieren, können Sie in jeder Situation agieren. Hier folgt ein Beispiel zur Verdeutlichung. Ein neu berufener Manager besuchte einen Lehrgang mit dem Titel »effektive Meetings«. Im Kurs lernte er alles über Tagesordnungen, Protokolle, beim Thema zu bleiben, die Leitung zu behalten, den Blick der Personen auf den Themen zu halten, Abschweifungen zu managen und visuelle Hilfen zu nutzen. Er machte ein paar Übungen und Rollenspiele, um das gelernte Verhalten zu üben.

Als er damit begann, diese neuen Verhaltensweisen bei beruflichen Sitzungen einzusetzen, hatte er ein großes Problem. Die Kultur in dem Unternehmen konnte seinerzeit teilweise als sehr spannend und dynamisch mit einem Großteil sozialen Dialogs und Interaktion gemischt mit Geschäftlichem beschrieben werden. Es war damals ein sehr junges und schnell wachsendes Unternehmen. Meetings mit den leitenden Managern und Direktoren bestanden häufig aus einer halben Stunde Austausch von Geschichten über Vorfälle mit Pkw, Büro-Romanzen und andere soziale Eskapaden. So blieb gewöhnlich wenig Zeit für die Besprechung des Geschäftlichen, und Entscheidungen wurden häufig schnell aus dem Bauch und aus der Erfahrung heraus getroffen.

Was glauben Sie, war auf einer Abteilungskonferenz die Reaktion auf die strukturierten Maßnahmen, die er auf seinem Lehrgang gelernt hatte? Aussagen wie: »Wir schweifen offenbar ab – vielleicht könnte uns eine neuerliche Klarstellung der Ziele dieses Meetings helfen, unsere Aufmerksamkeit wieder auf unsere Ziele zu richten.«

Sie kamen nicht sehr gut an. Tatsächlich beschädigten sie den Rapport, den er mit einigen der dortigen Manager aufgebaut hatte. Er hatte außer Acht gelassen, dass es für Menschen *wichtig* ist, Zeit damit zu verbringen, über soziale Interessen zu sprechen – Klatschen sozusagen! Bewaffnet mit den richtigen Geschichten gelang es ihm schließlich, dass ihm fast alles genehmigt wurde – alles, was er tun musste, war so viel Zeit wie nötig im Bürotratsch-Modus zu verbringen, damit im Ergebnis eine Entscheidung getroffen wurde. Auf vorab gelernte kontextuelle Strukturen zu vertrauen, begrenzt die Flexibilität.

Auf vorab gelernte kontextuelle Strukturen zu vertrauen, begrenzt die Flexibilität.

Jede Situation ist anders, weil Menschen unterschiedlich sind und sich Situationen verändern. Flexibilität ermöglicht es Ihnen, Ihr Verhalten auf Ihre Ziele auszurichten, die Bedeutung der Ziele neu zu bewerten und sie je nach Feedback, das Sie erhalten, zu verändern – damit verbessern Sie Ihre Fähigkeit, erfolgreich zu sein, unabhängig vom Kontext.

Verhalten – *was*?

Verhalten ist, was Sie *tun* und *sagen*, und ist verhältnismäßig leicht zu lernen. Bedauerlicherweise erlernen manche Menschen Verhaltensweisen, die sie eher daran hindern als ihnen dabei helfen, Ziele zu erreichen. Wir lernen eine Vielzahl unserer Verhaltensweisen von den wichtigen Vorbildern in unserem Umfeld. Wenn Sie Glück haben, ist Ihr Manager ein gutes Vorbild.

Manche Menschen können nur von schlechten Vorbildern lernen. Ich kannte einmal einen Hauptgeschäftsführer, den viele wegen seiner Art, anderen seine Meinungen und Entscheidungen aufzuzwingen, als autoritär und diktatorisch beschrieben. Durch seine Stimmlage betonte er eine Dringlichkeit, und seine Worte sprudelten eher schnell und manchmal ein wenig verwirrend hervor. Alle Entscheidungen mussten jetzt getroffen werden und es war nie Zeit genug für rationale Diskussionen. Ich fand es ziemlich unheimlich, zwei seiner engsten Manager dabei zu beobachten, wie sie genau dieselben charakteristischen Merkmale mit einem hohen Grad der Präzision und Exaktheit offenbarten. Haben Sie je über Ihre Verhaltensweisen als Vorbild für andere Menschen nachgedacht?

Umgebung – *wo? wann?*

Die Umgebung wird von allen anderen Ebenen stark beeinflusst. Wenn Sie ein Werte- und Überzeugungs-System haben, das Sie darin unterstützt, unabhängig von fremder Hilfe zu sein und viel Zeit allein zu verbringen, dann werden Sie Ihre Entscheidungen auf der Grundlage der Vermeidung von Gruppen und Menschenmengen machen. Dies wird sich auf die externen Situationen auswirken, vor die Sie gestellt werden.

Manager, die sich vor allem als Administratoren betrachten, tun sich im Allgemeinen schwer damit, Menschen zu führen, da sie häufig lieber alleine in ihrem Büro sitzen und Organisationssysteme überprüfen und entwerfen als mit Menschen zu interagieren. Wenn ein auf sein Büro fixierter Administrator beschlösse, seine Fertigkeiten in der Mitarbeiterführung zu verbessern, so wäre es für diese Person hilfreich, in eine Arbeitsumgebung zu wechseln, in der sie direkter und häufiger mit anderen Menschen interagieren könnte. Ihre Umgebung bestimmt darüber, welche Informationen Ihnen zur Aufnahme über Ihre fünf Sinne zur Verfügung stehen – Sehen, Hören, Fühlen, Riechen und Schmecken.

Die fünf Ebenen beeinflussen sich gegenseitig. Wenn Sie auf einer Ebene eine Veränderung vornehmen, so werden sich alle darunter liegenden Ebenen ebenfalls verändern, wobei sich darüber liegende Ebenen möglicherweise verändern – möglicherweise aber auch nicht. Ihre Identität zu verändern, wird zum Beispiel zu einer Veränderung auf den vier darunter liegenden Ebenen führen. Eine Veränderung Ihrer Umgebung hingegen führt vielleicht – vielleicht aber auch nicht – zu Veränderungen auf höheren Ebenen.

Eine in den Haupteinkaufsstraßen angesiedelte Einzelhandelskette investierte hohe Summen in ein neues Gesicht und ein neues Einkaufsgefühl in ihren Geschäftslokalen. Die Unternehmensleiter hatten gehofft, dass die Renovierung zu einem Umsatzanstieg führen würde, aber tatsächlich war kaum eine Veränderung zu bemerken. Sie erkannten, dass der Schlüssel zu höheren Verkaufszahlen nicht nur in der Verschönerung des Geschäftslokals lag, sondern in einer Veränderung der Art und Weise, wie das Personal arbeitete, und dessen Haltung und Verhalten gegenüber den Kunden. Ein landesweites Fortbildungsprogramm, das auf die Ebenen

Identität und Überzeugungen abzielte, wurde durchgeführt, und endlich trat die gewünschte Veränderung ein.

Ich treffe häufig auf Manager, die darum kämpfen, ihre Leistung auf dem gleichen Niveau zu halten, weil sie sich noch nicht mit den Rollen identifiziert haben, die der Schlüssel zum Erfolg sind. Der Nachwuchs, der sich selbst als Problemlöser und Entscheidungsträger sieht, wird nie ein Entwickler und Coach, solange sich seine Denkweise auf der Identitätsebene nicht verändert. Die erfahrene Managerin, die sich als eine Quelle des Wissens sieht, wenn es darum geht, was in der Organisation möglich ist und was nicht, wird damit zu kämpfen haben, kreative Ideen zu entwickeln, solange sich ihre Denkweise auf der Identitätsebene nicht verändert. Der Unternehmensstratege, der glaubt, er müsse alle Ideen liefern, wird es schwierig finden, andere davon zu überzeugen, solange sich seine Denkweise auf der Identitätsebene nicht verändert.

Wenn das, was Sie tun, nicht funktioniert, können Sie die Dinge verbessern, indem Sie Änderungen an einer oder mehreren der fünf Ebenen des Lernens, der Kommunikation oder der Veränderung vornehmen. In diesem Buch, und besonders in Kapitel 9, finden Sie Übungen und Aktivitäten, die Ihnen helfen werden, die Veränderungen vorzunehmen, die Ihnen ermöglichen, als Manager und als Mensch zu wachsen.

Kapitel 2
Von der Idee zur Tat

Haben Sie bemerkt, dass einige Manager Ideen zu haben scheinen, die sie in die richtigen Taten umsetzen können, um gewünschte Ergebnisse zu erzielen? Andere Manager haben viele Ideen, die nur selten das Tageslicht erblicken. Wenn Sie lernen wollen, wie man Ideen in die Tat umsetzt, ziehen Sie los und beschatten Sie etwa eine Woche lang eine oberste Führungskraft. Führung liegt in der ureigensten Natur ihres Berufsbilds, und Sie werden sehen, dass sie ein dringendes Bedürfnis verspürt, Taten in ihren Terminkalender einzubauen. Lernen Sie alternativ Ihre eigenen Denkmuster kennen und den Prozess, der von der Idee zur Tat führt, verstehen. Sie werden feststellen, dass der Prozess aus fünf Stufen besteht:

> Der Mensch sieht nicht die wirkliche Welt. Die wirkliche Welt bleibt ihm durch die Mauer der Fantasie verborgen.
>
> *George Gurdjieff (1874–1949), Russischer Mystiker und Autor*

1 Beschäftigung mit einer Situation
2 Navigieren vorhandener Erfahrungen
3 Generieren von Ideen
4 Treffen von Entscheidungen
5 Taten in Angriff nehmen

So viele scheinbar brillante Ideen entwickeln niemals ihr erwartetes Potenzial, weil sie irgendwo zwischen *Situation* und *Tat* stecken bleiben. Ganze Branchen sind entstanden, um diese Arten von Problemen zu lösen. Die Anzahl von Organisationen, die Berater mit der Einrichtung von Qualitätsprogrammen, Teams, Um-

NLP im Management. David Molden
Copyright © 2009 WILEY-VCH Verlag GmbH & Co. KGaA, Weinheim
ISBN: 978-3-527-50283-7

strukturierungs-Know-how und einer Vielzahl ähnlicher Methoden im Namen der »Verbesserung« beschäftigen, sind der Beweis dafür, dass der durchschnittliche Unternehmensmitarbeiter Hilfe beim *Navigieren von Erfahrung, beim Generieren von Ideen* und *Treffen von Entscheidungen* zu benötigen scheint. Wenn Sie danach suchen, was für das Feststecken der Ideen verantwortlich ist, so entdecken Sie ein Minenfeld von begrenzenden Überzeugungen, falschen Wahrnehmungen, widersprüchlichen Werten und negativen Emotionen.

Situation

↓

Navigieren von Erfahrung

↓

Generieren von Ideen

↓

Treffen von Entscheidungen

↓

Taten in Angriff nehmen

Was wäre also, wenn wir im Beruf ohne dieses Minenfeld handeln könnten? Stellen Sie sich einen Arbeitsplatz mit Mr. Spock und den anderen Vulkaniern aus »Star Trek« als Mitarbeiter vor. Können Sie sich vorstellen, wie das Leben dann wäre? Sie würden ein Problem identifizieren und einfach mittels Logik zu einer Lösung finden. Wenn dies Realität wäre – Logik ohne Emotionen – wäre das Leben ganz akkurat und genau, aber unerträglich öde und langweilig. Außerdem würde Kreativität fehlen, da sie ein Produkt des emotionalen Teils des Menschseins ist.

Dennoch sind genau dieselben Attribute, die unserem Leben Würze verleihen, auch für einen Großteil der Disharmonie, die wir erleben, verantwortlich. Die Prozesse, die kreative Ideen erzeugen und emotionale Zustände generieren, sind ein grundlegender Teil unseres komplexen Kommunikationssystems. Zur weiteren Erläuterung, wie diese Attribute die Generierung von Ideen beeinträchtigen, werde ich jetzt aus der Wissenschaft der Magie schöpfen.

Das Prinzip, mit dem Zauberer Sie mit dem Trick der verschwundenen Münze verblüffen können, beruht auf Wahrnehmung und Fingerfertigkeit. Zunächst zeigt der Zauberer Ihnen, wie die Münze schnell von einer Hand zur anderen wandert. Wenn Sie seine Bewegungen dabei ein paar Mal verfolgt haben, haben Sie damit begonnen, eine Gewohnheit der Beobachtung auf der Grundlage von Erwartungen auszubilden. Beim dritten Mal macht der Zauberer die Bewegung ein ganz klein wenig anders und noch schneller, mit dem Ergebnis, dass Sie sie verpassen, weil Sie auf eine andere Beobachtung vorbereitet worden waren. Es gibt keine Zauberei, nur Zauberer und die Wahrnehmung der Menschen, und wenn Ihre Wahrnehmungen zu ineffektiven Entscheidungen führen, können Sie durchaus von Ihren Ergebnissen enttäuscht sein.

Es gibt keine Zauberei, nur Zauberer und die Wahrnehmung der Menschen.

Das Gefühl, ausgetrickst oder manipuliert zu werden, mag flüchtig sein, wenn es von einem harmlosen Zauberer verursacht wird; aber wie gehen Sie damit um, wenn es im Beruf auftritt? Wenn Sie Müll gestatten, in Ihren Geist einzudringen, dann werden Sie wieder Müll auswerfen. Das Treffen von Entscheidungen auf der Grundlage dessen, von dem Sie *denken*, dass es geschieht, ist ein Rezept für Enttäuschung.

Wahrnehmung lässt Zauberei funktionieren.

Wenn Sie wollen, dass Ihre Ideen und Entscheidungen tadellos entwickelt werden, zahlt es sich aus, neugierig darauf zu sein, wie Menschen von Annahmen ausgehen, Dinge inkorrekt wahrnehmen, falsche Schlüsse ziehen und die einfachsten Nachrichten fehlinterpretieren.

In Kapitel 1 wurden Sie in einige wichtige Aspekte der Kommunikation mit sich selbst auf der Ebene der Identität, der Werte und der Überzeugungen eingeführt. In diesem Kapitel lernen Sie mehr über den Prozess der menschlichen Kommunikation und wie Sie auf das, was Sie von anderen Menschen sehen und hören, reagieren.

Wie gut kommunizieren Sie?

Der entscheidende Schlüsselfaktor für Ihren Erfolg lässt sich der Art und Weise zuschreiben, mit der Sie auf jeder Stufe zwischen *Situation* und *Tat* mit anderen und mit sich selbst kommunizieren. In Abbildung 2.1 sehen Sie einen Informationsprozessor, der mit einem Kommunikationssystem verbunden ist, das aus einem Encoder, einem Transmitter, einem Receiver und einem Decoder besteht, damit der eingehenden Information Sinn gegeben wird. Das ist eine vereinfachte Version des menschlichen Kommunikationssystems und kann genutzt werden, damit man beginnt zu verstehen, wo es häufig falsch läuft.

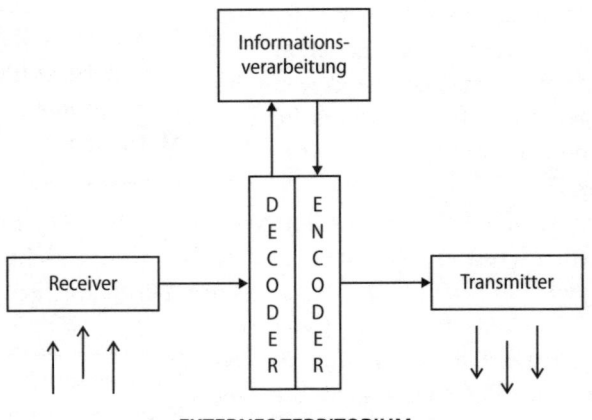

EXTERNES TERRITORIUM

Abbildung 2.1: Wie Kommunikation funktioniert

Garbage In
↓
SYSTEM
↓
Garbage Out

Signale aus dem externen Territorium werden von dem Receiver empfangen und an den Decoder weitergegeben. Der Decoder kann nur Informationen entschlüsseln, die mit dem Code übereinstimmen, mit dem er programmiert ist – alles andere wird ausgefiltert. Die entschlüsselte Information wird dann zur Verarbeitung geschickt. Die verarbeitete Information wird an den Encoder zur Verschlüsselung in Signale geschickt, die Empfänger als Information identifizieren. Der Code wird zwecks Ausgabe an das externe Territorium an den Transmitter geschickt.

So funktioniert im Wesentlichen jedes Kommunikationssystem. Es unterliegt der universellen Kommunikationsregel GIGO (Garbage In Garbage Out [Müll rein Müll raus]). Eine der größten Einschränkungen dieses wie jedes Systems besteht darin, dass es nur Signale entschlüsseln kann, für deren Wiedererkennung es programmiert worden ist – ein Standard-Telefon kann keine Informationen übermitteln, die auf einem Blatt Papier festgehalten worden sind, weil es dafür konzipiert worden ist, Geräusche zu erkennen. Man benötigt einen zusätzlichen Decoder wie z.B. ein Faxgerät oder Personal Computer, Scanner oder Modem, um dies zu erreichen. Dieses einfache

Unsere Wahrnehmungsfilter programmieren unsere Encoder und Decoder.

Beispiel ist eine nützliche Hilfe, wenn es darum geht, das menschliche System der Kommunikation zu verstehen – unsere Wahrnehmungsfilter programmieren unsere Encoder und Decoder.

Ihre Landkarte der Realität

Wenn Sie alle Informationen berücksichtigen müssten, die in jedem einzelnen Augenblick auf Ihre Sinne einstürzen, dann könnten Sie bis zu zwei Millionen Einzelinformationen identifizieren. Forschungen und Tests haben bewiesen, dass wir bewusst nur sieben plus oder minus zwei Informationen aufnehmen können.[7]

Um die Welt (das Territorium/die Landschaft) zu verstehen, filtern Sie einen Großteil der Informationen, die Sie für unnötig halten, aus. Können Sie sich vorstellen, was ein Polizeibeamter und ein Architekt jeweils wahrnehmen und aufnehmen würden, wenn sie eine belebte Geschäftsstraße entlanggingen? Ich bezweifele, dass sie dieselben Erfahrungen machen würden, selbst wenn sie gemeinsam dort entlanggingen. Die Informationen, die Sie aufnehmen, nachdem sie gefiltert worden sind, bilden Ihre eigene individuelle Landkarte der Realität – oder Modell der Welt –, die nicht notwendigerweise das Territorium wiedergibt, aus dem Sie die Informationen erhalten haben.

Eine Landkarte ist nicht dasselbe wie das Territorium. Es ist nur eine Momentaufnahme und gibt nicht die Wirklichkeit wieder. Land- oder Straßenkarten schließen Dinge wie Straßenarbeiten, Wetter und Menschen aus. Eine Landschaft ist immer detaillierter als jede andere Karte, die geschaffen wird, um sie darzustellen. Unsere persönliche Karte enthält unsere Annahmen, Wahrnehmungen, Überzeugungen und Werte. Wir nutzen diese Karte, um unser Verhalten zu lenken, deshalb ist es wichtig zu verstehen, wann und wie wir Informationen filtern. Haben Sie jemals in einem Seminar gesessen und Notizen gemacht und dabei fest-

> **Eine Landkarte ist nicht dasselbe wie das Territorium. Es ist nur eine Momentaufnahme und gibt nicht die Wirklichkeit wieder.**

7) Miller, G. (1956), »The magic number seven plus or minus two: Some limits on our capacity for processing information«, *Psychological Review*, 63, 81–97.

gestellt, dass Sie verpasst haben, was der Redner gerade gesagt hat? In diesem Beispiel werden die Worte des Sprechers von Ihren Filtern getilgt, weil die bewusste Aufmerksamkeit auf dem Schreiben liegt. Abbildung 2.2 stellt eine vereinfachte Version des NLP-Kommunikationsmodells dar, das ich benutzen werde, um Ihnen zu helfen, mehr darüber zu entdecken, wie Sie kommunizieren, Ideen generieren, Entscheidungen treffen und Verhalten (oder Taten) produzieren.

Ich werde anhand einiger praktischer Beispiele erläutern, wie das Modell funktioniert, und Ihnen dann eine kraftvolle und hoch effiziente NLP-Technik vorstellen – das Swish-Muster. Zum jetzigen Zeitpunkt arbeiten wir noch daran, das Bewusstsein dafür zu verbessern, wie man Ideen in Taten umwandelt. Sobald Sie dies fest im Griff haben, werden Ihnen die zahlreichen Techniken und Übungen in diesem und den nächsten Kapiteln helfen, Ihre Verhaltenswahl (Flexibilität) unabhängig vom Kontext zu steigern.

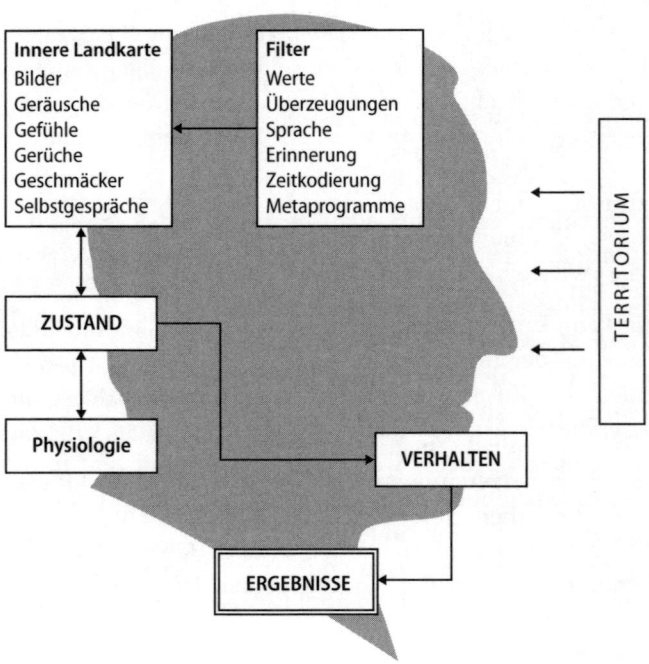

Abbildung 2.2: Das NLP-Kommunikationsmodell

Wie das NLP-Kommunikationsmodell funktioniert

Sie interagieren mit ihrer externen Umgebung durch Selektion von Informationen mittels Ihrer fünf Sinne (Sehen, Hören, Riechen, Schmecken und Fühlen). Da Ihre Sinne von so vielen Informationen gleichzeitig bombardiert werden, geben Sie dem Ganzen Sinn, indem Sie entscheiden, welchen Informationen Sie Aufmerksamkeit schenken und welche Sie ignorieren. Die Filter, die Sie nutzen, um zu entscheiden, was wichtig und was unwichtig ist, sind Werte, Überzeugungen, Erinnerungen, Sprache, Wahrnehmung der Zeit und Motivationsmuster, die man als Metaprogramme bezeichnet (und die in Kapitel 4 behandelt werden).

Wir machen aktiv und unbewusst Informationen ausfindig, die die Dinge stützen, die uns wichtig sind.

Gefilterte Informationen zeichnen durch eine Kombination aus Bildern, Geräuschen, Gefühlen, Gerüchen und Geschmäckern eine innere Landkarte im Kopf. Ihre innere Landkarte und Ihre Physiologie erschaffen zusammen den *Zustand des Seins*. Wir sprechen manchmal davon, in einem bestimmten »Geisteszustand« zu sein, aber häufig sind wir uns nicht bewusst, wie viel unser Körper zu diesem Zustand beiträgt. Wenn sich unser Geist an einen negativen Gedanken klammert, verspannt sich unser Körper. Dies bezeichnen wir allgemein als »Stress«. Ein Zustand der Entspannung kann durch langsame und tiefe Atmung und Lösung der muskulären Anspannung erreicht werden. Ihr Zustand beeinflusst Ihr Verhalten und somit die Ergebnisse, die Sie erzielen. Jegliches Verhalten hängt vom Zustand ab. Durch diesen Prozess werden Ideen generiert und in die Tat umgesetzt. Also beginnt eine zunehmende Verhaltensflexibilität damit, dass man lernt, die Zustände des Geistes und des Körpers zu steuern. Dazu muss man verstehen, wie die Informationsfilter funktionieren.

Innere Repräsentationssysteme:

V – Bilder (visuell)

A – Geräusche (auditiv)

K – Gefühle (kinästhetisch)

O – Gerüche (olfaktorisch)

G – Geschmäcker (gustatorisch)

Jegliches Verhalten hängt vom Zustand ab.

Ihre Informationsfilter

Werte und Überzeugungen veranlassen Sie, nach Informationen Ausschau zu halten, die das stützen, was Ihnen wichtig ist, und dabei übersehen Sie einen Großteil der Informationen, die nützlich sein könnten. Ich habe erläutert, wie Werte und Überzeugungen in jeder der Rollen, die Ihre Identität ausmachen, Begrenzungen verursachen können, deshalb werde ich diesen Abschnitt mit *Sprache* fortsetzen.

Sprache

Wenn Sie jede einzelne Ihrer Erfahrungen genau darstellen müssten, würden Sie die Menschen zu Tode langweilen. Vielleicht kennen Sie einige Menschen, die so sind.

> **Durch unseren Gebrauch der Sprache verallgemeinern, verzerren und tilgen wir viele Informationen aus unserer ursprünglichen Erfahrung.**

Durch unseren Gebrauch der Sprache verallgemeinern, verzerren und tilgen wir viele Informationen aus unserer ursprünglichen Erfahrung und geben den Menschen letztendlich Zusammenfassungen und Bruchstücke.

Hier ein gängiges Beispiel: Ein Kollege kommt aus einer Sitzung und Sie fragen ihn: »Wie war das Meeting?« Ein typische Antwort wäre: »Nun, es war wirklich produktiv. Es dauerte einige Zeit, bis wir zu einigen der Tagesordnungspunkte kamen, aber wir haben es letztendlich geschafft.« Das sagt Ihnen sehr wenig über die Sitzung. Wenn Sie einen genaueren Bericht wünschten, müssten Sie das Sitzungsprotokoll lesen, und selbst dieses Protokoll der Ereignisse würde wahrscheinlich infolge einer veränderten oder falschen Wortwahl einige Fehlinterpretationen enthalten. Mit Sicherheit würde es weder Körpersprache noch Tonfall, Gesichtsausdrücke oder Emotionen enthalten, die einen so großen Teil der Bedeutung in der Kommunikation ausmachen.

Worte geben einen sehr schlechten und übermäßig vereinfachten Bericht einer ursprünglichen Erfahrung und sind häufig der Grund für viele vergebliche Bemühungen. Wir geben der Welt um uns herum durch den Gebrauch der Sprache eine Bedeutung, die häufig nicht der wahren Darstellung unserer Erfahrung entspricht. Versuchen Sie diese einfache Denksportaufgabe als Beispiel:

> **Frage: Der Bahnwärter sah, wie der Zugführer ein rotes Signal passierte, aber er meldete den Vorfall nicht – warum?**

Versuchen Sie, eine eigene Antwort zu finden, bevor Sie weiterlesen.

Antwort 1: *Das Rotlicht warnte Züge, die in die entgegengesetzte Richtung fuhren.*

Antwort 2: *Der Zugführer ging zu Fuß.*

Antwort 3: *Der Bahnwärter sah einen Film über den Zugführer im Fernsehen.*

Antwort 4: *Bei dem Rotlicht handelte es sich um eine Straßenverkehrsampel, die Fahrzeuge an einem Bahnübergang anhielt.*

Antwort 5: *Der Bahnwärter beobachtete den Zugführer aus einem Flugzeug, das gerade über die Bahnschienen abhob.*

Sprache ist der allgemein gültige Code, den wir zum Informationsaustausch mit anderen Menschen benutzen. Das obige Beispiel zeigt, wie leicht wir uns wenig hilfreiche Vorstellungen von der Realität machen, indem wir Worte so entschlüsseln, dass sie etwas völlig anderes bedeuten, als der Urheber beabsichtigt hat. Um diese Fehler zu vermeiden, müssen Sie in dem vorliegenden Beispiel folgende Fragen stellen:

- *Wie* genau hat der Bahnwärter den Zugführer *gesehen?*
- *Wie* genau *passierte* der Zugführer das Rotlicht?
- *Welches* Rotlicht und *wo* genau befand es sich im Verhältnis zum Zugführer und Bahnwärter?

Einige Politiker sind ausgesprochen gut darin, Sprache zu ihrem Vorteil einzusetzen. Sobald Sie erkennen, wie Sprache Erfahrung filtert und so eine einzigartige Realität für jeden Einzelnen erzeugt, werden Sie beginnen, einen der Hauptgründe für die Zusammenbrüche der Kommunikation in Organisationen zu verstehen. In Kapitel 7 werde ich Ihnen zwei Sprachmodelle vorstellen – das

> **Sobald Sie erkennen, wie Sprache Erfahrung filtert und so eine einzigartige Realität für jeden Einzelnen erzeugt, werden Sie beginnen, einen der Hauptgründe für die Zusammenbrüche der Kommunikation in Organisationen zu verstehen.**

Milton-Modell und sein Gegenmittel, das Meta-Modell. Ausgestattet mit dem Rüstzeug dieser Modelle können Sie die tiefere Struktur der Erfahrung aufdecken und die von der Sprache gestellten Fallen vermeiden.

Erinnerung

Die Erinnerungen helfen dabei, neuen Informationen Sinn zu geben, indem sie nach einer Verbindung zu etwas bereits Bekanntem suchen. Dieser Prozess des Durchsuchens des Gedächtnisses nach Verbindungen zu Ihrem Erfahrungsschatz erzeugt Erwartungen an die Zukunft. Die Erinnerung an eine Erfahrung enthält Umstände, die Ihre Denkweise und Ihr Verhalten beim nächsten Mal, wenn Sie eine ähnliche Situation erleben, beeinflussen: Beispielsweise wird ein schriftliches Ersuchen um zusätzliche Mittel an einen leitenden Manager abgelehnt, und die Erinnerung, die Sie an diese Ablehnung im Gedächtnis behalten, wird Einfluss darauf haben, wie Sie beim nächsten Mal an die Beantragung zusätzlicher Mittel herangehen. Erfahrungen werden zu derselben Bedeutung für zukünftige Ereignisse gleicher Art generalisiert.

Emotionen sind eng mit Erinnerungen verknüpft. Jede Erinnerung an eine Erfahrung enthält kontextuelle Elemente (was, wer, wo etc.) plus die Emotionen, die mit der Erfahrung verbunden werden. Wenn Sie sich ein Ereignis, das mit einem starken Gefühl verbunden ist, in Erinnerung rufen, werden Sie dieselben Empfindungen spüren, die zum Zeitpunkt der ursprünglichen Erfahrung generiert wurden. Das NLP nutzt die Verknüpfung zwischen Erinnerung, Emotionen und Gefühlen, indem es hilft, die Wahl im Hinblick auf den *Zustand des Seins* zu treffen. Einige im Gedächtnis gebliebene Zustände des Seins sind mit negativen Emotionen verbunden. Diese Zustände bezeichnet man als ressourcenarm, weil sie den Zugang zu zahlreichen

> **Jede Erinnerung an eine Erfahrung enthält kontextuelle Elemente (was, wer, wo etc.) plus die Emotionen, die mit der Erfahrung verbunden werden.**

unserer inneren Ressourcen wie logisches Denken, Kreativität, Vertrauen, Geduld, Unverwüstlichkeit, Klarheit und Motivation behindern.

Eine Personalmanagerin machte einmal eine schmerzliche Erfahrung, als sie einen Generaldirektor kennen lernte, dessen Auftreten sie als aggressiv und abweisend interpretierte. Dieses Treffen führte dazu, dass sie sich eingeschüchtert fühlte, und immer wenn der Besuch einer Sitzung bevorstand, erinnerte sie sich an diese erste Erfahrung und bereitete sich auf ein ähnlich unangenehmes Treffen vor, indem sie sich in den ressourcenarmen Zustand versetzte, an den sie sich erinnerte. Ihre Erinnerung an die erste Erfahrung legte ihre Erwartungshaltung für alle weiteren Sitzungen fest. Lassen Sie uns dieses Szenario unter Anwendung des NLP-Kommunikationsmodells in Abbildung 2.2 betrachten, wobei wir fiktive Namen für die beiden Beteiligten wählen:

Jane (Personalmanagerin) erhält einen Anruf von Adrian (Generaldirektor). Adrian spricht sehr schnell, mit tiefer Stimme und dringendem Ton (in der Musik wird Letzteres sehr treffend als »Attacke« bezeichnet). Als sie Adrians Stimme hört, erinnert sich Jane an die erste Sitzung mit Adrian, bei der sie sich eingeschüchtert fühlte – das Gefühl wird in der Erinnerung sehr stark mit dieser ersten Erfahrung verbunden, insbesondere mit der Stimme. Das Gefühl ruft Überzeugungen hervor, die sie um diese Erfahrung herum aufgebaut hat und die durch ihren inneren Dialog verstärkt werden: »Ich weiß nicht, wie ich mit Adrian umgehen soll … er will meine Autorität untergraben … er ist viel redegewandter und energischer als ich.«

Diese Sprache hat einen entkräftigenden Einfluss auf der unbewussten Ebene. Diese Überzeugungen stützen Werte – »Was hier wichtig ist, ist das Meeting unversehrt und ohne Verlust der Glaubwürdigkeit zu überleben.« Das Ergebnis des Telefonats mit Adrian besteht in einer inneren Darstellung oder Landkarte, die aus Bildern, Geräuschen, Gefühlen und ggf. Gerüchen oder Geschmäckern besteht, die sie möglicherweise mit dieser Erinnerung in Verbindung bringt. Diese »Landkarte« zeigt, wie Jane die Erfahrung des Telefonats mit Adrian nach innen darstellt. Die Landkarte erzeugt einen Zustand der allgemeinen Ressourcenarmut, der ihre Physiologie (leicht zusammengesunkene Körperhaltung, einige Muskelpartien um die Schultern, das Gesicht und die Hände sind angespannt) beeinträchtigt.

Der geistige und körperliche Zustand des Seins treibt jetzt Janes Verhalten an – was sie tut und was sie sagt. Das Ergebnis ist genau das, was sie erwartet und worauf sie sich vorbereitet hat – alles läuft nach Adrians Nase und Jane überlebt unversehrt, um an einem anderen Tag in den Krieg zu ziehen.

Wenn Sie wie Jane Ihre Erinnerungen in Verbindung mit ressourcenarmen emotionalen Zuständen im Gedächtnis behalten, warum ändern Sie dann nicht einfach die Erinnerung so ab, dass sich zukünftige Erfahrungen für Sie nützlicher gestalten? Was bringt es, alte Muster aus Ihrer Erinnerung wieder abzuspielen, die der Verbesserung Ihrer beruflichen Leistung im Wege stehen?

Ihre Fähigkeit, kreative, nützliche und zweckmäßige Ideen zu generieren, wird durch Ihre Steuerung der »Zustände des Seins« außerordentlich gestärkt.

Ihre Fähigkeit, kreative, nützliche und zweckmäßige Ideen zu generieren, wird durch Ihre Steuerung der »Zustände des Seins« durch Reaktion auf das Feedback aus dem externen Territorium und Ihrer eigenen Neurologie außerordentlich gestärkt. Bevor ich Ihnen eine Technik der Zustands-Steuerung vorstelle, werde ich Ihnen die beiden grundlegen Arten von Zustand erläutern, die absichtlich für verschiedene Zwecke genutzt werden können – *assoziiert* und dissoziiert.

Assoziierter Zustand

Wenn Sie sich eine Erfahrung in Erinnerung rufen oder eine imaginäre Erfahrung hervorrufen und dabei Teil der visuellen Darstellung sind, so sind Sie mit der Erfahrung »assoziiert«. Es ist, als würden Sie mit Ihren eigenen Augen sehen und mit Ihren eigenen Ohren hören. Assoziierte Zustände verbinden Sie mit den Gefühlen oder Emotionen, die mit der Erinnerung oder der hervorgerufenen Erfahrung verbunden sind. Schauspieler »assoziieren« sich mit ihren Rollen, um *echte* Gefühle anstelle simulierter emotionaler Zustände hervorzurufen. Wann immer Sie Zugang zu einem bestimmten Gefühl haben möchten, assoziieren Sie sich mit einer Erinnerung aus einer Zeit, in der Sie dieses Gefühl zuletzt verspürt haben.

Dissoziierter Zustand

Wenn Sie vor Ihrem geistigen Auge das Bild einer Erinnerung oder einer imaginären Situation hervorrufen und Sie sich selbst beobachten, sind Sie von der Erfahrung »dissoziiert«. Das Dissoziieren entfernt den emotionalen Inhalt aus der Erfahrung. Sie können diese Technik nutzen, wenn Sie eine unangenehme Erinnerung hervorrufen wollen, ohne den emotionalen Inhalt erneut zu erleben. Die Swish-Technik nutzt eine dissoziierte visuelle Darstellung, um einen ressourcenarmen Zustand in einen ressourcenvollen Zustand zu verwandeln.

Übung 3: Die Swish-Technik

Schritt 1
Erinnern Sie sich an eine Interaktion, bei der Sie auf eine Art und Weise reagiert haben, die ein ungutes Gefühl generiert, wenn Sie heute darüber nachdenken. Es kann eine Konferenz sein, ein Telefonat oder eine Präsentation – irgendeine Interaktion, bei der Sie zukünftige Reaktionen von ressourcenarm in ressourcenvoll ändern möchten.

Schritt 2
Finden Sie den Auslöser für den ressourcenarmen Zustand. Woher wissen Sie, wann Sie den Zustand für sich selbst erzeugen müssen? Im Beispiel von Jane und Adrian wurde Janes Zustand von einem Bild ausgelöst, das sie in Ihrem Kopf entwickelt hatte, als sie an Adrian dachte. Ihr Zustand verschlechterte sich, als sie Adrians Stimme dem in ihrem Innern dargestellten Bild von Adrian, der am Telefon mit ihr sprach, hinzufügte. Dabei handelt es sich um einen inneren Auslöser (der ausschließlich im Kopf entsteht). Zu anderen Zeiten war Adrians Stimme am Telefon der Auslöser (externer Auslöser). Wenn in Ihrem Beispiel der Auslöser eine innere Darstellung ist, dann rekonstruieren Sie die visuellen, auditiven, olfaktorischen und gustatorischen Elemente genau so, wie sie normalerweise in Ihrem Kopf auftreten. Wenn es sich um

einen externen Auslöser handelt, dann nutzen Sie alle Modalitäten, um eine vollständig assoziierte innere Darstellung zu erzeugen, d. h., als ob Sie die Erinnerung noch einmal erleben würden.

Schritt 3

Identifizieren Sie mindestens eine oder vielleicht zwei Eigenschaften Ihres Bildes, die, wenn sie intensiviert werden, Ihre emotionale Reaktion darauf verändern und dazu führen, dass Sie sich noch schlechter fühlen (es mag Ihnen merkwürdig erscheinen, aber es ist ein wichtiger Schritt in dem Verfahren.). Normalerweise sind Helligkeit und Größe Eigenschaften, die bei vielen Menschen gut funktionieren, aber es kann auch Farbe, Kontrast, Ort oder Tiefe sein. Spielen Sie mit diesen Möglichkeiten, bis Sie die Eigenschaften identifiziert haben, mit denen Sie sich am besten schlechter fühlen. Diese Eigenschaften (genannt Submodalitäten) sind die »entscheidenden Submodalitäten«.

Schritt 4

Stehen Sie jetzt auf, gehen Sie herum und denken Sie einige Minuten über etwas ganz anderes nach. So brechen Sie aus dem Zustand aus, in den Sie sich gerade hineingedacht haben.

Schritt 5

Konstruieren Sie ein neues Bild davon, wie Sie lieber auf diese Interaktion reagieren würden. Das Bild, das Sie erzeugen, beschreibt ein anderes Sie, das jetzt über die Ressourcen verfügt, um ein besseres Ergebnis zu erzielen. Ihr Bild muss dissoziiert sein, d. h. Sie sehen sich selbst in dem Bild. Dissoziierte Bilder erzeugen die Motivation, sich auf das Gewünschte zuzubewegen. Ein assoziiertes Bild gäbe Ihnen das Gefühl, dass Sie die Ressourcen schon hätten, machen Sie es daher dissoziiert.

Dissoziierte Bilder erzeugen die Motivation, sich auf das Gewünschte zuzubewegen.

Stellen Sie sicher, dass Sie alle notwendigen Ressourcen einschließen. Die Ressourcen können Durchsetzungsvermögen, Vertrauen, klares Denken, die Fähigkeit des Zuhörens, Kreativität, die Fähigkeit, Fragen zu stellen, Ruhe und Geduld umfassen. Wählen Sie Ihre eigenen Ressourcen – wenn Sie Fertigkeiten wählen, stellen Sie sicher, dass Sie zumindest Kenntnisse von der Fertigkeit haben. Wenn Sie eine Fertigkeit benötigen, die Sie noch nicht haben, dann finden Sie einen Weg, um die Fertigkeit bald möglichst zu erwerben.

Erstellen Sie ein fesselndes Bild; lassen Sie es dann auf die Größe einer kleinen Briefmarke einlaufen und sehen Sie dabei zu, wie die Farbe herausläuft und das Bild grau wird.

Schritt 6

Nehmen Sie jetzt Ihr ursprüngliches Bild von der negativen Situation und setzen Sie Ihr neues eingelaufenes Bild in die untere Ecke. Der nächste Schritt erfordert Geschwindigkeit. Lassen Sie das große Bild in dem Moment, in dem Sie zu sich selbst »swish« oder »schnipp« sagen, klein und dunkel und das neue Selbstbild groß und hell werden. Das kleine Bild dehnt sich aus und füllt das ganze Feld der inneren Vorstellungen und gleichzeitig verschwindet das große Bild im Nichts.

Schritt 7

Wiederholen Sie Schritt 6 etwa fünf Mal und stellen Sie dabei sicher, dass Sie jedes Mal den »Zustand brechen«. Sie können einfach aus Ihrem Zustand ausbrechen, indem Sie Ihr Atemmuster verändern oder sich strecken. Geschwindigkeit und Wiederholung sind entscheidend.

Schritt 8

Um Ihre neue »Reaktion« zu testen, müssen Sie nur den Zustand wieder auslösen, indem Sie sich einen Zeitpunkt in der Zukunft vorstellen, an dem Sie diese andere Reaktion benötigen werden. Das bezeichnet man als »Future Pacing«. Wenn es sich um einen externen Auslöser handelt, müssen Sie sich nur das Ereignis vorstellen, dass Ihren Zustand auslösen würde. Wenn Sie wieder die ursprüngliche Reaktion erhalten, gehen Sie zurück zu Schritt 1 und wiederholen Sie den Vorgang, obwohl Sie feststellen werden, dass der neue Zustand sich selbst »swisht« und die Aufgabe erfüllt ist, wenn Sie Ihre Bilder fünf bis sechs Mal »geswisht« haben.

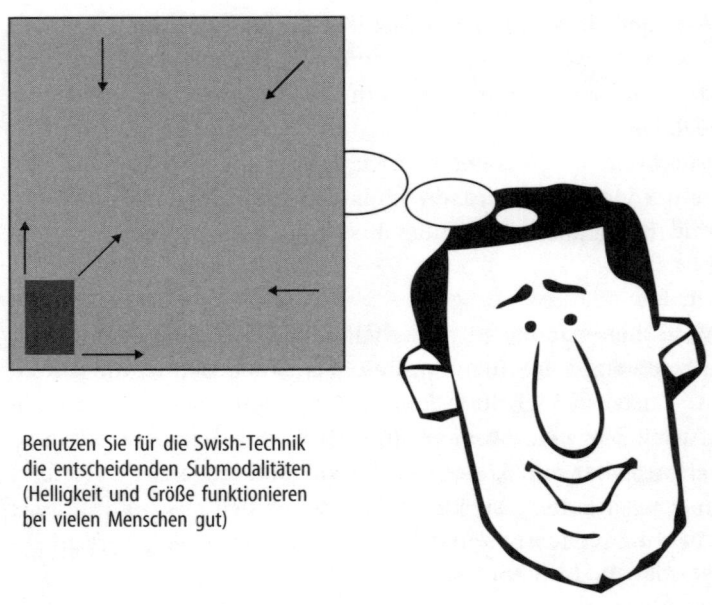

Benutzen Sie für die Swish-Technik die entscheidenden Submodalitäten (Helligkeit und Größe funktionieren bei vielen Menschen gut)

Abbildung 2.3: Die Swish-Technik

Ich ermutige Sie, mit dieser Technik zu experimentieren und sie häufig zu nutzen. Sie können Ihre innere Landkarte der Realität besser wählen, indem Sie Ihre Neurologie so programmieren, dass sie ressourcenreicher auf das externe Territorium reagiert. Auf diese Weise arbeiten Ihre Wahrnehmungsfilter an der Verbesserung und Stärkung Ihres Handelns, indem sie selbst auferlegte Beschränkungen aufheben.

Zeit

Es ist nicht möglich, die Zeit zu verwalten; tatsächlich verwaltet man sich selbst *in* der und *durch* die Zeit.

Das moderne Konzept des Zeitmanagements ist ein Irrtum. Es ist nicht möglich, die Zeit zu verwalten; tatsächlich verwaltet man sich selbst *in* der und *durch* die Zeit. Stellen Sie sich vor, welche Antworten Sie bekämen, wenn Sie zehn zufällig ausgewählte Personen fragen würden, was sie am Dienstag vor zwei Wochen getan haben. Ist es wahrscheinlich, dass Sie dieselben

Antworten bekämen? Natürlich nicht. Die Antworten würden variieren von »Ich weiß nicht« bis hin zu »Ich glaube, ich war …« und »Ja, ich habe mit meiner Freundin Tennis gespielt« oder so ähnlich. Fragen Sie die Personen dann, was sie in genau drei Wochen tun werden. Einige werden Ihnen genau sagen können, was sie tun werden, andere haben möglicherweise eine vage Vorstellung und dann gibt es diejenigen, die noch nicht darüber nachgedacht haben.

Wir haben alle unsere eigene Art, wie wir über Zeit denken. Einige Menschen können gut langfristig planen; andere Menschen haben Schwierigkeiten damit, über das Wochenende hinaus zu denken. Unsere Fähigkeit, sich an die Vergangenheit zu erinnern, variiert ganz immens. Die Art und Weise, mit der wir Zeit intern wahrnehmen, hat einen großen Einfluss darauf, wie wir uns an Ereignisse aus der Vergangenheit erinnern, das Jetzt erfahren und zukünftige Ereignisse planen. Sie denken vielleicht, dass Zeit für jeden das gleiche sein sollte – wir haben Wanduhren und Armbanduhren, um die Zeit begrifflich in unserem Leben zu fassen, und sie sind alle synchronisiert, damit sie in derselben Geschwindigkeit laufen. Das NLP bietet eine Technik, die als »Time-Line« (Zeitstrahl) bezeichnet wird, die genutzt werden kann, um eine wenig hilfreiche Wahrnehmung oder Codierung der Zeit zu reorganisieren und die Zeit bestmöglich zu nutzen, indem wir unsere Handlungen auf eine Weise planen, die uns hilft, unsere Ziele zu erreichen.

> **Die Art und Weise, mit der wir Zeit intern wahrnehmen, hat einen großen Einfluss darauf, wie wir uns an Ereignisse aus der Vergangenheit erinnern, das Jetzt erfahren und zukünftige Ereignisse planen.**

Time-Line ist eine Metapher – und zwar eine sehr nützliche. Sie nutzt das Prinzip der Zeitkodierung innerhalb und außerhalb des physikalischen Raumes, den unser Körper einnimmt. Man kann Zeit als eine chronologische Linie organisieren, die von der Vergangenheit durch die Gegenwart in die Zukunft führt. Ich habe auch schon viele Menschen mit ganz anderen und viel komplexeren Konfigurationen als dieser kennen gelernt. Allerdings gibt es einige allgemeine Grundsätze, die sich als gleichbleibend erwiesen haben und die uns helfen, die Vorteile und Nachteile verschiedener Arten von Time-Line zu verstehen.

Es gibt zwei grundlegende Formen der Time-Line, die jeweils viele Variationen bieten. Menschen, die permanent im Hier und Jetzt zu leben scheinen, kommen häufig zu spät zu Terminen, weil das *Jetzt* Ihnen viel wichtiger und realer ist als die Zukunft. Sie werden feststellen, dass diese Menschen gewöhnlich zu spät zu Sitzungen erscheinen, weil sie so im *Jetzt* gefangen sind, dass sie Zeitplänen nur einen geringen Wert einräumen und sie häufig über den Haufen werfen. Sie lassen sich auch leicht überreden, lange zu bleiben, wenn sie sich mitten in einer Diskussion befinden. Wenn ihre Aufmerksamkeit gefesselt ist, fällt es ihnen leicht, die Konzentration aufrechtzuerhalten.

Das In-Time-Leben erzeugt Erinnerungen mit einem hohen emotionalen Inhalt, die, wenn sie wieder hervorgerufen werden, normalerweise vollkommen assoziierte Erfahrungen sind.

Diese Menschen neigen dazu, nicht mit komplizierten, persönlichen Zeitplanern zu arbeiten, sie bevorzugen häufig Einträge in einfache Terminkalender, um künftige Ereignisse festzuhalten. Das *In-Time*-Leben (in der Zeit) erzeugt Erinnerungen mit einem hohen emotionalen Inhalt, die, wenn sie wieder hervorgerufen werden, normalerweise vollkommen assoziierte Erfahrungen sind. »In-Time«-Menschen haben im

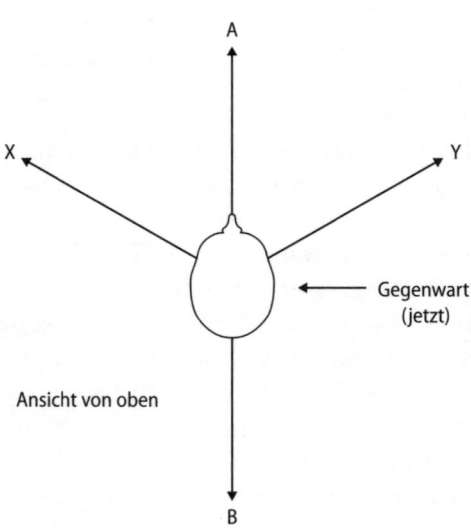

Abbildung 2.4: »In-Time«-Time-Line-Konfiguration

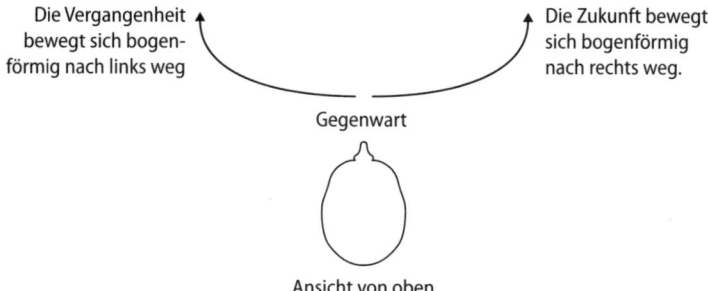

Die Vergangenheit bewegt sich bogenförmig nach links weg

Die Zukunft bewegt sich bogenförmig nach rechts weg.

Gegenwart

Ansicht von oben

Abbildung 2.5: Eine typische »Through-Time«-Time-Line-Konfiguration

Allgemeinen Time-Line-Konfigurationen, die denen in Abbildung 2.4 (A–B; X–Y) gleichen, bei denen sich der Körper tatsächlich »in« der Time-Line befindet. Die zweite grundlegende Time-Line-Konfiguration ist *through-time* (durch die Zeit) wie in Abbildung 2.5 dargestellt. Menschen, die ihre Time-Lines auf diese Weise konfiguriert haben, werden eher komplexe Zeitplaner-Systeme verwenden, weil die Vergangenheit und die Zukunft genauso wichtig sind wie die Gegenwart.

Diese Menschen lassen sich oft von ihren eigenen Gedanken an andere Ereignisse in der Vergangenheit und der Zukunft ablenken, und obwohl sie körperlich anwesend sind, können ihre Gedanken häufig anderswo sein. Normalerweise sind sie zu den meisten Terminen unbeirrbar pünktlich. Extreme *Through-Time*-Menschen erscheinen in der Tat eher bis zu einer Stunde zu früh, da zu spät zu kommen für sie absolut unvorstellbar ist, und pünktlich zu sein, ist ihnen häufig wichtiger als der Termin selbst.

Wo ist Ihre Time-Line? Sind Sie ein In-Time- oder ein Through-Time-Typ? Wie nehmen Sie Zeit wahr bzw. wie kodieren Sie Zeit im Verhältnis zum physikalischen Raum in Ihrem und um Ihren Körper? Wenn Sie Ihre eigene Time-Line festlegen können, können Sie sie auch ändern und als höchst effizientes Planungssystem verwenden, um Ihren Erfolg zu planen.

Wählen Sie einen Zeitpunkt aus ihrer fernen Vergangenheit, als Sie einen Geburtstag gefeiert haben, und rufen Sie sich irgendwelche be-

> **Wenn Sie Ihre eigene Time-Line festlegen können, können Sie sie auch ändern und als höchst effizientes Planungssystem verwenden, um Ihren Erfolg zu planen.**

stimmten Erlebnisse von diesem Tag in Erinnerung, um Ihre eigene Konfiguration hervorzurufen. Denken Sie jetzt an einen anderen Geburtstag ein paar Jahre später als den obigen und verfahren Sie genauso. Denken Sie jetzt an einen weiteren Geburtstag ein paar Jahre später ... und führen Sie dies fort, bis Sie zu Ihrem letzten Geburtstag gelangen. Verharren Sie einige Augenblicke bei jeder Erinnerung und rufen Sie sich von jedem einzelnen Geburtstag so viele Bilder wie möglich ins Gedächtnis.

Jetzt möchte ich, dass Sie diesen Ablauf noch einmal durchgehen und dabei darauf achten, ob Sie feststellen können, aus welcher Richtung die inneren Bilder von Ihrer Geburtstagsfeier kommen. Ziehen Sie eine gedachte Linie durch jedes Bild, und Sie erhalten eine metaphorische Time-Line. Sie entspricht vielleicht nicht den beiden Beispielen in Abbildung 2.4 und 2.5 – das ist in Ordnung. Einige Menschen haben sehr ungewöhnliche Konfigurationen; zum Beispiel ist es nicht ungewöhnlich, dass Menschen vertikale Time-Lines haben, und ich kenne einige Personen mit einer Spirale um ihren Körper. Der Punkt ist: Wie nützlich ist Ihre Time-Line in ihrer gegenwärtigen Form? Wenn sie nicht sehr nützlich ist, dann stellen Sie sich vor, wie Sie sie bevorzugen würden. Wie effektiv sind Sie darin, eine Aufgabe pünktlich zu erledigen? Wie steht es mit dem Investieren Ihrer Zeit – investieren Sie sie klug? Halten Sie Ihre Zeiten im Allgemeinen gut ein? Können Sie zuverlässig wichtige Großprojekte Jahre im Voraus planen? Wie steht es mit dem Investieren von Zeit im Alltag und mit der allgemeinen Zeitdisziplin?

Wenn Sie sich auf einem dieser Gebiete verbessern wollen, könnte es sich lohnen, mit alternativen Time-Lines zu experimentieren. Die Time-Line, die sich für die westliche Geschäftswelt am besten eignet, ist die »vorne v-förmige Through-Time«-Time-Line (siehe Abb. 2.5). Sie können diese Konfiguration übernehmen und die Flexibilität des sich mit ihr Assoziierens, wenn Sie sich voll konzentrieren möchten, und des sich von ihr Dissoziierens, wenn Sie mit ihrem Terminplan arbeiten möchten, erforschen. Später werden Sie die Gelegenheit erhalten, Ihre Time-Line zu nutzen, um ein erfolgreiches Ereignis in der Zukunft zu planen.

Wie Ihre Physiologie Ihre Ergebnisse beeinflusst

An dieser Stelle ist es wichtig, die Physiologie einzuführen, da sie eine enorme Auswirkung auf alles hat, was man denkt und tut. Gemäß dem NLP-Kommunikationsmodell (Abb. 2.2) bilden Geist und Körper ein System und beeinflussen sich daher gegenseitig. Das Ergebnis ihres Einflusses aufeinander ist ein *Zustand des Seins* und dieser Zustand bestimmt Ihr Verhalten. Haben Sie jemals erlebt, dass Ihnen der Schwung fehlte, etwas zu erledigen, weil Sie in dem *falschen Geisteszustand* waren? Oder manchmal einfach, weil Sie keine Lust dazu hatten? Wie wird Ihr Zustand davon beeinflusst, was Ihr Geist denkt und was Ihr Körper fühlt? In welchem Zustand des Geistes und des Körpers müssen Sie sich befinden, damit etwas erledigt wird? Es ist klar, dass gewisse Aufgaben einen bestimmten Zustand erfordern und dass der Zustand eine Kombination aus dem Zusammenwirken von Geist und Körper ist.

> **NLP:** *Geist und Körper bilden ein System und beeinflussen sich daher gegenseitig.*

Kongruenz

Physiologie umfasst Haltung, Bewegung, Ausdruck, Gestik, Atmung, Muskeltonus, äußere Berührung und innere Gefühle. Versuchen Sie folgendes aus dem Stand: Sinken Sie nach vorn, setzen Sie ein trauriges Gesicht auf, knicken Sie in den Knien ein, lassen Sie die Schultern hängen, verlangsamen Sie Ihre Atmung, lassen Sie die Augenlider fallen, lassen Sie alle Muskeln schlaff werden und sagen Sie: »Ich fühle mich heute spitze.« Wie fühlte sich das an? Seltsam? Würden Sie erwarten, dass Ihnen jemand glaubt?

Was Sie getan haben, war Ihrem Gehirn ein Signal zu geben, dass Sie sich müde oder abgespannt fühlen, und somit kamen Ihre Worte als inkongruent zu der Nachricht, die Ihr Körper übermittelt hat, heraus. Sie haben eine gemischte Nachricht generiert. Sie würden nicht erwarten, eine brillante Firmenpräsentation vortragen zu können, wenn Ihr Körper und Geist nicht in vollkommener Harmonie miteinander wären.

Es bringt nichts, in zuversichtlicher Haltung da zu stehen, wenn Ihr innerer Dialog sagt:»Ich bin dafür zu nervös, ich habe nicht genug Erfahrung.« Sie werden nicht in Topform sein, wenn Sie in irgendeiner Form inkongruent sind. Wenn Ihr Chef Sie fragt, ob Sie befördert werden möchten, und Sie mit zitternder Stimme und krummer Haltung »ja« antworten, müssen Sie herausfinden, warum Sie inkongruente Signale senden.

Viele unserer »Bauchgefühle« sind unbewusste Warnsignale der Inkongruenz. Hören Sie auf sie; sie geben Ihnen Feedback.

Häufig sendet das Unterbewusstsein Signale der Inkongruenz über den Geist oder den Körper, weil es ein Problemfeld identifiziert hat. Könnte sich das Unterbewusstsein Sorgen um die Ökologie übereilter Entscheidungen machen? Viele unserer »Bauchgefühle« sind unbewusste Warnsignale der Inkongruenz. Hören Sie auf sie; sie geben Ihnen Feedback.

Nutzen Sie Ihren Körper, um in einen positiven Zustand zu kommen

Für jede Aufgabe gibt es eine bestimmte Physiologie, die Ihren mentalen und emotionalen Zustand verstärkt. Feedback aus dem Inneren Ihres Körpers über Ihre Gefühle zu bekommen, ist genauso wichtig wie das Feedback von externen Quellen. Wenn Sie sich in einer Sitzung mit leitenden Managern befinden und plötzlich das Gefühl haben, dass sie aus der Diskussion gedrängt werden, so ist dies Feedback. Wo sitzt das Gefühl und wie hat es Ihren Gesamtzustand beeinflusst? Es ist an der Zeit, Ihren Körper zu bewegen. Passen Sie Ihre Physiologie auf irgendeine Art an – wie atmen Sie? Hoch oben in der Brust oder aus dem Unterbauch? Schnell oder langsam? Atmen Sie anders und überprüfen Sie Ihren Zustand.

Wie ist Ihre Körperhaltung? Sind Ihre Muskeln angespannt? Lehnen Sie sich zu einer Seite? Sind Sie steif oder leicht in sich zusammen gesunken? Nehmen Sie einige Veränderungen vor und überprüfen Sie Ihren Zustand erneut. Drastische Veränderungen sind nicht nötig. Gewöhnlich reichen kleine Veränderungen, um Ihren Zustand zu verändern. Und denken Sie daran, auch zu überprüfen, was sich in Ihrem Geist abspielt. Was machen Ihre Wahrnehmungsfilter? Wie nützlich ist Ihr innerer Dialog gerade? Welche Veränderungen können Sie vornehmen, damit Sie mit sich vollkommen kongruent und in einem positiven zuversichtlichen Zustand sind?

Jede Inkongruenz wird von anderen erkannt und von ihren eigenen Wahrnehmungsfiltern verarbeitet.

Wenn Sie einen berechtigten Beitrag zu der Sitzung leisten wollen, so möchten Sie dies mit Selbstvertrauen tun. Ein Mangel an Selbstvertrauen wird von anderen erkannt und von ihren eigenen Wahrnehmungsfiltern verarbeitet. Wer weiß also, wie Sie in den Köpfen der anderen dargestellt werden.

Kapitel 3
Die Richtung gestalten

Jeder Mensch verfolgt ein Ziel; Erfolg oder Glück. Die einzige Möglichkeit, wahren Erfolg zu haben, besteht darin, sich selbst vollkommen in den Dienst der Gesellschaft zu stellen. Als Erstes benötigt man ein bestimmtes, klares, praktisches Ideal – ein Ziel. Als Zweites benötigt man die notwendigen Mittel, um sein Ziel zu erreichen – Weisheit, Geld, Material und Methoden. Als Drittes muss man seine Mittel dem Ziel anpassen.

Aristoteles (384–322 v. Chr.), Griechischer Philosoph

Die Idee hinter dem Gestalten der Richtung besteht darin, das volle Potenzial an Arbeitskräften nutzbar zu machen und eine schwer fassbare 110-prozentige Anstrengung in gewinnbringende Aktivitäten zu lenken. Das ist elementar, wenn man das meiste aus Menschen herausholen will – eine Umgebung schaffen, in der sich die Menschen voll einbringen, um die Geschäftsziele zu erreichen, und zwar eher aufgrund ihrer intrinsischen Motivation als durch irgendwelche äußeren Ansätze mit Zuckerbrot und Peitsche.

Stellen Sie sich vor, Sie seien der Dirigent eines Orchesters, das aus Individuen mit besonderen Talenten für das Spielen von einem oder mehreren Instrumenten besteht. Zusammen kann das Orchester, sofern ihm dieselbe Partitur vorliegt, komplexe musikalische Notationen in Töne übersetzen, die die Emotionen der Zuhörer aufwühlen. Was tut der Dirigent also? Er gibt in vielerlei Hinsicht die Richtung vor. Stellen Sie sich vor, Sie seien Trompeter in einem fünfzig-köpfigen Orchester. Glauben Sie, dass Sie die Flöten über den Trommeln hören können? Die Musik, die das Orchester hört, ist nicht identisch mit der Musik, die das Publikum hört. Ein

NLP im Management. David Molden
Copyright © 2009 WILEY-VCH Verlag GmbH & Co. KGaA, Weinheim
ISBN: 978-3-527-50283-7

Die Musik, die das Orchester hört, ist nicht die Musik, die das Publikum hört.

Zuhörer, der vorne links im Publikum sitzt, hört andere Musik als einer, der hinten rechts sitzt.

Stellen Sie sich jetzt vor, Sie seien Teil des Orchesters, das von einem inspirierten Dirigenten geleitet wird, dessen Körperbewegungen und Gesten die verschiedenen Teile des Orchesters koordinieren und synchronisieren. Er sagt den Musikern nicht, welche Noten sie spielen sollen, sondern führt jeden Musiker eher durch die emotionalen Höhen und gedämpften Töne der »Geschichte«, die die Musik ausdrückt. Das heißt Leitung. Liebhaber von Orchestermusik können Ihnen häufig den Namen des Dirigenten nennen, indem sie der Musik lauschen und den persönlichen Stil des Dirigenten erkennen. Nicht alle Dirigenten leiten auf dieselbe Weise, aber ohne Vorgabe der Richtung geht der emotionale Inhalt verloren, um den es in der Musik geht.

Als Manager können Sie Ihren Experten erlauben, Anweisungen zu folgen, und diese werden immer genug Arbeit finden, ihre Arbeitszeit zu füllen und beschäftigt zu sein. Die Frage ist: »Wie gestalten Sie eine Umgebung, die den Einzelnen durch intrinsische Motivation stimuliert?« Zunächst einmal müssen Sie wissen, welche Leitung die richtige ist. Dann müssen Sie sich dieser Richtung persönlich 110-prozentig verschreiben und jedes Mitglied Ihres Teams mit der Leidenschaft eines inspirierten Dirigenten einbeziehen.

Sie müssen sich Ihrer Richtung persönlich 110-prozentig verschreiben – mit der Leidenschaft eines inspirierten Dirigenten.

Dieses Kapitel bietet ihnen Techniken zur Gestaltung der Richtung und zur Erzeugung des richtigen Zustands, der Ihnen dabei hilft, »sie umzusetzen«. Man verfällt leicht in die Routine, einfach zur Arbeit zu gehen und die Dinge zu erledigen, aber wenn man effektiv sein und mit seinen Teams echte Ergebnisse erzielen möchte, muss man mehr tun. Manager, die ständig ausgesprochen gute Leistungen erbringen, sind leidenschaftliche Dirigenten der Bemühungen ihrer Teams. Sie infizieren Menschen mit einem Orientierungssinn, sodass sie zweifelsfrei wissen, welche Prioritäten wann gesetzt werden müssen. Außerdem genießen sie das Gefühl zu sehen, dass ihre Bemühungen zu greifbaren Ergebnissen führen und hoch geschätzt werden. Es gibt einige spezielle NLP-Modelle und -Techniken, die Ihnen helfen, dieses Ziel zu erreichen, und die im Rahmen des folgenden dreistufigen Prozesses vorgestellt werden:

1 Von hier zu Ihrem Wunschziel gelangen
2 Ihre Richtung gestalten
3 Ihre Richtung integrieren

Von hier zu Ihrem Wunschziel gelangen

Die Richtung zu gestalten impliziert, dass Sie an einem anderen Ort sein möchten als dem, an dem Sie sich gerade befinden. Es gibt ein grundlegendes menschliches Bedürfnis, das uns dazu veranlasst so zu denken. Ganz gleich, wie sehr wir gerade unsere aktuellen Lebensumstände genießen, irgendwann möchten wir eine Veränderung erleben, und manche Menschen brauchen häufiger Veränderungen als andere. Es ist immer am besten, wenn man weiß, wohin man geht; anderenfalls könnte man überall landen. Obwohl dies gesunder Menschenverstand zu sein scheint, ist es bemerkenswert, wie viele Manager und ihre Teams jeden Tag zur Arbeit kommen, nur um im alltäglichen Trott weiter zu machen, wobei es kaum eine andere Vorgabe gibt, als bis zum Feierabend so viel Arbeit wie möglich zu erledigen.

Es ist immer am besten, wenn man weiß, wohin man geht; anderenfalls könnte man überall landen.

Während meiner Tätigkeit als Trainer in Workshops für Unternehmensentwicklungsprogramme konnte ich beobachten, wie oft die »Zielpfosten« vom Zeitpunkt der Bedarfsanalyse bis zur Fertigstellung des Trainingsplans versetzt werden.

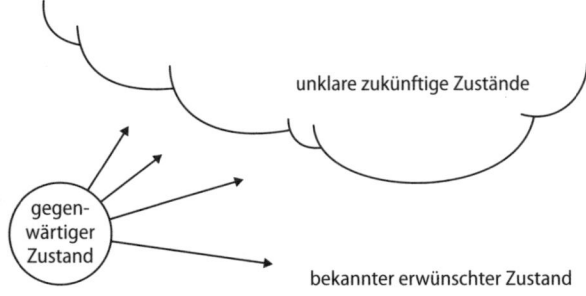

unklare zukünftige Zustände

gegenwärtiger Zustand

bekannter erwünschter Zustand

Dies lässt auf ein Management schließen, das sich verändern möchte, aber sich über den erwünschten zukünftigen Zustand nicht im Klaren ist. Das Ergebnis dieses Verhaltensmusters ist, dass sich die Zukunft als eine Abfolge von automatischen Reaktionen auf aktuelle Ereignisse und nicht als strategisch geplante Folge von durch Management vorgenommene Veränderungen darstellt. *Wenn Sie nicht wissen, wie die Zukunft aussehen wird, wie können Sie dann in die Fertigkeiten investieren, die Sie auf dem Weg dorthin und bei Ihrer Ankunft dort benötigen werden?*

Gesamtüberblick

Was erwartet die Organisation von Ihnen?

Um Ihren erwünschten Zustand beschreiben zu können, müssen Sie Ihr Team als eine Funktion des Ganzen betrachten. Wenn Sie CEO sind, werden Sie Ihr Führungsteam als Teil des Marktes betrachten, auf dem es tätig ist. Zu diesem Zeitpunkt müssen Sie systemisch über Teile und das große Ganze nachdenken. Von welchem logischen größeren Teil des Systems ist Ihr Verantwortungsbereich ein Teil? Wie geben Sie Ihrem Team die Richtung vor, die es braucht, um sich immer wieder hinter der Leitlinie des größeren Systems und den Unternehmenszielen auszurichten?

Um hierin erfolgreich zu sein, müssen Sie das Feedback von außerhalb der Organisation aufnehmen. Zunächst müssen Sie die höhere Mission und die Ziele kennen, und Sie müssen die konkrete Realität in generalisierte Worte für Firmenphilosophien packen. Aussagen wie »Wir wollen die Nummer 1 sein« haben ohne konkrete Realität im Hintergrund nur wenig Bedeutung. Einige Organisationen können ihre Philosophien besser verpacken als andere. Sie übermitteln sie quer durch das ganze Unternehmen und übersetzen sie in jeder einzelnen Organisationseinheit in operative Ziele. Wenn Sie unzureichende Informationen allgemeiner Art haben, um über die Richtung Ihres Teils der Organisation zu entscheiden, wie wollen Sie dann die Menschen motivieren und für Ihr Team Prioritäten setzen?

Führungsteams kennen häufig die Richtung, in die sie sich bewegen, aber ihre Kommunikationsstrukturen verhindern oft die

Verbreitung dieser wichtigen Informationen. Wenn dies der Fall ist, dann seien Sie bei der Suche und Identifizierung hartnäckig. Was *wird* von Ihnen erwartet?

Wie werden Sie von anderen wahrgenommen?

In dem globalen System sind Sie Teil des Orchesters, und diese Perspektive begrenzt, was Sie hören. Aus Ihrer aktuellen Position können Sie nicht beurteilen, wie das Publikum Ihre Musik hört, bis Sie aufhören zu spielen und lauschen, wie groß der Applaus oder die Stille sind (Ihr Feedback). Das ist in Organisationen häufig der Fall. Man kann mit der Produktion oder der Dienstleistung so beschäftigt sein, dass es schwierig ist zu sagen, ob die Bemühungen in die richtige Richtung geleitet werden. Vielleicht müssen Sie bestimmte Aktivitäten initiieren, um nützliches Feedback von Ihren Kunden zu generieren, sowohl innerhalb des Unternehmens als auch von außerhalb. Wenn Sie keine Zeit in den Aufbau eines Feedback-Systems investieren, stellen Sie vielleicht fest, dass Ihr Feedback von einer kleinen Zahl von Kunden kommt und daher die Mehrheit nicht genau repräsentiert.

> **Aus Ihrer aktuellen Position können Sie nicht beurteilen, wie das Publikum Ihre Musik hört, bis Sie aufhören zu spielen und lauschen, wie groß der Applaus oder die Stille sind (Ihr Feedback).**

Ob Sie Güter produzieren, Dienstleistungen erbringen oder sich in eine Form der Interaktion mit anderen einbringen, Ihre Arbeitsleistung wird anhand von verschiedenen Kriterien aus verschiedenen Blickwinkeln beurteilt. Ein Linienmanager und ein Unternehmensdirektor beispielsweise werden die Arbeit des Firmenbuchhalters unterschiedlich wahrnehmen. Die Technik der »Wahrnehmungspositionen« vermittelt Ihnen einen Einblick in die vielfältigen Perspektiven Ihres eigenen Verhaltens oder die Art und Weise, wie Ihre Abteilung oder Organisation arbeitet, indem das Geräusch der Musik aus mindestens zwei weiteren Perspektiven, die nicht mit Ihren eigenen übereinstimmen, simuliert wird.

Ihr Autopilot kann ganz gut über Situationen aus anderen Blickwinkeln nachdenken, aber Sie erzielen deutlich bessere Ergebnisse,

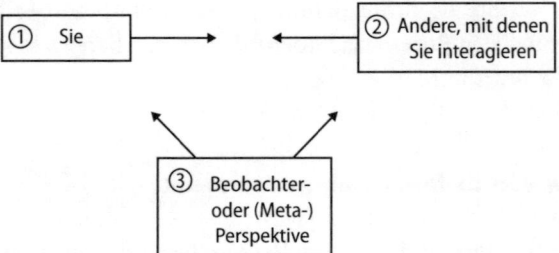

Abbildung 3.1: Wahrnehmungspositionen

wenn diese natürliche Aktivität absichtlich ausgeführt wird. Es geht um die Qualität Ihres Denkens.

Die Übung der Wahrnehmungspositionen ermöglicht es Ihnen, diese Informationen zu integrieren, indem Sie sich in die Lage Ihrer Kunden versetzen.

Betrachten Sie die Abbildung 3.1.: Die Position 1 sind Sie. Die Position 2 ist die Perspektive Ihres Kunden, und es kann viele Blickwinkel geben, wenn Sie verschiedene Kundengruppen bedienen. Die Position 3 ist eine Beobachterperspektive oder Metaposition (d. h. über allem und jedem stehen). Von dieser Metaposition aus können Sie die Interaktion zwischen Ihnen und Ihrem Kunden sehen. Sie können die Position 2 für jede Person nutzen, mit der Sie interagieren. Hier zeige ich Ihnen, wie es geht.

Übung 4: Wahrnehmungspositionen

1 Denken Sie an eine Interaktion mit einem bestimmten Kunden oder mit jemandem aus einer Abteilung Ihres Unternehmens, mit dem Sie zusammenarbeiten müssen. Wählen Sie alternativ eine Interaktion mit einer Person, bei der Sie einfach gerne mehr Feedback darüber erhielten, wie Sie wahrgenommen werden. Stellen Sie sicher, dass es sich um eine bestimmte Person handelt.

2 Bringen Sie drei Markierungen auf dem Fußboden an, eine an jeder Spitze eines Dreiecks, sodass sie etwa 2 Meter voneinander entfernt sind. Identifizieren Sie diese Punkte als *Sie*, die *andere Person* in der Interaktion und einen *Beobachter*.

3 Stellen Sie sich auf *Ihre* Markierung und sehen Sie die *andere Person* an. Beantworten Sie die Frage »Wie beeinflusst mich

ihr Verhalten?« Beschaffen Sie sich zunächst qualitative Informationen, bevor Sie mit dem nächsten Schritt fortfahren.

4 Stellen Sie sich auf die Markierung der *anderen Person* und *werden* Sie selbst diese Person, indem Sie sich mit ihrer Rolle assoziieren. Blicken Sie zurück auf Ihren Marker und entwickeln Sie ein Gefühl dafür, was Sie sehen und was Sie hören. Beantworten Sie die Frage »Was tut dieses Verhalten für mich (nicht)?« Beschaffen Sie sich zunächst qualitative Informationen, bevor Sie mit dem nächsten Schritt fortfahren.

5 Stellen Sie sich auf die Markierung des Beobachters und schauen Sie auf die beiden anderen Markierungen. Achten Sie darauf, was geschieht und was gesagt wird. Welcher Prozess läuft ab? Was wird (nicht) erreicht? Es ist wichtig, dass man von beiden Rollen dissoziiert bleibt, solange man sie beobachtet. Bringt die Interaktion Sie und Ihr Team dem Erreichen Ihrer Ziele näher? Hilft Sie Ihnen, die höhere Mission zu erfüllen?

6 Wiederholen Sie die Schritte 3–5, bis Sie neue Einblicke erhalten. Stellen Sie sicher, dass Sie zwischen den Schritten 3 und 5 den »Zustand brechen«, indem Sie einige Augenblicke an etwas völlig anderes denken. Sie suchen nach Möglichkeiten, wie *Sie sich* und nicht wie Sie die andere Person ändern können.

Diese Technik kann man auch auf Abteilungs- oder Unternehmensebene anwenden. Solange Sie in der Lage sind, sich mit der zweiten Position (oder Rolle) zu assoziieren, werden Sie einige interessante neue Einblicke in die Wahrnehmungen Dritter erhalten, die möglicherweise Antworten auf verwirrende oder rätselhafte Situationen geben und Ihnen helfen, die Richtung für Ihr Team festzulegen. Im Folgenden wird erläutert, wie Sie vielfältige Perspektiven der zweiten Position für einen internen Dienstleistungsanbieter festlegen können (siehe Abb. 3.2).

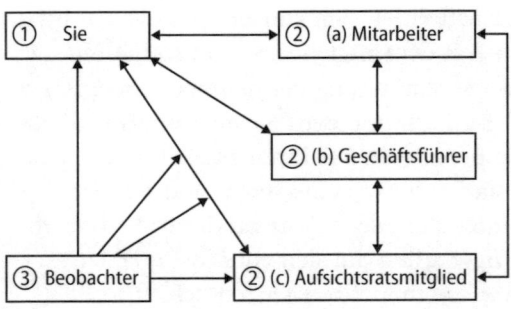

Abbildung 3.2: Verschiedene Perspektiven der zweiten Position

Position 1   Verantwortung für die Abteilung sowie die Mission und die Ziele der Abteilung.

Position 2 (a) Perspektive eines Mitarbeiters auf Ihre Dienstleistung.

Position 2 (b) Perspektive eines Geschäftsführers auf Ihre Dienstleistung.

Position 2 (c) Perspektive eines Aufsichtsratsmitglieds auf Ihre Dienstleistung.

Position 3   Perspektive eines Beobachters auf jede Interaktion.

Zusätzlich zu der Interaktion zwischen Position 1 und den verschiedenen 2. Positionen beachten Sie die Interaktion zwischen Aufsichtsratsmitglied, Geschäftsführer und Mitarbeiter.

> **Nur indem Sie sich wirklich mit der Rolle Ihrer Kunden assoziieren, können Sie sich in ihre Perspektive auf Ihre Arbeit hineinversetzen.**

Die Dynamik zwischen diesen Perspektiven ist ebenfalls wichtig. Indem Sie sich mit jeder Zweite-Position-Rolle assoziieren, entwickeln Sie ein Gefühl dafür, wie andere Rollen in der Organisation die Integration der Dienstleistungen Ihrer Abteilung in das Tagesgeschäft wahrnehmen. Indem Sie jede Position räumlich auf dem Boden »markieren«, »brechen Sie den Zustand«, wenn Sie sich zwischen den Positionen bewegen. Damit ist sichergestellt, dass Sie in einen reinen assoziierten Zustand eintreten, der Ihnen hilft, sich in jede der Zweite-Position-Rollen hineinzuversetzen und sie zu »werden«. Nur indem Sie sich wirklich mit den Kunden in der zweiten Position assoziieren, können Sie sich in ihre Perspektive auf Ihre Arbeit hineinversetzen.

Sie können diese Aktivität gemeinsam mit Ihrem Team in Form eines Rollenspiels durchführen. Einige können die Kunden spielen, während andere die Metaposition übernehmen. Sie müssen dafür sorgen, dass das Team mit seinen Rollen assoziiert bleibt, deshalb ist es sinnvoll, einen Berater einzuladen, der Ihnen beim Orchestrieren zur Seite steht.

Durch diese Übung entdecken Sie viele nützliche Ideen für Verbesserungen, die auf den Kunden ausgerichtet sind. Sie werden lernen, über den Tellerrand der Abteilung hinauszusehen und präziser zu erkennen, was verändert werden muss. Sie wird Ihnen helfen, die Strategie zu gestalten, die Ihr Team zum erwünschten zukünftigen Zustand führt, wobei Sie die automatische reagierende Strategie vermeiden werden, die zu unklaren zukünftigen Zuständen führt.

> **Gestalten Sie die Strategie, die Ihr Team zum erwünschten zukünftigen Zustand führt.**

Ihre Richtung gestalten

Kongruenz

Richten Sie Ihren Fokus auf Ihre persönliche Leitlinie, Identität, Werte und Überzeugungen. Hier geht es darum, Rollenvorbild für Ihr Team zu werden und sich in Aktivitäten einzubringen, die für Ihre Firmeneinheit Ergebnisse bringen, die in die höhere Mission eingehen. Wenn Sie erwarten, dass das Team die Richtung akzeptiert, die Sie kommunizieren, wird es sehen wollen, dass Sie nicht nur in Ihren Nachrichten kongruent sind, sondern dass alles, was Sie sagen und tun, den Weg verstärkt, den Ihr Team mit Ihnen gehen soll. Ihr Team wird Ihnen folgen, wenn Sie mit Begeisterung für das, was wichtig ist, und mit einer soliden Überzeugung in die Leistungsfähigkeit Ihres Teams führen.

> **Ihr Team wird Ihnen folgen, wenn Sie mit Begeisterung für das, was wichtig ist, und mit einer soliden Überzeugung in die Leistungsfähigkeit Ihres Teams führen.**

Während Sie damit beginnen, Ihre Richtung zu planen, vergleichen Sie Ihr persönliches Verständnis von Rollen, Werten und Überzeugungen mit denjenigen, die nötig sind, um die Richtung zu stützen. Das bedeutet, dass Sie mit sich selbst streng sein und erkennen müssen, dass die Art und Weise, auf die Sie bevorzugt arbeiten, nicht notwendigerweise die Art und Weise ist, durch die die Dinge in Ihrem Unternehmen erledigt werden, und um das Beste aus jedem Einzelnen herauszuholen. Sagen wir zum Beispiel, dass Sie Struktur und Vorgehensweise bei Ihrer Arbeit schätzen und infolgedessen viel Zeit mit der Erstellung von Charts und Texten über Verantwortungsbereiche verbringen, detaillierte Ziele festlegen und Handbücher über die Vorgehensweise bei Arbeitsabläufen verfassen lassen. Das mag Ihnen erscheinen, als würden Sie Fortschritte machen, und es mag an manchen Stellen positive Auswirkungen zeigen, aber ist Ihr Team inspiriert? Wissen die Mitglieder instinktiv, welches unter den gegebenen Umständen, unabhängig von der festgelegten Vorgehensweise, die beste Entscheidung ist? Fühlen sie, dass sie geschätzt werden und ihnen vertraut wird? Ermutigen Sie sie, Wege zu finden, um Ihre Arbeitsleistung aus eigenem Antrieb zu verbessern? Es geht nicht darum, klar definierte Prozesse zu unterschätzen, sondern einen Schritt zurück zu machen und einen Blick auf das Gleichgewicht zwischen dem minutiösen Detail der Arbeit und dem größeren Verständnis von Leitung, Fokus und Leidenschaft zu werfen, um eine großartige Leistung zu erbringen.

Alternativ könnten Sie die Art von Manager sein, die sich so sehr um die Menschen sorgt, dass Sie ihre Fähigkeit unterschätzen, indem Sie sie nicht genug fordern und ihren Bemühungen mit Ihrer Freundlichkeit einen Dämpfer aufsetzen. Auch wenn ein guter Manager seinen Mitarbeitern gegenüber eine fürsorgliche Seite zeigt, so sind sie doch dort, um zu arbeiten. Wenn Sie Ihre Rolle nicht darin sehen, sie vor lohnende Herausforderungen zu stellen, die sie wirklich fordern, so werden sie stagnieren und nie ihr volles Potenzial entfalten. Was schätzen Sie also an der Arbeit Ihrer Unternehmenseinheit? Was glauben Sie, können Sie und Ihr Team erreichen? Die Antworten auf diese Fragen legen Ihren Effektivitätsgrad in Ihrer Rolle fest.

Wohl formulierte Ergebnisse (Outcomes)

Ziele zu haben, ist der elementare Bestandteil der Management-Tätigkeit schlechthin. Es ist allerdings wirkungsvoller über Ergebnisse als über Ziele zu sprechen, weil Ergebnisse deutlich weitergehende Konsequenzen abdecken als Ziele. Der Unterschied lässt sich anhand der folgenden Fragen erklären: Wenn man Ziele betrachtet, so fragt man gewöhnlich »Was wollen Sie erreichen?« Bei Outcomes lautet die Frage: »Welche Outcomes sollen aus dem Erreichen dieses Ziels resultieren?« Nehmen wir also an, dass Sie beschrieben haben, was der erwünschte Zustand für Ihr Team ist, so ist es jetzt an der Zeit, Ergebnisse zu formulieren, die den Weg dorthin für die Menschen realer und spannender machen. Damit Sie diese einfache, aber dennoch außerordentlich effektive Methode leichter behalten können, werde ich im Folgenden die Zeichen PRIEST verwenden.

Positively stated (*Positive Formulierung*). Denken Sie einige Augenblicke nicht über eine grüne Giraffe nach. Ich habe gesagt, *nicht* über eine grüne Giraffe nachdenken! Das Gehirn kann ein verneinendes NICHT nur durch Umkehrung ins Positive darstellen. Wenn Sie losgehen und Menschen sagen, was sie nicht tun sollen, dürfen Sie nicht überrascht sein, wenn sie letztendlich genau das tun, von dem Sie wollten, dass sie es vermeiden sollten.

Wohl formulierte Ergebnisse
Positively stated (positive Formulierung)
Resourced (mit Ressourcen ausgestattet)
Initiated and maintained by self (durch Sie selbst ins Leben gerufen und bewahrt)
Ecological to you and others (ökologisch für Sie und andere)
Sensory-based evidence criteria (sinnesspezifische Evidenzkriterien)
Time phased (Zeitphasen)

Formulieren Sie Ihre Ergebnisse positiv.

Dabei handelt es sich um ein Schlüsselelement in der elterlichen und schulischen Erziehung und natürlich auch im Berufsleben. Erinnern ist dem Lernen viel förderlicher. Ein positives Ergebnis zu wünschen, ist dem Erfolg viel dienlicher als das in den Vordergrund zu stellen, was es zu vermeiden gilt. Das Gehirn wandelt Negatives in Positives um, formulieren Sie Ihre Ergebnisse daher positiv – was *Sie erreichen wollen*, statt was Sie vermeiden wollen, sonst bekommen Sie möglicherweise letzten Endes, was Sie nicht möchten. Wenn Sie nur formulieren, was Sie vermeiden möchten, werden Sie möglicherweise außerdem feststellen, dass einzelne Teammitglieder beginnen, ihre eigenen erwünschten zukünftigen Zustände zu entwerfen, die möglicherweise nicht an den Zielen der Organisation ausgerichtet sind.

Resourced (mit Ressourcen ausgestattet). Stellen Sie sicher, dass Sie alle Ressourcen haben oder erwerben können, die Sie zum Erzielen Ihrer Ergebnisse benötigen. Ressourcen können physische Aktivposten wie Menschen, Geld und Material umfassen. Sie können außerdem Wissen und Fertigkeiten umfassen, aber stellen Sie vor allem sicher, dass Sie innere Ressourcen haben wie Vertrauen, Entschlossenheit, Geduld, Fokus und Neugier.

Initiated and maintained by self (durch Sie selbst ins Leben gerufen und bewahrt). Wenn Ihre Ergebnisse zu stark von anderen abhängig sind, dann schreien Sie geradezu nach Problemen. Sie sind für Ihren eigenen Teil des Unternehmens verantwortlich. Niemand sonst wird Sie retten oder den Kopf hinhalten, wenn Sie es nicht schaffen. Stellen Sie diese Frage im Hinblick auf Ihre Ergebnisse: *Habe ich in der Organisation ausreichend Autorität und Kontrolle, um meine Ergebnisse zu erreichen, ohne mich darauf verlassen zu müssen, dass andere Personen die Dinge zustande bringen?* Wenn die Antwort »nein« lautet, so überdenken Sie Ihre Resultate und wie Sie sie erreichen wollen. Ihre Ergebnisse sollten von Ihnen ins Leben gerufen und bewahrt werden, sodass Sie die Flexibilität haben, auf Änderungen im System zu reagieren, während Sie sich langsam auf sie zubewegen. Wenn Sie mit anderen kooperieren müssen, dann nutzen Sie Ihre Ressourcen, sie entsprechend zu beeinflussen.

Ecological (ökologisch). Wenn Sie darüber nachdenken, was getan werden muss, um Ihre Ergebnisse zu erreichen, so tun Sie es mit großer Sensibilität für andere Teile des Systems. Welche Konsequenzen wird Ihre Bewegung hin zum Ergebnis haben? Könnte es auf dem Weg dorthin Auswirkungen auf andere Manager, Mitarbeiter, Abteilungen, Kunden, Lieferanten, Familienmitglieder und Freunde geben? Wie werden sie beeinträchtigt? Und Sie? Sind Sie vollkommen kongruent im Hinblick auf das, was Sie tun müssen, um dieses Resultat zu erreichen?

Sind Sie vollkommen kongruent im Hinblick auf das, was Sie tun müssen, um dieses Ergebnis zu erreichen?

Sensory-based evidence criteria (sinnesspezifische Evidenzkriterien). Woher wissen Sie, wann Sie Ihr Ergebnis erreicht haben? Aufgrund welcher Evidenzkriterien entscheiden Sie? Wählen Sie sinnesspezifische Beweise – was sehen, hören und fühlen Sie, das Ihnen sagt, dass Sie Ihr Ergebnis erreicht haben?

Time phased (Zeitphasen). Haben Sie für Ihr Ergebnis Zeitphasen zur stufenweisen Durchführung festgelegt? Ist es realistisch, alles in der Zeit zu erledigen? Wann genau erwarten Sie Ihr Ergebnis zu erreichen? Ihr Team wird diesen Zeitplan kennen wollen; anderenfalls entdecken Sie möglicherweise, dass die Prioritäten anderer Personen die Zeit stehlen, die Sie benötigen, um *Ihr* Ergebnis zu erreichen.

Das Festlegen von Outcomes, die wohl formuliert sind, ist eine der Grundlagen des NLP. Outcomes, über die man nachdenkt, müssen keinen Bezug zu langfristigen Wünschen haben. Sie können ein Ergebnis für jede Ihrer Handlungen haben, z. B. ein Gespräch mit einem anderen Manager, eine Konferenz, ein größeres Projekt oder Ihre nächste Beförderung.

Die Umsetzung

Lassen Sie uns annehmen, dass Sie Ihr Team in die Entscheidung über den Wunschzustand einbezogen und die Outcomes festgelegt haben. Alles, was ab jetzt in Ihrer Abteilung geschieht, muss an den Team-Ergebnissen ausgerichtet werden. Stellen Sie sich beispielsweise vor, Sie sind ein Manager in der Marketingabteilung einer Ölfirma und eins Ihrer Ziele besteht in dem Entwurf und der Erstellung eines Marketingstrategieplans für Abteilungsdirektoren im Standardformat und auf halbjährlicher Basis. Zur Informationsbeschaffung benötigen Sie ein System, das den Arbeitsablauf und die Kommunikationsstrukturen zur Beschaffung und Verarbeitung der Informationen sowie der Ausgabe an die identifizierten Empfänger umfasst.

Abbildung 3.3 zeigt dies als grundlegendes Eingabe-/Ausgabe-Diagramm mit einer Feedback-Schleife. Wenn Sie systematisch über die Arbeit in Ihrer Abteilung nachdenken, wie in Abbildung 3.3, und die

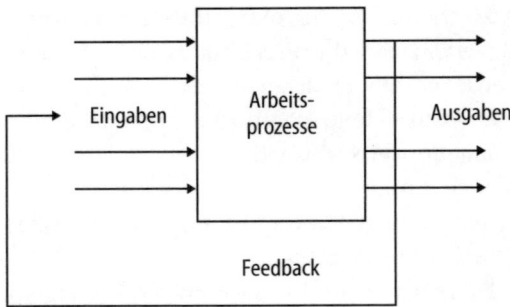

Abbildung 3.3: Grundlegendes Arbeitssystem-Diagramm

Eingaben und Ausgaben für jeden Prozess definieren, erhalten sie eine Grundlage zur Überprüfung, ob das, was tatsächlich in Ihrer Abteilung geschieht, auf Ihre Ergebnisse ausgerichtet ist.

Jede Funktionsstörung ist Feedback.

Ihr Feedback-System sollte Ihnen Informationen über die Richtung und die Ergebnisse geben – sind Sie auf dem richtigen Weg? Wenn Sie plötzlich der Meinung sind, dass Informationen verzerrt werden, haben Sie eine Funktionsstörung im System. Jede Funktionsstörung ist Feedback, daher werden Sie herausfinden wollen, warum es zu einer Abweichung von den vereinbarten Ergebnissen gekommen ist. Möglicherweise rät Ihnen das System, neue Ergebnisse auszuarbeiten, da die Sache Fortschritte macht, oder es kann eine Reihe von Faktoren geben, die für das Verzerren der Informationen verantwortlich sind.

Fähigkeiten

Wenn wir noch einmal Bezug nehmen auf die Ebenen des Lernens und der Veränderung in Kapitel 1, so werden Sie Ihre eigenen Fähigkeiten und die Ihres Teams bewerten wollen. Das ist ein Merkmal des Festlegens wohl formulierter Outcomes. Sie haben vielleicht vom Peter-Prinzip gehört – Menschen werden bis auf die Stufe Ihrer Unfähigkeit befördert. Ein simpler Vergleich von Wissen und Fertigkeiten mit den zu erledigenden Aufgaben hilft, das Loch der Fertigkeiten zu identifizieren, das gestopft werden muss.

Die Entwicklung von Menschen hin zu neuen Rollen mit größeren Herausforderungen zahlt sich enorm aus. Die Flexibilität zu haben, um sich immer wieder an den Ergebnissen und der Richtung des Unternehmens auszurichten, schafft eine Umgebung der Veränderung und Varietät, die die Persönlichkeitsentwicklung stimuliert. Welche Rollen auch immer Ihre Mitarbeiter ausüben, sie brauchen Vertrauen, Kommunikationsfertigkeiten, Einflussmöglichkeiten, Entschlossenheit und die Fähigkeit, die Arbeit als Einzelpersonen und Teams zu bewerten und Prioritäten zu setzen.

Integration – ein lebenswichtiger Katalysator

Sehr häufig bestimmen nicht Fertigkeiten, Wissen oder Einstellung über den Grad des Erfolgs beim Erreichen eines Ergebnisses, sondern der Zustand.

Die Fähigkeiten eines Systems, das aus einer Reihe von Abläufen oder Anweisungen besteht, unterliegen der mentalen und physischen Energie der Menschen, die darin arbeiten. Genau wie sich Schüler am Verhalten ihrer Lehrer ein Beispiel nehmen, so nehmen sich Teammitglieder ein Beispiel am Manager. Wenn *Sie* durch die Richtung, die Sie vorgegeben haben, nicht motiviert und begeistert sind, erwarten Sie nicht von Ihren Mitarbeitern, dass sie es sind.

> **Wenn *Sie* durch die Richtung, die Sie vorgegeben haben, nicht motiviert und begeistert sind, erwarten Sie nicht von Ihren Mitarbeitern, dass sie es sind.**

Ich habe kürzlich ein Führungsteam gecoacht, das für ein globales Markenprodukt verantwortlich war, das Marktanteile verlor. Ich war überrascht, dass das Team wenig Energie und einen Mangel an Vertrauen zeigte. Als ich den Chef kennenlernte, entdeckte ich den Grund – er trat den ganzen Tag nicht mit seinem Team in Kontakt, sondern verbrachte Tee- und Kaffeepausen lieber entfernt von der Gruppe an seinem Handy. Er hatte die Gelegenheit, die ihm der Tag bot, sein Team zu begeistern und einzubeziehen, nicht genutzt, sondern sein übliches distanziertes Verhalten an den Tag gelegt.

Sie müssen den erwünschten zukünftigen Zustand zu einem fesselnden Ort machen, auf den Sie Ihre Energie lenken. Das ist eine Auswirkung des Zustands, in dem Sie sich jederzeit den ganzen Tag über befinden. Wenn Sie schlecht gelaunt zur Arbeit kommen, wird sich das auf andere negativ auswirken. Wenn Sie gestresst und besorgt aus einer Sitzung kommen, wird Ihr Team das als etwas Schlechtes interpretieren und es wird letztendlich selbst in einen negativen Zustand verfallen, der seine Arbeit beeinträchtigt. Es ist besser, die Auswirkungen zu überschätzen, die man auf andere hat, und sicherzustellen, dass man einen positiven Zustand aufrechterhalten kann, ganz gleich, was geschieht.

Die Zukunft aktivieren: Forschungen, was Unternehmer erfolgreich macht, haben gezeigt, dass nur sehr wenige von ihnen detaillierte Pläne erstellen. Sie haben gewöhnlich viele Ideen und vielleicht einige allgemeine Pläne, aber die Einzelheiten müssen sich häufig ergeben. Was viele erfolgreiche Unternehmer gemein haben, ist eine Strategie, ihre Richtung oder Ergebnisse zu visualisieren. 1985 sagte der junge Vorsitzende der Virgin-Gruppe:

»Ich *sehe*, dass Virgin der größte Unterhaltungskonzern außerhalb der USA *wird*. Dahin zu kommen, wo wir heute stehen, war ganz schön schwer. Von hier zu einer Milliarden-Pfund-Firma zu werden, wird viel leichter sein. Manchmal frage ich mich, was wir *dann* für eine Art von Unternehmen sein werden.«

Diese Worte von Richard Branson geben Hinweise auf seine interne Erfolgsstrategie. Es ist klar, dass er die Entwicklung hin zu einer Milliarden-Firma visualisiert hatte. Seine Überzeugungsstruktur legte fest, dass er sein Ziel erreichen würde. In seinem Geist tat er bereits die Dinge, mit denen das Ziel erreicht würde.

Die visuelle Modalität ist sehr kraftvoll und kann genutzt werden, um unser unbewusstes Verhalten auf unsere Ergebnisse zu lenken. Unsere mentalen Bilder sind Wegweiser für unser Verhalten, sie leiten uns, Tag für Tag die richtigen Entscheidungen zu treffen, die uns in die Richtung führen, in die wir gehen wollen. Sie funktionieren ähnlich wie ein Computer, der jahrelang mit demselben Bild auf dem Monitor angeschaltet gelassen wurde. Schließlich brennt sich das Bild in die Röhre ein, sodass man das Bild tatsächlich sehen kann, wenn der Bildschirm abgeschaltet ist. Die Visualisierungstechnik *brennt* eine fesselnde Zukunft in Ihre Neurologie.

Stellen Sie sich vor, was Sie, Ihr Team und Ihre Kunden tun und sagen werden, wenn Sie Ihre Ergebnisse erreicht haben.

Visualisieren Sie das in einem mentalen Bild – entwerfen Sie es hell und klar mit viel Farbe. Bewahren Sie es als dissoziiertes Bild – Sie schauen es als Beobachter an. Vergrößern Sie es, sodass Sie die Details in den Gesichtern der Menschen sehen können, wenn sie ihre Freude an Ihren Produkten oder Dienstleistungen ausdrücken. Erstellen Sie Ihr Bild dreidimensional und setzen Sie es in Bewegung. Fügen Sie die Geräusche hinzu, die Sie in Ihrer Umgebung erwarten würden. Intensivieren Sie jetzt all diese Merkmale, sodass sich die Bilder in Ihr Gehirn einbrennen.

> **Unsere mentalen Bilder sind Wegweiser für unser Verhalten, sie leiten uns, Tag für Tag die richtigen Entscheidungen zu treffen, die uns in die Richtung führen, in die wir gehen wollen.**

Euer Verstand und eure Leidenschaft sind das Ruder und die Segel eurer seefahrenden Seele. Wenn eure Segel oder Ruder brechen, könnt ihr nur noch schlingern und treiben oder auf hoher See festgehalten werden.

K. Gibran, Der Prophet

Wenn Sie die Bilder ausreichend intensiviert haben, werden Sie den Erfolg spüren. Es mag ein leichtes Flattern in der Magengegend sein oder ein zuversichtliches Lächeln. Ihr Körper wird damit beginnen, die Haltung des Erfolgs einzunehmen, Ihr Kopf wird erhoben sein und mit offenem Blick werden Sie eine erfolgreiche Zukunft sehen, hören und fühlen. Haben Sie es schon getan? Gut, schauen Sie sich jetzt regelmäßig dabei zu, um ganz sicher zu gehen, dass Sie das Erfolgspotenzial in Ihre ganze Neurologie integrieren.

Diese Technik, die Sie gerade angewandt haben, bezeichnet man auch als *Future Pacing*. Indem Sie Erfolg visualisieren, stellen Sie sich vor, wie der Wunschzustand sein wird. Es ist ein bisschen, als würde man die Zukunft ausprobieren, um zu sehen, ob sie passt. Wenn sie nicht passt, werden Sie in irgendeiner Form Feedback erhalten, wahrscheinlich als ein Signal der Inkongruenz aus irgendeinem Teil Ihrer Physiologie. Wenn dies geschieht, wissen Sie, was zu tun ist. Nehmen Sie das Feedback auf, nehmen Sie Anpassungen bei Ihren Ergebnissen vor und *reaktivieren* Sie die Zukunft.

Kapitel 4
Selbstbeherrschung

Wer andere kennt, ist klug. Wer sich selbst kennt, ist weise. Wer andere besiegt, hat Kraft. Wer sich selbst besiegt, ist stark.

Tao Te Ching, Buch eins

Kürzlich wurde ich von einer Journalistin interviewt, die für eine Zeitschrift eine Story über Outdoor-Training schreiben wollte. Ihre angenehme Art und ihr selbstsicheres Auftreten vermittelten ein hohes Maß an Professionalität. Außerdem war sie äußerst ehrgeizig. Wir verbrachten eine sehr angenehme Zeit bei einem gemeinsamen Mittagessen. Nach dem Interview vertraute sie mir an, dass ihr berufliches Potenzial nicht ausgeschöpft würde, weil sie es nicht über sich brächte, mit ihren Knüllern die führenden Redakteure anzurufen. Warum zögerte eine ehrgeizige, selbstbewusste, fähige, intelligente Frau wegen so etwas Einfachem?

Wenn Sie genug über sich selbst wissen, können Sie lernen, wie Sie sich selbst motivieren können, so ziemlich alles zu tun. Die meisten Menschen wissen allerdings nur sehr wenig über die unbewussten Denk- und Verhaltensmuster, die ihnen bei der Entscheidung helfen, wo sie Energie und Ressourcen investieren, wo sie zögern und was sie vermeiden müssen. In diesem Kapitel werden bestimmte Persönlichkeitsmerkmale betrachtet, die Ihre Motivation beeinflussen und Möglichkeiten bieten, eine stärkere Motivation durch Sprache, Denkmuster und Verhalten zu generieren.

Dabei handelt es sich um den Weg zur Selbstbeherrschung in jeder Management-Rolle.

NLP im Management. David Molden
Copyright © 2009 WILEY-VCH Verlag GmbH & Co. KGaA, Weinheim
ISBN: 978-3-527-50283-7

NLP: *Sie verfügen über alle Ressourcen, die Sie zum Erfolg brauchen. Es gibt keine Fehlschläge – nur Feedback.*

Bevor Sie etwas tun, müssen Sie sich motivieren, es tun zu wollen.

Ziele, **die nicht auch** *Wünsche* **sind, werden wahrscheinlich nicht erreicht.**

Dieses Kapitel enthält zwei Hauptprinzipien:

- Sie verfügen über alle Ressourcen, die Sie zum Erfolg brauchen.
- Es gibt keine Fehlschläge – nur Feedback.

Wir alle haben unendlich mehr Fähigkeiten, als wir je gezeigt haben, und der Weg, sie ans Licht zu bringen, besteht darin, die Barrieren in Ihrem Denken zu beseitigen, die sie daran hindern, zum Vorschein zu kommen. Als Manager wird es Tätigkeiten geben, in denen Sie sich hervortun, es gibt möglicherweise andere, die Sie gerade erst erlernen, und es gibt vielleicht einige Bereiche, mit denen Sie lieber nichts zu tun hätten. Ganz gleich, wie Sie sich sehen oder wie Sie jede einzelne Tätigkeit empfinden, Ihre Ergebnisse hängen davon ab, wie gut Sie Aufgaben erledigen und wie Sie Ihr Team einbeziehen. Bevor Sie also etwas tun, müssen Sie sich motivieren, es tun zu *wollen*. An jeder Aufgabe ohne Eigenmotivation wird ein gewisses Ausmaß an Widerstreben kleben – und Widerstreben ist der Feind der Selbstbeherrschung. *Ziele*, die nicht auch *Wünsche* sind, werden wahrscheinlich nicht mit einem gewissen Grad an Finesse erreicht.

Der Sechste-Strategie-Zustand

Was hindert Sie daran, einige Dinge zu tun, und was zwingt Sie dazu, andere zu tun? Wie kommt es, dass sie intrinsisch motiviert sein können, einige Aufgaben ausgezeichnet zu vollenden und andere nicht?

Als Manager brauchen Sie die Flexibilität, sich jederzeit selbst zu jeder Aufgabe zu motivieren, indem Sie intrinsische Mittel verwenden – unabhängig von den Versuchen Ihres Zahlmeisters, Sie zu manipulieren. Es bringt nichts, Ihren Beruf halbherzig auszuüben, weil sie niemand motiviert. Motivation kommt von innen, und wenn Sie sich nicht daran gewöhnen, sich selbst zu motivieren, werden Sie wahrscheinlich im Management nicht Karriere machen. Wenn Sie sich aber entscheiden, sich für Ihre Arbeit und Mitarbeiter zu engagieren, werden Sie dafür eine Strategie haben. Damit meine ich eine gewisse Art des Denkens und Verhaltens, die bei Anwendung zu einem bestimmten Ergebnis führt. Im NLP bezeichnet man dies als Strategie – die Abfolge von Gedanken und Verhaltensweisen, die Sie verwenden, um eine bestimmte Aufgabe zu erledigen. In Abbildung 4.1 – die sechste Strategie – werden fünf Strategien gezeigt, die zu schlechten Arbeitsleistungen führen, und eine Strategie, die sechste, eine Motivationsstrategie, die aus der Selbstbeherrschung entsteht.

Es gibt fünf Hauptgründe dafür, warum Aufgaben entweder unfertig sind oder, wenn sie fertig gestellt sind, nur niedrigen oder durchschnittlichen Anforderungen genügen. Diese fünf Gründe habe ich als Strategien bezeichnet, weil sie genau das sind – *Vermeidungsstrategien.* Jede Aufgabe, die im Rahmen Ihrer geistigen und körperlichen Fähigkeiten liegt, kann so erledigt werden, dass sie allerhöchsten Anforderungen genügt, wenn Sie wissen, wie Sie

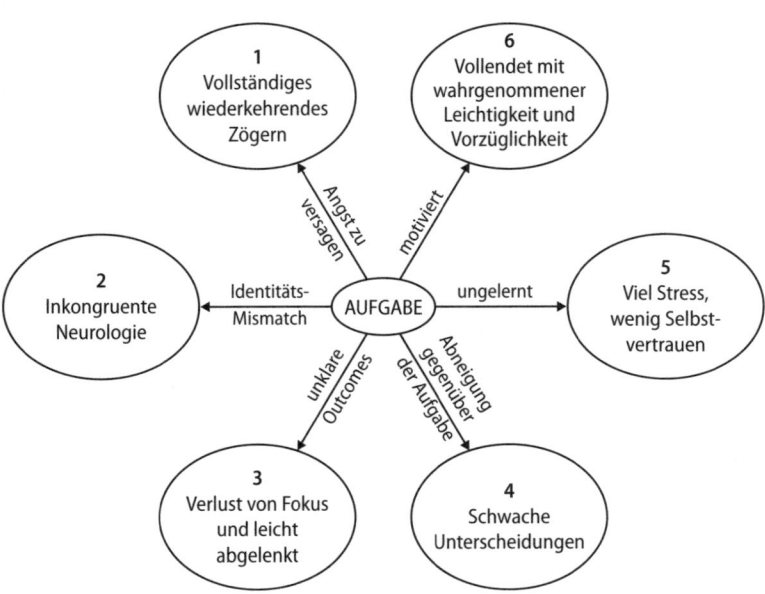

Abbildung 4.1: Die sechste Strategie

sich vorbereiten und effektiv engagieren müssen. Die Vorbereitung erzeugt den optimalen Zustand für die Erledigung der Aufgabe.

Zunächst werde ich Strategien 1 und 2 erläutern und dann werde ich Ihnen zeigen, wie Sie damit umgehen müssen, bevor wir uns mit Strategie 3 beschäftigen. Wenn Sie bei der *sechsten Strategie*, der Strategie der Selbstbeherrschung, angekommen sind, werden Sie wissen, wie Sie für sich selbst einen Sechste-Strategie-Zustand schaffen können, wann immer Sie ihn brauchen. Die sechste Strategie ist jede Methode, die Sie nutzen, um sich in einen Zustand starker Eigenmotivation zu versetzen, und es gibt eine Auswahl an NLP-Techniken, die Ihnen je nach der Vermeidungsstrategie, die Sie überwinden wollen, zur Verfügung stehen.

Angst zu versagen

Dies ist wahrscheinlich eine der größten Begrenzungen der Persönlichkeitsentwicklung und des Erfolgs. Gleichzeitig lässt sie sich am leichtesten verändern, was häufig zu sofortigen und verblüffenden Ergebnissen führt. Angst wird von begrenzenden Überzeugungen begleitet, d. h., *wenn ich mich an dieser Aufgabe versuche, werde ich wahrscheinlich versagen und mein Selbstwertgefühl und meine berufliche Glaubwürdigkeit erhalten einen Schlag.* Die Wahrnehmung des Status steht hier ebenfalls auf dem Spiel. Die Begrenzung ist manchmal so stark, dass sie ein vollständiges, immer wiederkehrendes Zögern bei bestimmten Aufgaben auslöst.

Ich kenne einige Menschen, die ihren Familienurlaub so planen, dass sie bestimmten Tätigkeiten im Beruf aus dem Weg gehen können. Die Energie, die benötigt wird, um verschiedene Ausreden dafür zu finden, warum man etwas nicht tut, kann zu Stress führen. Die Journalistin aus meinem obigen Beispiel, die mich interviewte, hatte eine begrenzende Überzeugung, was ihre Anrufe bei Redakteuren anging, und immer wenn sie daran dachte, erzeugte sie starke visuelle Bilder von den verschiedenen Möglichkeiten, wie sie versagen könnte. Zahlreiche Verkäufer haben begrenzende Überzeugungen im Hinblick auf Kaltakquise und Verkäufe auf Direktorenebene.

> **Die Energie, die benötigt wird, um verschiedene Ausreden dafür zu finden, warum man etwas nicht tut, kann zu Stress führen.**

Über Situationen nachzudenken, in denen man sich überzeugt hat, dass das Resultat unangenehm sein wird, brennt Fehlschläge in das Gehirn, und darauf reagiert man dann. Es ist unglaublich, wie es möglich ist, im Geist Szenarien abzuspielen und zu dem Schluss zu kommen, dass man versagen wird. Der einzig wirkliche Versuch besteht darin, es auszuprobieren und herauszufinden.

Landkarten für Fehlschläge zu gestalten und Vermeidungsstrategien zu entwickeln, ist Energieverschwendung!

Aber wenn Sie Vermutungen erlauben, darüber zu entscheiden, worauf Sie vorbereitet sind, dann werden sich in Ihrer winzigen Kuschelecke nur wenige Dinge finden, die zu versuchen Sie bereit sind. Landkarten für Fehlschläge zu gestalten und Vermeidungsstrategien zu entwickeln, ist Energieverschwendung!

Überzeugungen sind ganz eng mit Identität verbunden. In Kapitel 1 haben Sie die Bezeichnungen (Labels) betrachtet, die Sie zur Verstärkung dessen, wer Sie sind, benutzen. Begrenzende Überzeugungen bewahren Ihre aktuelle Identität und hindern Sie daran, sich zu verändern, weil mit der Person, die Sie gerade sind, eine gewisse Bequemlichkeit und Sicherheit einhergeht. Die einzige Möglichkeit zu wachsen und Ihre Rolle zu entwickeln, besteht darin, sich über das hinaus, was Ihnen vertraut und bequem ist, zu fordern.

Begrenzende Überzeugungen bewahren Ihre aktuelle Identität und hindern Sie daran, sich zu verändern.

Identitäts-Mismatch

Diese Strategie besagt: »Ich bin nicht der Typ, der so etwas tut.« Sie schützt Sie, indem sie Sie sicher in den Denk- und Verhaltensweisen einschließt, die für Sie bequem sind. Wenn Ihnen aus welchem Grund auch immer eine Aufgabe übertragen wird, die Ihrer Ansicht nach nicht in Ihre Zuständigkeit fällt, generieren Sie möglicherweise Signale der Inkongruenz. Nur Ihr Unterbewusstsein weiß, dass Ihr Verhalten nicht mit Ihren Gedanken zusammenpasst.

Häufig werden diese Signale durch Wertekonflikte ausgelöst. Wenn die Aufgabe, die Sie erledigen, für Sie einen geringen Wert hat, warum er-

Sie investieren nur Energie und Ressourcen in Tätigkeiten, die für Sie von Wert sind.

ledigen Sie sie dann? Wenn Ihre Ergebnisse davon abhängen, dass Sie diese Aufgabe zu Ende bringen, warum haben Sie ihr dann nicht einen ausreichend hohen Wert beigemessen? Sie investieren nur Energie und Ressourcen in Tätigkeiten, die für Sie von Wert sind.

Die Journalistin, mit der ich Bekanntschaft gemacht hatte, hatte keine Werte- und Überzeugungsstruktur geschaffen, um ihre Identität in eine Person zu verändern, die Knüller an Redakteure verkauft.

Wenn Sie sich einen Augenblick Zeit nehmen, um über die verschiedenen Aufgaben nachzudenken, mit denen Sie sich bei Ihrer Arbeit beschäftigen, und dann jeder einzelnen einen Indikator für Ihr Engagement, sagen wir auf einer Skala von 1 bis 10, zuordnen, wie viele würden Sie dann bei zehn einstufen? Und warum engagieren Sie sich nicht hundertprozentig für diejenigen, die unter zehn liegen? Damit man sich vollständig in etwas einbringt, müssen alle Ebenen des Lernens und der Veränderung – Identität, Werte, Überzeugungen, Fähigkeiten, Verhalten und Umgebung – ausgerichtet werden. Es gibt einen Spruch, der lautet: »Hilf dir selbst, dann hilft dir Gott.«

»Hilf dir selbst, dann hilft dir Gott.«

Sie denken vielleicht an Aufgaben oder Tätigkeiten, die Ihnen wichtig sind, bei denen Sie aber mehr Selbstsicherheit und eine höhere Perfektion erreichen wollen, und an die Sie in einem höheren Zustand der Motivation herangehen. Vielleicht handelt es sich um eine Sitzung auf höherer Ebene mit einem Vorgesetzten oder einem besonderen Kunden oder auch eine Präsentation für das Unternehmen. Ein größeres Projekt findet den Weg zu Ihnen oder vielleicht werden Sie zum ersten Mal gebeten, eine Fusion zu managen. Wie auch immer die bevorstehende Aufgabe lautet, damit Sie sie leicht und vorzüglich ausführen können, benötigen Sie verschiedene Denk- und Verhaltensprozesse. Bei der nächsten Übung sind Sie eingeladen, einen Sechste-Strategie-Zustand der Exzellenz zu gestalten. Ich werde anhand eines der obigen Beispiele durch die Übung führen und es Ihnen überlassen, es entsprechend durch Ihre eigene besondere Situation zu ersetzen.

Übung 5: Gestalten Sie Ihren Sechste-Strategie-Zustand

Für diese Übung versetze ich mich in die Rolle eines Abteilungsleiters, der gebeten worden ist, ein größeres Projekt für einen renommierten neuen Kunden zu leiten. Sie können Ihre eigene Situation wählen und den Schritten in der Übung folgen.

»Ich habe noch nie ein Projekt von dieser Größe und Bedeutung geleitet; tatsächlich habe ich in der Vergangenheit große Projekte vermieden, weil Projektmanagement nicht mein Ding ist, obwohl mir bewusst ist, dass ich irgendwann ein großes Projekt übernehmen muss, um meine Abteilung zu größeren Herausforderungen innerhalb der Organisation zu führen.«

Je nach Umständen der erforderlichen Veränderung kann ich eine von zahlreichen NLP-Techniken anwenden. Die Technik, die ich in dem vorliegenden Szenario anwenden werde, ist »einen neuen Teil gestalten«; und ich werde sie anwenden, damit ich meine Identität neu definieren und meine Überzeugungssysteme ausrichten kann, um im Projektmanagement erfolgreich zu sein.

Schritt 1: Wie wäre es?

»Es gibt einen Teil von mir, der gegen das *Projektmanagement* protestiert, und ich muss zunächst von innen herausfinden, was genau dieser Einwand ist. Was hält mich davon ab, mich mit Begeisterung in die Rolle des Projektleiters zu stürzen? Was müsste sich ändern, damit dieser protestierende Teil von mir sich beim Projektmanagement wohl fühlen würde? Ich beginne, mir mich selbst als Projektmanager vorzustellen und assoziiere mich voll und ganz mit der Rolle.«

Ich stelle mir also vor, wie es sein wird, die Rolle eines Projektmanagers auszuüben, wobei ich meine inneren Sinne in Alarmbereitschaft halte, um Signale zu erkennen, die den Grund für den Einwand erklären.

Ich fühle allmählich einen Krampf in der Magengegend und ein Stirnrunzeln. Was ist es, das mich dieses unbehagliche Gefühl empfinden lässt? Vor meinem geistigen Auge sehe ich mich selbst am Ende des Projektes. Ich befinde mich in einer Besprechung mit dem Projektausschuss, der die Schwierigkeiten im Zusammenhang mit dem Projekt diskutiert. Es ist alles meine Schuld. Ich habe es nicht auf professionale Art und Weise geleitet (hier mischt sich jetzt mein innerer Dialog ein). Ich war nicht dafür ausgebildet, dieses Niveau von Ressourcen zu leiten und diese hohe Verantwortung zu tragen. Ich habe es nicht bemerkt, als die Dinge schiefliefen.

Schritt 2: Das Feedback bewerten

Das Feedback dieses Prozesses sagt mir, dass ich Probleme in den Bereichen Fertigkeiten, Verantwortung, Professionalität und Erkennen, wann die Dinge schieflaufen, habe. Jetzt frage ich mich: »Wäre es in Ordnung, ein großes Projekt zu leiten, wenn (1) ich ausgebildet wäre, (2) mit der gewachsenen Verantwortung umgehen könnte, (3) von dem Projektausschuss als professionell wahrgenommen würde und (4) meine Aufmerksamkeit auf die Arbeit richten könnte, sodass ich frühzeitig erkennen würde, wenn die Dinge schief zu laufen drohen?« Ich brauche jetzt eine Antwort von meinem protestierenden Teil, deshalb assoziiere ich mich wieder mit der Rolle, wobei ich dieses Mal vier Ressourcen hinzufüge, und überprüfe meine Gefühle auf Anzeichen von Einverständnis.

Schritt 3: Den neuen Teil konstruieren

Wie werde ich aussehen, wenn ich ein großes Projekt mit all diesen hinzugefügten Ressourcen leite? Während ich dieses Szenario in der Zukunft visualisiere, halte ich weiterhin wachsam nach Signalen für einen Konflikt Ausschau. Wie fühlt es sich jetzt an, wo ich ein professioneller Projektmanager werde? Ich habe einige Bücher über Projektmanagement gelesen, ich habe Rat bei einigen unserer höchst fähigen Projektmanager gesucht, ich habe einen Kurs gebucht, um etwas über Projektleitung zu lernen, und ich bin zuversichtlich, dass ich meinen Fokus halten und ein professionelles Bild von mir projizieren kann.

Ich lasse den Film, was ich genau tun werde, um meinen Erfolg als Projektmanager sicherzustellen, in meinem Kopf ablaufen. »Das Bild wird jetzt intensiver, heller, farbiger, größer, dreidimensional. Ich kann hören, was ich zu den Leuten um mich herum sage und was sie zu mir sagen. Ich sehe professionell aus und fühle mich auch so. Ich weiß, wie man ein Projektmanager ist. Ich habe jetzt einen neuen Teil, der Projektmanager *ist*. Der Teil mit dem ursprünglichen Einwand protestiert nicht mehr. Ich bin Projektmanager!«

Schritt 4: Überprüfen der Ökologie

Bisher hat sich die Übung nur auf Sie konzentriert. Es ist aber wichtig, auch die weiteren Implikationen einer Veränderung dieser Art in Betracht zu ziehen, besonders im Hinblick auf die Menschen in Ihrem Umfeld – Familie, Freunde, Kollegen, das Team, die Organisation und die Kunden. Suchen Sie nach Signalen der Inkongruenz, wenn Sie die folgende Frage beantworten:»Wie wird sich diese Veränderung auf diese Menschen und meine Beziehung zu ihnen auswirken?« Es ist vielleicht keine gute Idee, ein überragender Projektmanager zu werden, wenn dadurch andere Bereiche Ihres Lebens beeinträchtigt werden. Und sofern Sie nicht voll und ganz hinter dem Projekt stehen, wie wird sich das auf das Projekt und die Beteiligten auswirken? Sind Sie anderen Menschen gegenüber ehrlich, wenn Sie diese Rolle übernehmen?

Bei diesem Prozess geht es darum, für Sie eine Identität zu gestalten, die kongruent ist. Sie müssen dennoch Fertigkeiten erwerben, aber Sie werden stärker darauf erpicht sein, dies zu tun. Ein starkes Gefühl von Identität mit der Rolle von Anfang an verstärkt den Wunsch ein brillanter Projektmanager zu werden. Sobald Sie ihn haben, werden Sie überrascht sein, wie leicht die Fertigkeit kommt. Selbstvertrauen und Identität können sich durch das bloße Trainieren der Fertigkeiten entwickeln, aber es dauert viel länger, und oft fehlen die Identifikation oder Behandlung der begrenzenden Überzeugungen oder Identitätskonflikte. Der Sechste-Strategie-Zustand bringt Sie schneller und in einem ressourcenvolleren Zustand von Geist und Körper dorthin.

Unklare Outcomes/Ergebnisse

Finden Sie es manchmal schwer, sich auf die vorliegende Aufgabe zu konzentrieren? Vielleicht, weil Sie etwas beschäftigt – eine zu treffende Entscheidung oder ein Problem, das dringend gelöst werden muss und über dessen Lösung Sie noch nicht nachgedacht haben? Wählen Sie irgendeinen Tag der Woche und Sie werden wahrscheinlich eine Reihe dieser ungelösten Probleme oder nicht getroffenen Entscheidungen haben, die in Ihrem Gehirn herumgeistern.

Probleme wie Krankheiten oder Finanzprobleme werden Sie wahrscheinlich von jeder Aufgabe ablenken, obwohl selbst diese Situationen gesteuert werden können. Einige übliche Ablenkungen nehmen Formen an wie »Soll ich nächste Woche zu der Sitzung gehen?« oder »Wen soll ich morgen in den Verteiler für meine E-Mail über die neue Produkteinführung aufnehmen?« oder »Ob Bill wohl auf meinen Bericht wartet?«, während Sie versuchen, sich auf etwas anderes zu konzentrieren.

Ein Grund für Ablenkung liegt in *unklaren Outcomes bzw. Ergebnissen.* Manchmal wird man so von Einzelheiten in Anspruch genommen, dass man von dem Hauptzweck dessen, was man tun soll, abgelenkt wird. Vielleicht ist es interessanter oder vielleicht nehmen Sie es als interessanter wahr als die vor Ihnen liegende Aufgabe, aber wenn es nicht zu Ihren Ergebnissen passt, so wird es Sie wahrscheinlich nicht weit bringen.

Die Antwort hierauf wurde in Kapitel 3 gegeben – wohl formulierte Outcomes. Wenn Sie je feststellen, dass Sie Energie auf etwas verwenden und sich über das Ergebnis im Unklaren sind – gehen Sie die PRIEST-Liste durch, überprüfen Sie Ihre Outcomes und

> Wenn es nicht zu Ihre Ergebnissen passt, so wird es Sie wahrsche lich nicht weit bringe

nehmen Sie die Veränderungen vor, die notwendig sind, um wieder auf den richtigen Weg zu kommen. Die Motivation möchte auf ein klares Ergebnis gerichtet werden. Mangelnde Klarheit bei Ihren Ergebnissen ist nicht der einzige Grund für Ablenkung und mangelnden Fokus, aber ein alltäglicher. Abneigung gegenüber der Aufgabe ist ein anderer.

Abneigung gegenüber der Aufgabe

Es gibt keinen einzelnen Grund, warum Sie an einer bestimmten Aufgabe Interesse haben bzw. kein Interesse haben – diese Strategie ist tendenziell stärker in Mustern verankert, die als Metaprogramme bezeichnet werden. Sie können vielleicht einige Aufgaben delegieren, die Sie lieber nicht erledigen wollen, aber wenn Sie Veränderungen an Ihrer Identität und Ihren Werten vornehmen und sich im Übergang zu neuen Rollen befinden, werden Sie feststellen, dass es einige Aufgaben gibt, mit denen Sie lieber nichts zu tun hätten. Der Grund dafür lässt sich in Ihrem Metaprogrammprofil finden. Je mehr Sie sich an einer Aufgabe versuchen, die eine gewisse Arbeitsweise erfordert, die Sie nur selten nutzen, desto gestresster werden Sie.

Die Aufgabe muss für Sie einen intrinsischen Wert haben, damit Sie vollständig motiviert sind.

Metaprogramme

Metaprogramme sind Tilgungsfilter (siehe Abb. 2.2, Kapitel 2). Sie fokussieren unsere Aufmerksamkeit, indem Sie Informationen tilgen und gewohnheitsmäßige Denk- und Verhaltensmuster erzeugen. Metaprogramme können je nach Kontext variieren, und im Wirtschaftsleben können Sie dazu beitragen, Vorlieben für bestimmte Berufe zu erklären und Einblicke zu geben, warum manche Menschen bei bestimmten Aufgaben vorzügliche Leistungen erbringen, mit denen andere zu kämpfen haben. Diese Gewohnheitsmuster werden als Metaprogramme bezeichnet, weil sie unser Verhalten auf einer Einflussebene programmieren, die über und jenseits (meta) allem anderen liegt.

Es gibt zehn Metaprogramme, die Hinweise darauf geben, wie Menschen wohl in einer bestimmten Situation reagieren werden. Sie werden hier zum besseren Verständnis in übertriebener Form erläutert. Vielleicht finden Sie, dass einige Ihrer Muster übertrie-

Tabelle 2 Metaprogramme

1 Richtung der Motivation	hin zu – weg von
2 Inhalt der Tätigkeit	Dinge – Menschen – Tätigkeiten – Informationen – Orte
3 Arbeitsmuster	Optionen – Verfahren
4 Ebene der Tätigkeit	proaktiv – reaktiv
5 Größe der Einheit (Chunk)	global – spezifisch
6 Richtung der Aufmerksamkeit	Selbst – andere
7 Art der Referenz	intern – extern
8 Gruppenverhalten	Aufgabe – Menschen
9 Beziehungsfilter	Match – Mismatch
10 Art des Vergleichs	quantitativ – qualitativ

ben sind, andere weniger. Sie geben Ihnen einen Einblick in Verhaltensmuster, und es gibt, wie bei allem im NLP, kein »richtiges« oder »falsches« Muster, sondern nur verschiedene Muster und Konsequenzen. Ein Muster ist vielleicht für schlechte Ergebnisse in einer Aufgabe verantwortlich, aber erzielt gleichzeitig herausragende Ergebnisse in einer anderen.

1. Richtung der Motivation (hin zu – weg von)

Dies war ein Merkmal der wohl formulierten Ergebnisse in Kapitel 3 – *positive Formulierungen*. Menschen sind entweder zu etwas *hin* oder von etwas *weg* motiviert. »*Hin zu*«-orientierte Menschen wissen, was sie wollen und erzeugen ihre eigene Motivation, um ihre Ergebnisse zu erreichen. »*Weg von*«-orientierten Menschen fällt es schwer, Ergebnisse oder Ziele zu vereinbaren, weil sie sich stärker darauf konzentrieren, was es zu vermeiden gilt. Eine »*Hin zu*«-orientierte Person wird über das sprechen, was sie will. Eine »*weg von*«-orientierte Person wird darüber sprechen, was sie nicht will. »*Weg von*«-orientierte Menschen sind für Berufe geeignet, bei denen sie Probleme finden können, aber verlangen Sie von ihnen keine Lösungen, denn sie würden möglicherweise die sofort offensichtliche Lösung anbieten. Jemand mit einem starken »*Weg von*«-Muster wird in seinem Umgang mit Problemen eher nicht kreativ sein. Ein »*Hin zu*«-Muster wird als eine »Auf geht‹s«-Mentalität gesehen mit Fokus auf die Zukunft und schnell weiter zur nächsten Aufgabe.

2. Inhalt der Tätigkeit (Dinge – Menschen – Tätigkeiten – Informationen – Orte)

Dieses Muster gibt vor, worauf eine Person ihren Fokus wohl am stärksten richten wird. Es ist oft als Erstes von Interesse, wenn sich zwei Menschen treffen. Ein Mensch mit Fokus auf Informationen wird wahrscheinlich nach Zahlen, Statistiken und Berichten fragen, und dabei viele andere wichtige Dinge übersehen, zum Beispiel ob Menschen sich voll einbringen oder ob die Örtlichkeit für die nächste Konferenz geeignet ist, abgesehen von der Reiseentfernung oder den Raummaßen. Jemand mit Fokus auf Menschen kann ein ausgezeichneter Motivator sein, aber dennoch wichtige Informationen über Arbeitsleistung und Budget übersehen. Finden

Sie heraus, worauf Ihr primärer Fokus liegt, und stellen Sie sicher, dass Sie Ihre Aufmerksamkeit auf die anderen Bereiche richten, oder Sie treffen möglicherweise Entscheidungen aufgrund unzureichender Erfahrung oder Betrachtung.

3. Arbeitsmuster (Optionen – Verfahren)

Dies sind faszinierende Muster und vielleicht am leichtesten zu identifizieren durch Beobachten von Verhalten. Manche Menschen bevorzugen es, gut beschriebenen Verfahren zu folgen, und versuchen, ihre eigenen zu erstellen, sofern noch keine existieren. Allerdings werden sie höchst wahrscheinlich ein Verfahren erstellen, das wiedergibt, was gerade geschieht – sie sind nicht sehr gut darin, neue Verfahren zu planen; dafür benötigen Sie eine *Optionen*-orientierte Person.

Optionen-orientierte Personen lieben Wahl und Vielfalt. Sie sind ausgezeichnete Brainstormer und gute Allrounder im Hinblick auf Ideen, und sie haben eine Abneigung gegen Einschränkungen durch starre Verfahren. Außerdem halten sie sich ihre Optionen gerne möglichst lange offen; gehen Sie also davon aus, dass sie mit ihren Entscheidungen zögern. *Verfahren*-orientierte Menschen sind ideal für Berufe, die strengen Regeln unterliegen und wenig kreativen Input erfordern. *Optionen*-orientierte Personen bevorzugen Arbeit, die ihnen viele Optionen und Vielfalt bietet.

4. Ebene der Tätigkeit (proaktiv – reaktiv)

Einige Menschen bevorzugen es, proaktiv zu sein, andere sind lieber reaktiv. Reaktive Menschen sind Brandbekämpfer. Wenn das Telefon aufhört zu klingeln, machen sie eine Pause und warten darauf, dass es wieder klingelt. Proaktive Menschen hingegen nutzen die Zeit zwischen zwei Anrufen, die Systeme zu verbessern, und haben Freude an Berufen, die Spielraum und viel Autonomie für ihre eigenen Entscheidungen bieten.

Für reaktive Menschen geeignet sind Berufe im telefonischen Kundendienst, am Empfang und überall, wo es um eine reagierende Dienstleistung geht. Proaktive Menschen würden bei diesen Beschäftigungen unter Stress leiden. Proaktive Menschen sprechen darüber, was sie tun werden, während reaktive Menschen darüber sprechen, was sie getan haben.

5. Größe der Einheit (global – spezifisch)

Global-orientierte Menschen sprechen gerne über das große Ganze. Sie wollen den Gesamtüberblick über Dinge und kümmern sich weniger um Einzelheiten. Wenn Sie eine *global*-orientierte Person nach einem Film fragen würden, den sie kürzlich angeschaut hat, erhielten Sie eine Antwort wie etwa »es war ein guter Thriller – besser als der letzte, den ich gesehen habe«. Eine *detail*-orientierte Person würde lange Zeit von allen Einzelheiten über jeden einzelnen Darsteller und jeden Teil der Geschichte erzählen. *Detail*-orientierte Personen neigen dazu, beim Sprechen eine genauere Reihenfolge einzuhalten, während *global*-orientierte Personen frei zwischen den Themen hin- und herspringen. *Global*-orientierte Menschen empfinden Stress in Berufen, in denen detaillierte Analysen oder Beschreibungen verlangt werden, und *detail*-orientierten Personen fiele es schwer, in Berufen zurechtzukommen, die globales Denken erfordern.

6. Richtung der Aufmerksamkeit (Selbst – andere)

Menschen, deren Aufmerksamkeit nach außen auf *andere* gerichtet ist, sind großartige Krankenschwestern, Sozialarbeiter und Ausbilder, weil sie sich ehrlich um das Wohlergehen anderer sorgen. Es ist, als hätten sie ihre Antennen ausgefahren und würden ständig Signale des Unbehagens oder der Abweichung von einem erwünschten Ergebnis aufnehmen.

Menschen mit nach innen – auf das *Selbst* – gerichtetem Fokus beschäftigen sich mehr damit, wie sie sich fühlen oder welche Fortschritte sie im Hinblick auf ihre Resultate machen. Sie übersehen häufig viele Signale des Unbehagens oder der Abweichung von anderen Menschen. Sie kümmern sich um sich selbst und gehen davon aus, dass andere Menschen ebenfalls in der Lage sind, sich um ihre Bedürfnisse zu kümmern.

7. Art der Referenz (intern – extern)

Hier geht es um das Sortieren der Referenzen, anhand derer überprüft wird, ob alles in Ordnung ist. Menschen mit *interner* Referenz wissen instinktiv, ob sie ihre Sache gut gemacht haben. Menschen mit *externer* Referenz brauchen jemanden, der es ihnen sagt. Erfolgreiche Unternehmer haben ausgesprochen gute interne Referenzen – sie wissen, wann sie eine gute oder schlechte Entscheidung getroffen haben. Jemand mit stark externen Referenzen schätzt es, wenn ihm die Management-Struktur Feedback über das Niveau seiner Tätigkeit gibt. Die Implikationen für Sie als Manager bestehen darin, dass es Ihnen, wenn Sie *interne* Referenzen haben und wenig Feedback benötigen, vielleicht nicht in den Sinn kommt, dass einige Mitglieder Ihres Teams wirklich Feedback von Ihnen brauchen. Andererseits geben Sie, wenn Sie *externe* Referenzen haben, Ihren Teammitgliedern möglicherweise zu viel Feedback, und sie nehmen Sie als übertrieben überschwänglich wahr. Hier ist es wichtig, die Balance zu finden.

8. Gruppenverhalten (Aufgabe – Menschen)

Hier geht es um den Fokus der Energie in Teamsituationen. Einige Menschen assoziieren sich stark mit Aufgaben, und dies steht im Vordergrund Ihres Denkens, unabhängig von Streitigkeiten im Team oder persönlicher Gleichgültigkeit. Andere Menschen assoziieren sich stärker mit der Teampflege und scheinen sich weniger für die vorliegende Aufgabe zu interessieren, wenn es Schwierigkeiten innerhalb des Teams gibt. *Aufgaben*-fokussierte Menschen bringen in Berufen gute Leistungen, wo sie sich in ihre Arbeit vergraben können, ohne mit allzu vielen anderen Menschen zu tun zu haben. *Menschen*-fokussierte Personen brauchen Berufe, in denen es wichtig ist, gute Beziehungen herzustellen und zu pflegen, wie zum Beispiel in der Öffentlichkeitsarbeit oder im Kundendienst. Der Schlüssel liegt hier darin, die Stärken im Team zu nutzen und sich der Präferenzen und deren Einfluss auf die Leistung des Teams bewusst zu sein.

9. Beziehungsfilter (Match – Mismatch)

Es gibt vier Hauptrichtungen, die festlegen, wie Menschen Informationen aus ihrer Umgebung sortieren, um zu lernen und zu verstehen.

- *Ähnlichkeit:* Einige Menschen zeigen eine Neigung, danach Ausschau zu halten »was da ist« im Gegensatz zu »was fehlt«. Der Fokus liegt auf Gemeinsamkeit und wie Dinge zusammenpassen. Menschen mit starker Ähnlichkeitsorientierung laufen Gefahr, schnell zu verallgemeinern und Dinge anzunehmen. Sie haben außerdem Schwierigkeiten, mit Veränderungen umzugehen, und bevorzugen ein langfristiges festes Beschäftigungsverhältnis. Sie können 20 bis 25 Jahre in derselben Stellung glücklich sein und stehen unter Stress, wenn die Dinge sich zu verändern beginnen.

- *Ähnlichkeit mit Ausnahmen:* Dieser Filter sucht zunächst nach Ähnlichkeiten, und erst das zweite Kriterium sind Unterschiede. Im Verlauf von Gesprächen lässt sich durch die Verwendung von Komparativen wie *mehr, besser, weniger, außer, aber, obwohl* erkennen, ob jemand diesen Filter nutzt. Menschen, die ihre Beziehungen mit diesem Filter beurteilen, haben nichts gegen Veränderungen, solange sie allmählich und nicht zu häufig erfolgen. Sie bleiben typischerweise 5 bis 7 Jahre in derselben Stellung, bevor sie sich nach etwas anderem umschauen.

- *Unterschiede:* Diese Menschen suchen bei allem nach Unterschieden und verändern Dinge um der Veränderung willen. Weil sie ständig nach Unterschieden suchen, übersehen sie die Ähnlichkeiten. Dies gilt für Situationen, Dinge, Orte, Tätigkeiten und Menschen. Sie neigen dazu, in einer Stellung nach 9 bis 19 Monaten unruhig zu werden.

- *Unterschiede mit Ausnahmen:* Dieser Filter fokussiert zunächst auf »was ist anders« und dann erst auf »was ist gleich«. Wenn jemand diesen Beziehungsfilter einsetzt, sagt er typischerweise »Es ist eine erfrischende Veränderung, obwohl die Arbeitszeit die gleiche bleibt.« Menschen mit diesem Filter neigen dazu, 18 bis 36 Monate in einer Stellung zu bleiben.

10. Art des Vergleichs (quantitativ – qualitativ)

Bei der Art des Vergleichs wird die Auswahl der Informationen gefiltert, aufgrund derer eine Entscheidung getroffen wird. Diese Informationen können quantitativ oder qualitativ sein. Es geht einfach um »mehr/weniger als« oder »besser/schlechter als«. Einige Manager treffen ihre Entscheidungen einfach aufgrund des Gewinns, der erzielt werden kann, oder der Kosten, die reduziert werden können, und berücksichtigen die qualitativen Konsequenzen kaum. Andere konzentrieren sich so sehr auf die Qualität, dass sie den quantitativen Aspekten ihrer Ziele nur unzureichende Beachtung schenken.

Diese zehn Metaprogramme sind eine Auswahl derjenigen, die Ihnen in Ihrer Rolle als Manager von Nutzen sein werden. Sobald Sie sie identifizieren können, werden Sie ihre Wirkung darauf, wie unterschiedlich Menschen an ihre Aufgaben herangehen, erkennen. Dies hat einen erheblichen Einfluss auf ihre Ergebnisse. Vielleicht wenden Sie sie bereits an, um das rätselhafte Verhalten von Personen aus Ihrem beruflichen Umfeld zu erklären; in folgenden Kapiteln werden wir sie nutzen, um genau das zu tun.

Allerdings soll Ihnen die Einführung in die Metaprogramme in diesem Kapitel einen Einblick in Ihr eigenes Denken und Verhalten geben. Gibt es einige Aufgaben, die Sie lieber nicht erledigen würden? Können Sie identifizieren, wo ein Metaprogramm diese Situation vielleicht erklären kann?

Eine der Fragen, die mir häufig gestellt wird, ist: »Kann man sein Metaprogrammprofil verändern?« Die Antwort lautet »*ja*«, und es braucht Zeit. Es gibt vielleicht Gründe, warum Sie ein fremdes Metaprogramm für langfristigen Gewinn übernehmen möchten, oder alternativ möchten Sie vielleicht ein Metaprogramm übernehmen, das Ihnen hilft, eine besondere Strategie für kurzfristigen Gewinn zu nutzen. Für diesen Prozess ist es am besten, eine Person zu modellieren, die das gewünschte Metaprogramm hat und es einsetzt, um das zu erreichen, was Sie ebenfalls erreichen wollen.

Modellieren

Man spricht häufig vom NLP als einem Satz von Werkzeugen zum »Modellieren« von Verhalten oder zum Hervorlocken der Landkarte der Realität einer Person. Ich beabsichtige nicht, das Modellieren hier in seiner Vollständigkeit zu behandeln. Ich kann Ihnen aber einige Grundlagen vermitteln. Da wir alle unbewusst Verhaltensweisen von unseren Rollenvorbildern übernehmen, werden die folgenden Informationen Sie dazu veranlassen, dabei mehr über die Absicht und den Zweck nachzudenken.

Wenn Sie beispielsweise eine stark *global*-orientierte Person sind, halten Sie es dennoch vielleicht gelegentlich für nützlich, feine Unterscheidungen in einem detaillierten Schriftstück vorzunehmen, und zwar die Art der Unterscheidungen, die man von einer *spezifisch*-orientierten Person erwarten würde. Vielleicht handelt es sich um ein Arbeitsblatt aus dem Bereich Finanzen oder ein juristisches Dokument. Wen kennen Sie, der wirklich herausragend darin ist, wichtige Details aus dieser Art von Schriftstück zu fischen. Finden Sie diese Person und modellieren Sie sie. Bitten Sie sie, Zeit mit Ihnen zu verbringen, damit Sie Ihre Aufmerksamkeit auf das Detail verbessern können. Spielen Sie ihren Schatten und beobachten Sie ihre Physiologie, wenn sie die Aufgabe ausführt. Achten Sie insbesondere auf Folgendes:

- **Atmung** – Rhythmus, Tempo, Tiefe, Brust- oder Bauchbereich;
- **Haltung** – Neigung nach vorne/hinten, links/rechts, Kopfhaltung, Schultern;
- **Stimme** – Stimmlage, Tonalität, Resonanz, Tempo, Rhythmus.

Dies sind die wesentlichen Elemente der Physiologie, die zu modellieren sind. Was Sie tun, ist wie diese Elemente zu sein. Sie wissen, dass Körper und Geist ein System bilden und dass sie sich gegenseitig beeinflussen, daher wird es leichter, wie eine andere Person zu denken, wenn man ihre Physiologie übernimmt.

Erkennen und übernehmen Sie das Werte- und Überzeugungssystem der Person für detaillierte Arbeit, aber stellen Sie zunächst sicher, dass es ökologisch zu Ihrer übrigen Umgebung passt. Sie möchten schließlich nicht das Wertesystem z. B. eines Größenwahnsinnigen übernehmen. Wählen Sie Ihre Modelle sorgfältig aus! Was halten sie von Details? Was ist daran wichtig? Was ist sonst noch wichtig, wenn man mit Details arbeitet? Während sie antworten, finden Sie heraus, wann sie bei der Erledigung der Aufgabe, wegen der Sie sie modellieren, einen visuellen, auditiven oder kinästhetischen Modus wählen.

Sie brauchen sich nicht auf formale Trainingskurse zu verlassen, um Neues zu lernen, wenn sich in Ihrem Umfeld so viele fähige Menschen befinden, von denen Sie lernen können. Alles, was Sie tun müssen, ist, sich mit einer herausragenden Person zu identifizieren und sie zu bitten, sie modellieren zu dürfen.

Wählen Sie Ihre Modelle sorgfältig aus!

Ungelernt

Wenn wir jetzt zu dem Sechste-Strategie-Modell zurückkehren, so könnte ein weiterer Grund für die unvollendete Aufgabe darin liegen, dass Sie nicht über die erforderlichen Fertigkeiten verfügen. Ungelernt mit einer Aufgabe fortzufahren, führt häufig zu Stress und in manchen Fällen zu wenig Selbstvertrauen. Manche Manager sind sehr gut darin, Personen Aufgaben zu übertragen, ohne Sie mit den dazu erforderlichen Fertigkeiten auszustatten. Manager zu werden, ist ein typisches Beispiel für diese Situation. Es ist so ein umfangreicher Bereich, den man verstehen muss, und es gibt so viel Lehrmaterial auf dem Markt, dass es oft schwierig ist zu erkennen, was man lernen muss. Manche Menschen sind der Ansicht, sie hätten es genau bestimmt, indem sie eindeutige Entwicklungsprogramme zur Vermittlung einer Reihe von Managementkompetenzen erarbeitet haben. Diese Form des Lernens in Vollkommenheit beim Management von Aufgaben in der alltäglichen Praxis umzusetzen, braucht aber Zeit. Wie viele Tage erwartet ein Manager darauf zu verwenden zu erlernen, wie man Material, Zeit und Menschen in einem Unternehmen verwaltet bzw. führt? Wenn Sie den herkömmlichen Weg wählen, so werden Sie nie mit dem Zählen aufhören.

> **Manche Manager sind sehr gut darin, Personen Aufgaben zu übertragen, ohne sie mit den dazu erforderlichen Fertigkeiten auszustatten.**

In den meisten (wenn nicht sogar allen) Managementkursen geht es um Kommunikation. Manager müssen wirklich verstehen, wie es zum Lernen kommt, und Feedback nutzbar machen. Auf einer ganz fundamentalen Ebene benötigt ein effektiver Manager zur Steuerung drei Arten von Beziehungen:

1 *Ihre Beziehung zu den Aufgaben, die Sie erledigen.*
2 *Ihre Beziehung zu anderen Menschen, die Sie beeinflussen wollen.*
3 *Ihre Beziehung zu sich selbst.*

Diese drei Arten von Beziehungen zu steuern erfordert Selbstbeherrschung, und der Weg zur Selbstbeherrschung beginnt mit der Übernahme der Steuerung Ihres Zustands und der Eigenmotivation. In je mehr Situationen Sie den Sechste-Strategie-Zustand für sich selbst erzeugen können, desto leichter wird Ihr Übergang zu einem effektiven Manager sein.

Beim NLP geht es um menschliche Kommunikation, Lernen und Veränderung, und wir können alle viel voneinander lernen.

Selbstbeherrschung erreichen

Sie verfügen jetzt über alle Ressourcen, die Sie zum Erfolg brauchen. Zur Erläuterung dieser kühnen Behauptung werde ich Ihnen mehr von der Journalistin erzählen, deren mentale Blockade sie daran hinderte, ihre Knüller führenden Redakteuren vorzulegen. Ich war fasziniert davon, ihre zahlreichen verborgenen Talente zu entdecken, die ihr zu ihrem gegenwärtigen Erfolg verholfen hatten. Ich fragte sie, mit welcher Strategie sie eine Story fände und aufschriebe, worauf sie antwortete:

»Ich halte nach allen Orten Ausschau, an denen ich Informationen finden könnte, wähle die für mich interessantesten Orte aus, begebe mich dorthin, bekomme meine Story und schreibe sie auf. Ich verpasse keinen Redaktionsschluss. Selbst wenn es die Nacht vor Redaktionsschluss ist, weiß ich, dass die Story gedruckt wird, auch wenn ich dafür die ganze Nacht wach bleiben und daran schreiben muss.«

Die Klangfarbe ihrer Stimme (Tonalität) und Physiologie waren kongruent mit der Nachricht. Es ist eindeutig eine siegreiche Strategie, angetrieben durch den Kraftstoff Eigenmotivation mit hoher Oktanzahl. Es ist ebenfalls eine visuelle Strategie »... Ich *halte Ausschau* nach Orten ...« Meine nächste Frage war folglich: »Was würde geschehen, wenn Sie diese Strategie für Anrufe wegen Ihrer Knüller bei neuen Redakteuren anwenden würden? Können Sie ein ähnlich erwünschtes und überzeugendes Ergebnis sehen?« Sie erkannte, dass sie sich selbst motivieren und in einem anderen Zusammenhang entschlossen handeln konnte. Alles, was sie also tun musste, war, dieselbe Denkstrategie anzuwenden, um Redakteure anzurufen. Sie verfügte über alle Ressourcen, die sie benötigte –

sie hatte nur noch nicht gelernt, wie sie dieselben Ressourcen in verschiedenen Kontexten nutzen konnte.

Wir alle verfügen über eine Bandbreite von Strategien, um alle möglichen Dinge zu tun. Einige Strategien sind nützlicher als andere. Unsere Strategien setzen sich aus neurologischen Reaktionen auf Situationen zusammen; sie enthalten sowohl geistige als auch körperliche Muster.

> **Strategien setzen sich aus neurologischen Reaktionen auf Situationen zusammen; sie enthalten sowohl geistige als auch körperliche Muster.**

Wir verfügen über Strategien, die wir nutzen, um uns zu motivieren, was ich als *Sechste-Strategie-Zustände* bezeichnet habe. Selbstbeherrschung erfordert Zustände hoher Motivation. Wir können Strategien zwischen Kontexten bewegen, sodass wir, wenn wir großartige Ergebnisse in einer Tätigkeit erzielen, denselben Zustand nutzen können, um unsere Arbeitsleistung auf einem anderen Gebiet zu verbessern.

Wann immer Sie sich dabei ertappen, dass Sie eine Vermeidungsstrategie anwenden, haben Sie jetzt das Know-how, eine andere Wahl zu treffen. Wenn die Aufgabe, die Sie vermeiden, etwas ist, das Sie Ihren Ergebnissen näherbringt, wird Sie ein Sechste-Strategie-Zustand dorthin bringen.

Ich lasse Sie jetzt darüber nachdenken und über einige der Aufgaben, die Sie bevorzugt mit Leichtigkeit und Exzellenz vollenden würden. Machen Sie folgende Inventur und wählen Sie aus, wo eine Veränderung die gewünschte Wirkung haben könnte. Dies könnte eine Überzeugung sein. Es könnte eine Veränderung auf Identitätsebene sein. Es könnte in Ihrem Metaprogrammprofil verwurzelt sein. Es könnte ein Wertekonflikt sein oder vielleicht ist es nur eine fehlende Fertigkeit. Kennen Sie jemanden, der diese Fertigkeit elegant beherrscht? Haben Sie einen Zustand hoher Eigenmotivation für eine andere Aufgabe, der sich leicht auf diese Aufgabe übertragen lässt?

Verwenden Sie Tabelle 3, um diese und andere wichtige Dimensionen des Selbst für einzelne Aufgaben zu notieren. Sie werden es vielleicht interessant und nützlich finden, ein exzellentes Modell für eine Aufgabe, bei deren Erledigung Sie sich verbessern wollen, heranzuziehen und dessen Profil auf einer Sechste-Strategie-Tabelle zu notieren.

Tabelle 3 Sechste-Strategie-Profil-Tabelle

Aufgabenbeschreibung

Outcomes/Ergebnisse
Positiv formuliert
Mit Ressourcen ausgestattet
Selbst initiiert und bewahrt
Ökologisch
Sinnesspezifische Evidenzkriterien
Zeitphase

Ausrichtung (Alignment)
Identitäts- oder Rollenbeschreibung
Werte
Überzeugungen
Fähigkeiten
Verhalten
Umgebung

Metaprogramme
Hin zu – weg von
Dinge/Menschen/Tätigkeiten/Informationen/Orte
Optionen/Verfahren
Proaktiv/Reaktiv
Global/spezifisch
Selbst/andere
Intern/extern
Aufgabe/Pflege
Match/Mismatch
Quantitativ/qualitativ

> Bei anderen Lebewesen liegt die Unkenntnis von sich selbst in ihrer Natur, aber beim Menschen ist es ein Laster.
>
> *Boethius (480–525), Römischer Philosoph*

Denken in orangen Kreisen

Wenn wir Workshops durchführen, gehen die Teilnehmer mit einem oder mehreren orangen Pappkreisen in der Hand nach Hause! In der schnelllebigen Welt der Unternehmen von heute haben die Menschen keine Zeit für komplexe Management-Theorien. Klobige Handbücher aus zahllosen Managementkursen stehen als Staubfänger in Regalen auf der ganzen Welt. Was die Menschen brauchen, sind schnelle, wirkungsvolle Techniken, die genau dann eingesetzt werden können, wenn sie benötigt werden – direkt am Arbeitsplatz im entscheidenden Augenblick. Das ist ein wesentliches Merkmal des NLP – schnelle Veränderung. Das Denken in orangen Kreisen (Orange Circle Thinking) entwickelte sich infolge von Untersuchungen, die wir in unseren Workshops über eine Reihe von Jahren durchgeführt haben.

Es handelt sich um eine Technik, mit der Sie den Sechste-Strategie-Zustand für Selbstbeherrschung erlangen werden. Wir haben sie äußerst erfolgreich bei Managern aus einem Querschnitt von Industriezweigen und Berufen angewandt. Sie wird Ihnen helfen, der Art und Weise, mit der Sie denken und verschiedene Ergebnisse erzielen, schnell einen neuen Rahmen zu geben (Reframing). Das Konzept nennt sich *Denken in orangen Kreisen* und verwendet Form, Farbe, Sprache und chinesische Philosophie, um eine der einfachsten, schnellsten und am leichtesten zugänglichen modernen Veränderungstechniken zu erzeugen, die wir kennen. Sie müssen sie nicht verstehen, um sie anwenden zu können, aber es hilft, deshalb erläutere ich sie Schritt für Schritt.

Dieses ist nicht *jenes*

Als wir vor einigen Jahren Workshops durchführten, bemerkten wir, dass die Assoziation mit der Arbeit vielfach durch Verwendung von zwei kleinen Wörtern definiert wurde. Auf beliebte Arbeit wurde mit *dieses* und auf ungeliebte Arbeit wurde mit *jenes* Bezug genommen. Daraufhin begannen wir, auf diese beiden Worte zu hören und zu testen, ob unsere Entdeckung unter den Arbeitsgruppen allgemein üblich war. Wir wussten, dass Arbeit, die schon einige Zeit in der Vergangenheit liegt, wegen der Zeitspanne zu *jenes* werden kann, und Arbeit, die noch einige Zeit in der Zukunft liegt, aus demselben Grund zu *jenes* werden kann. Wenn aber die Zeitspanne kürzer wird und die Arbeit näher rückt, wird daraus entweder *dieses* oder es bleibt bei *jenes*, bis sie nicht mehr vermieden werden kann.

Es braucht keine Raketenwissenschaft, um zu erkennen, dass *diese* Arbeit im Allgemeinen schnell, effektiv und auf hohem Niveau erledigt wird, während *jene* Arbeit im Allgemeinen unter Zwang, nach einigem Zögern und möglicherweise nicht auf so hohem Niveau erledigt wird. Indem sie von der Arbeit als *jene* sprechen, distanzieren sich die Manager sowohl mental als auch emotional von ihr, was sich negativ auf ihren Fokus und ihre Entscheidungsfindung auswirkt. Wir erkannten, dass die Personen sich besser auf die Arbeit konzentrieren und somit effektiver arbeiten würden, wenn wir sie dazu bringen könnten, *dieses* anstelle von *jenes* zu denken.

Die erste Herausforderung besteht darin, herauszufinden, was dazu führt, dass die Arbeit als *jene* betrachtet wird. Ist es ein Mangel an Wert oder sogar der Verstoß gegen einen Wert? Besteht ein Metaprogramm-Konflikt oder eine begrenzende Überzeugung im Hinblick auf Fähigkeiten oder Ergebnisse? Wir erkannten auch, dass *dieses* und *jenes* nicht auf die Arbeit beschränkt waren. Es gab *diese* und *jene* Beziehungen, *diese* und *jene* Menschen und *diese* und *jene* Szenarien jeder Art. Das *Jenes*-Denken kann stark in Fleisch und Blut übergegangen und über eine lange Zeit aufgebaut worden sein. Wie sollten wir also die Menschen dazu bringen, die Begrenzungen ihrer Denkweise zu erkennen, und ihnen dabei helfen, sie zu verändern?

Wir beschäftigten uns mit der chinesischen Philosophie. Bald entdeckten wir, dass wir nicht die Ersten waren, die die Bedeutung von *diesem* und *jenem* erkannt hatten. In einem alten chinesischen Text, Zhuangzi [8], entdeckten wir eine ganze Seite, auf der *dieses* und *jenes* mit der Yin-Yang-Theorie verknüpft wurde.

Wir forschten weiter. In Abbildung 4.2 wird das Yin-und-Yang-Konzept dargestellt. Es ist ein Symbol für Fluss und Gegensätze. Beispielsweise kann Kälte nicht ohne Hitze existieren, das Gute nicht ohne das Schlechte und so weiter. Die kleinen Kreise in dem Symbol zeigen, dass es innerhalb von Yang ein wenig Yin gibt und umgekehrt. Man wird feststellen, dass dies in der Praxis tatsächlich der Fall ist. Beispielsweise weist auch der größte Macho einige weiche Züge auf und auch die weichste und sanfteste aller Frauen hat eine gewisse Härte. Wir schlossen daraus, dass jedes *dieses* ein we-

---

[8] Ein taoistischer Klassiker, *Zhuang Zhou* (auch *Zhuangzi*), Windpferd, 2008.

Abbildung 4.2: Das Yin-und-Yang-Konzept

nig *jenes* enthält und umgekehrt. Wir mussten also den Fokus der Menschen auf *diesen* Teil von *Jenem* richten und ihn wachsen lassen. Das Leben wird das, worauf Sie Ihren Fokus richten, und das wird Ihre Realität. Innerhalb eines jeden *Jenes* gibt es ein Zeitfenster, um daraus ein *Dieses* zu entwickeln.

Fügen Sie Form und Farbe hinzu. Traditionell ist blau die Farbe der Regeln und Vorschriften, Struktur und Begrenzungen, und das Quadrat wirkt begrenzend, weil man in den Ecken feststecken kann. *Jenes* wird daher durch ein blaues Quadrat dargestellt. Orange hingegen wird als die Farbe der Energie und Vitalität betrachtet, und wo es diese Dinge gibt, da gibt es Möglichkeiten. Ein Kreis steht für Fluss, weil es keine Ecken gibt, in denen man feststecken kann. *Dieses* wird daher durch einen orangen Kreis dargestellt. Nun haben wir das Yin und Yang der Arbeit. Wenn Sie ein blaues Quadrat und einen orangen Kreis von gleichen Abmessungen nehmen und die beiden übereinanderlegen, ist es gleichgültig, welche Figur Sie nach oben legen – Sie werden immer die andere an den Ecken hervor lugen sehen. Die kleinen Stückchen, die hervor lugen, sind die Zeitfenster.

Nun sind Sie bereit für ein wenig Denken in orangen Kreisen. Rufen Sie sich etwas ins Gedächtnis, weshalb Sie lange gezögert haben, weil Sie wissen, dass Sie keine Freude daran haben werden, oder weil Sie etwas daran verwirrt. Schreiben Sie genau auf ein blaues quadratisches Kärtchen, wie Sie über diese Aufgabe denken bzw. wie Sie sich dabei fühlen. Nehmen Sie nun einen orangen Stift zur Hand und bringen Sie in der Mitte der Karte einen kleinen Punkt an. Denken Sie an all die guten Dinge, die ihre Wirkung entfalten werden, wenn Sie die Aufgabe ausgeführt haben. Denken Sie über Möglichkeiten nach, wie Sie sie angenehmer ma-

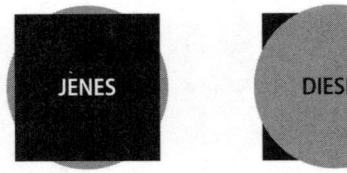

Abbildung 4.3: Das Yin und Yang der Arbeit

chen könnten – brauchen Sie neue Fertigkeiten, müssen Sie eine Beziehung reparieren, benötigen Sie Hilfe, müssen Sie einen gewissen Wert in der Aufgabe finden? Zeichnen Sie für jeden positiven Gedanken einen weiteren orangen Kreis um den Punkt und hören Sie erst auf, wenn der Kreis so groß geworden ist, dass er an die Ecken der blauen Karte stößt. Nehmen Sie einen orangen Kreis zur Hand und zeichnen Sie darauf ein Symbol, das Ihre neue Art, über die Aufgabe zu denken, darstellt. Wenn Sie sich bereit fühlen, können Sie die blaue Karte jetzt wegwerfen. Anderenfalls können Sie sie in Kombination mit anderen Techniken, die später in dem vorliegenden Buch erwähnt werden, einsetzen, z. B. bei »verschmelzenden Ankern«. Jetzt möchten Sie vielleicht den orangen Kreis nehmen und auf eine Time-Line legen, und zwar auf einen Punkt, der die Erledigung der Aufgabe darstellt. Gehen Sie von »jetzt« zu diesem Zeitpunkt, stellen Sie sich hinter den orangen Kreis und blicken Sie zurück zu »jetzt«. Fragen Sie sich, was genau Sie getan haben, um zu diesem Punkt zu gelangen. Vielleicht möchten Sie sogar weitere orange Kreise erstellen, die die verschiedenen Stufen entlang des Weges darstellen.

Hier ist ein Beispiel: Stellen Sie sich vor, Sie müssen die Verkaufsberichte bis Ende nächster Woche fertigstellen, aber Sie schieben es vor sich her, weil Sie dazu Informationen von jemandem einholen müssen, von dem Sie denken, dass er sich querlegt. Sie sind eine *Menschen*-orientierte Person und Zahlen liegen Ihnen nicht. Ihre blaue Karte sagt vielleicht etwas wie: Ich hasse den Verkaufsbericht, weil ich in die Buchhaltung gehen und mit Ben sprechen muss. Ben ist ein mürrischer junger Mann, der wirklich nicht gerne hier arbeitet und häufig Fehler macht. Dann muss ich wieder zu ihm gehen und er wird noch mürrischer. Ich werde wahrscheinlich bei den Zahlen Fehler machen.

Ihr oranger Kreis kann beginnen mit:

- Der Verkaufsbericht enthält wertvolle Daten, auf die wir für die Zukunft aufbauen können.
- Ich kann eine positive Beziehung zu Ben aufbauen.
- Was macht Ben gerne – Fußball, Filme, Technik etc.?
- Rapport mit Ben aufbauen.
- Herausfinden, wie Ben in der Firma glücklicher sein könnte (wenn er tatsächlich unglücklich ist und es sich nicht nur um eine Wahrnehmung handelt, die ich aufgebaut habe).
- Was macht Ben gut? Sind seine Fehler die Folge unseres schlechten Verhältnisses?
- Vielleicht hätte Ben gerne mehr Verantwortung, und wenn ich die Beziehung aufbauen kann, kann er vielleicht noch weitere Vorbereitungen für mich treffen, was ihm auch bei seiner eigenen Karriere helfen würde.
- Was wäre, wenn Ben mir helfen würde, die Zahlen zu verstehen, damit ich mich bei dem Bericht wohler fühlen würde?

Nachdem Sie Ihr blaues *Jenes*-Quadrat in einen orangen *Dieses*-Kreis reframed haben, legen Sie es auf eine Time-Line und schauen Sie auf das zurück, was Sie anders gemacht haben, um den Verkaufsbericht zu etwas zu machen, auf das Sie jetzt Ihren Fokus richten und das Sie jetzt effektiv erledigen können.

Szenarien wie dieses sind auf einen einzigen Gedanken zurückzuführen und wachsen im Laufe der Zeit zu großen Trauben von blauen quadratischen Gedanken an. Sie haben jeden Tag Millionen Gedanken – wie wäre es, wenn Sie sie am Ende eines jeden Tages noch einmal für sich abspielen würden? Wie viele würden in blauen Quadraten aufbewahrt? Wie viele würden in orangen Kreisen herumspringen? Sie kennen den Ausdruck »Von Hölzchen auf Stöckchen« – nun, in Abbildung 4.4 wird das gesamte Netzwerk des Denkens in blauen Quadraten (Blue Square Thinking) dargestellt. Die Abbildung kann entweder die Denkweise in Ihrem eigenen Kopf oder die virale Art des kulturellen Denkens innerhalb Ihrer Organisation darstellen.

Die Alternative ist ein Netzwerk des Denkens in orangen Kreisen, wie in Abbildung 4.5 dargestellt – ein Netzwerk, das sowohl

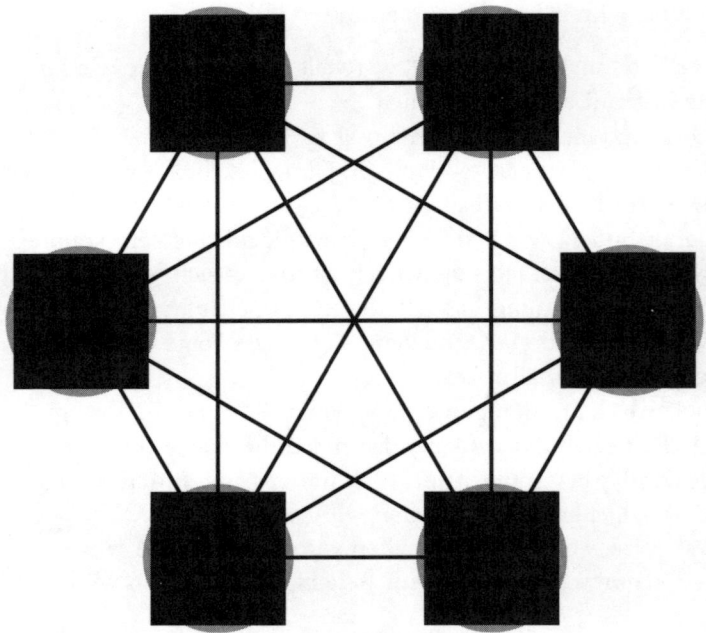

Abbildung 4.4: Denken in blauen Quadraten

auf der individuellen Ebene als auch in Form eines gesunden Virus innerhalb Ihrer Organisation produktiver ist.

Die Pflege eines gesunden Netzwerks des Denkens, das sich positiv auf Ihre Umgebung und Ihre Ergebnisse auswirkt, besteht in der Identifizierung des anfänglichen auslösenden Gedankens oder des emotionalen Rucks, der die negativen Gedanken zur Traube werden lässt.

Das Denken in orangen Kreisen hilft Ihnen bei:

- der Stärkung Ihrer Zufriedenheit im Beruf,
- der Klärung der Bedeutung Ihrer Arbeit,
- der Steigerung der Produktivität,
- der Verbesserung Ihres Zeitmanagements,
- der Verbesserung Ihrer Beziehungen im privaten und beruflichen Umfeld,
- dem Stressabbau,
- der Verbesserung des Gleichgewichts von Arbeit und Leben.

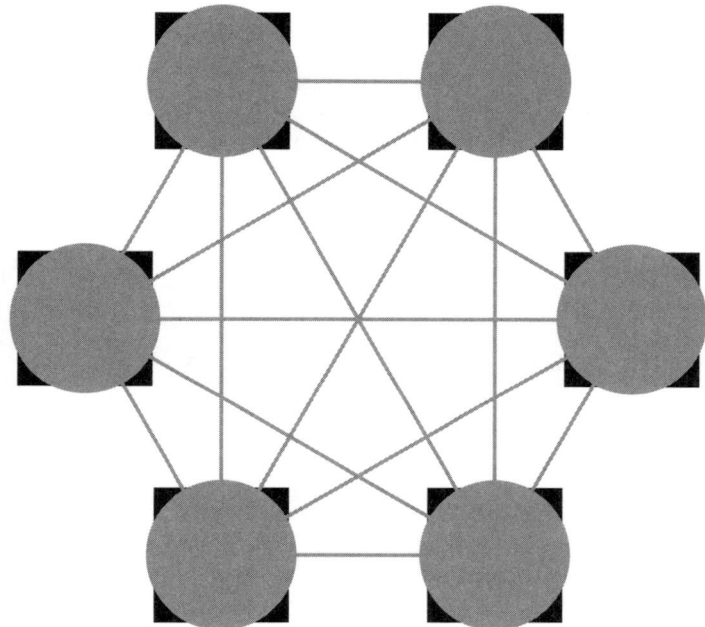

Abbildung 4.5: Denken in orangen Kreisen

Es kann Ihrer Organisation helfen bei:

- Strukturveränderungen,
- Sicherstellung der Akzeptanz von Team und Organisation,
- Beschleunigung der Veränderungen,
- Verringerung des Widerstands gegen Veränderungen,
- Bewahrung einer positiven und energetischen Kultur,
- Verbesserung der Arbeitsleistung mit unmittelbaren Auswirkungen auf das Endresultat.

Nachdem Sie das vorliegende Kapitel gelesen haben, nehme ich an, dass Sie einen Einblick in einige Ihrer Denk- und Verhaltensmuster erhalten haben. Einige werden Ihnen bewusst gewesen sein, andere haben Sie vielleicht überrascht.

Die Geschäftswelt von heute ist komplex und ausgefeilt. Geschäftsbeziehungen sind nicht mehr so einfach wie einst. Rollen und Verantwortlichkeiten werden ausgeweitet und die Zielpfosten verschieben sich oft täglich. Auch während sie dies gerade lesen, plant jemand irgendwo, vielleicht in einem anderen Teil der Welt, etwas, das sich auf irgendeine Art und Weise auf Sie auswirken wird. Sie können nichts wirklich steuern. In dem Augenblick, in dem Sie denken, dass Sie wissen, was läuft, verändern sich die Dinge. Die einzige Stabilität, die Sie aufrechterhalten können, ist Ihr eigener geistiger Zustand. Beherrschung ist der wirkliche Schlüssel zu Effektivität. Niemand kann vorhersagen, was morgen geschehen wird, aber wenn Sie den Zustand Ihres Geistes und Ihres Körpers steuern können, können Sie auf so ziemlich alles vorbereitet sein und positiv und effektiv darauf reagieren. Es geht nicht darum, die ganze Zeit Herr Glücklich oder Herr Optimistisch zu sein, sondern in der Lage zu sein, den Zugang zu jedem gewünschten Zustand für jede Situation, in der Sie sich befinden, zu haben, und ausreichend motiviert zu sein, um andere mit Ihrer positiven Energie anzustecken. Das bedeutet, das Selbst zu beherrschen.

Kapitel 5
Macht für Menschen

Der Sinn, Macht zu bekommen, besteht darin, fähig zu sein, sie abzugeben.

Aneurin Bevan (1897–1960)
Britischer Politiker der Labour Party

Das Verb *empower (ermächtigen, bevollmächtigen, befähigen)* wird in der modernen Managementsprache häufig benutzt, aber was bedeutet es tatsächlich? Die Polizei wird durch bestimmte Grundsätze und eine Reihe von Vorschriften oder Regeln, die ihr Verhalten bestimmen, ermächtigt, für Recht und Ordnung zu sorgen – was ihr *erlaubt* ist und *was nicht*. Diese Grundsätze und Richtlinien regeln die Entscheidungen, die sie treffen darf, z. B. wann Gewalt angewendet werden darf, wann in Untersuchungshaft genommen werden darf oder wie lange ein Verdächtiger festgehalten werden darf. Die Regierung entscheidet, wie viel Macht sie anderen gibt, damit diese im Rahmen der Ausübung ihrer Rollen Entscheidungen treffen können.

In den letzten Jahren hat *Empowerment* (Befähigung, Bevollmächtigung, Ermächtigung) auf der Tagesordnung der Personalchefs einen hohen Stellenwert bekommen, was auf die Abschaffung von Entscheidungsträgern auf der Ebene des mittleren Managements zurückzuführen ist. Jemand muss die Entscheidungen treffen, somit liegt die Entscheidung bei den Personen, die eigentlich die Arbeit machen. Es wird ihnen jedoch nicht gestattet, alles zu entscheiden – einige Dinge können nicht verhandelt werden, wie z. B. Gehaltsniveau und -struktur, Märkte, Kopfzahl oder Investitionen. Die Beschäftigung mit der Frage »Wie viel Empower-

NLP im Management. David Molden
Copyright © 2009 WILEY-VCH Verlag GmbH & Co. KGaA, Weinheim
ISBN: 978-3-527-50283-7

ment?« führt zu den Schwierigkeiten, mit denen viele Unternehmen und einzelne Manager beim Versuch, es einzuführen, zu kämpfen haben. Ihre eigene Interpretation von Empowerment wird von Ihren Werten, Ihrer Rolle und Ihren Überzeugungen bestimmt. Ich lade Sie ein, nun über Ihre eigenen Wahrnehmungen von *sich als Führungskraft* nachzudenken, während Sie mehr über die Art von Führungskraft entdecken, die Sie werden wollen.

Macht

Wenn eine Person die Macht bekommt, Entscheidungen zu treffen, die früher von ihrem Manager getroffen worden wäre, so ändern sich viele Dinge. Das Ergebnis der Entscheidungen wird sich ändern. Die Gründe dafür liegen in der persönlichen Interpretation, in den Veränderungen der Rolle des Managers und daran, dass sich andere Personen daran gewöhnen müssen, dass jetzt jemand anderes Entscheidungen trifft, die Auswirkungen auf sie haben. Empowerment hat weitreichende Konsequenzen und ist nichts, in das Sie Ihr Team von heute auf morgen einführen können. Zunächst müssen Fertigkeiten, Kenntnisse und Vereinbarungen Gestalt annehmen und dann, wenn die Personen sich unterstützt fühlen und Vertrauen in ihre neuen Befugnisse haben, wird die Umsetzung beginnen. Bei Empowerment geht es darum, den Menschen die Macht zu geben, einen Unterschied zu machen. Man könnte Empowerment wie folgt definieren:

> Mitarbeitern Verantwortung und Befugnisse für Entscheidungen geben, um bestimmte Ziele zu erreichen.

Wenn Sie Personen Macht verleihen, fordern Sie die traditionelle Rolle des Managers als Entscheidungsträger/Problemlöser heraus und definieren die Rolle neu als Befähiger/Coach. Sie beruht auf dem Konzept, dass Probleme am besten von denjenigen gelöst werden, die mit den Problemen arbeiten, und nicht durch eine höhere Order des Managements. Diese Behauptung macht Sinn, denn je höher man in der Hierarchie aufsteigt, desto weniger weiß man über operative Probleme. Die Gesamtheit der Qualitätsmanagement-Initiativen beruht auf diesem Konzept. Das NLP vermittelt Ihnen die Fertigkeiten, die Macht dort einzusetzen, wo sie am stärksten gebraucht wird, und zwar mit Selbstvertrauen. Wenn mehr Menschen die NLP-Fertigkeiten in ihren Berufen einsetzen würden, müssten Unternehmen nicht so viel Geld in Verbesserungssysteme und -programme investieren. Fortschritt und Verbesserung würden auf natürliche Weise in die Arbeit der Menschen integriert.

Empowerment

Unternehmen, die Menschen Macht verleihen, erlegen der Struktur weniger Beschränkungen und Grenzen auf. Sie pflegen und verstärken Lernkulturen, wo Veränderung, Fertigkeiten, Leistung und Fortschritt einen hohen Wert haben und zumindest auf gleicher Stufe mit Regeln und Verfahrensweisen stehen. Sie legen mehr Wert auf Beitrag als auf Status, und sie belohnen Leistung, nicht lange Dienstjahre. Dies ergibt sich aus einer *aufrichtigen Überzeugung*, dass Erfolg durch Menschen erreicht wird. Empowerment ist integraler Bestandteil der Art und Weise, wie sie ihr Geschäft führen.

Der mit Macht ausgestattete Mitarbeiter kann das Team nutzen, um neue Lösungen für Probleme zu finden, und trifft schnelle Entscheidungen, die den Geschäftszielen zugute kommen. Somit birgt der Arbeitstag einen Reichtum, den Menschen ohne Empowerment nicht erfahren. Sie können in ihrer Rolle ihre Persönlichkeit stärker zum Ausdruck bringen, was zu einer größeren Vielfalt im Arbeitstag führt. Ein Mitarbeiter mit Macht blüht durch die Flexibilität auf – weil er die Fertigkeiten und die Freiheit hat, auf verschiedene Arten auf Veränderungen in der Umgebung zu reagieren. Probleme werden als Gelegenheiten behandelt, ohne Angst, Fehler einzugestehen. Eine Organisation mit machtvollen und befähigten Mitarbeitern ist eine Organisation des Fortschritts, der Leistung und mit Fokus auf der Gestaltung der Zukunft.

Im Gegensatz dazu schätzen Organisationen, die ihre Mitarbeiter nicht mit Befugnissen aus-

> **Eine Organisation mit machtvollen und befähigten Mitarbeitern ist eine Organisation des Fortschritts, der Leistung und mit Fokus auf der Gestaltung der Zukunft.**

statten (disempower), häufig Status und Stellung oder Wissen und Sachverstand höher als den tatsächlichen Beitrag. Verfahren und Protokoll sind wichtiger als das Finden innovativer Lösungen. Arbeitsnormen werden geschützt, und es gibt anerkannte Verfahren für die Erledigung von Aufgaben. Probleme führen zu Unannehmlichkeiten und werden häufig unter den Teppich gekehrt, nur um zu einem späteren Zeitpunkt wieder aufzutauchen. Die Organisation ohne Empowerment bewertet Regeln und das korrekte Protokoll höher als den persönlichen Ausdruck und das kreative Denken.

Einer meiner Klienten berichtete mir, dass man in seinem Unternehmen, das wertvolle Mitarbeiter verlor, davon sprach, dass die Menschen der wertvollste Aktivposten und mit Macht ausgestattet seien, doch jedesmal werde diese Nachricht mit den Worten beendet »aber wenn jemand nicht begreift, weshalb wir hier sind, ist er möglicherweise im falschen Unternehmen«. Ist es ein Wunder, dass die Mitarbeiter von Bord gingen? Ein anderes Unternehmen formulierte eine ähnliche Aussage: »Entweder sind Sie im Bus oder draußen.« Jeder mit NLP-Fertigkeiten kann die Nachricht hinter derartigen Aussagen lesen, und es ist für das geübte Ohr klar, dass diese Manager entweder nicht wissen, wie man Mitarbeiter bevollmächtigt, aber die Sprache angenommen haben, oder nicht von Empowerment überzeugt sind, aber dennoch glauben, dass sie darüber sprechen sollten. Häufig hält ihre Frustration, schnelle Ergebnisse zu brauchen und unter Druck von Seiten der Interessenvertreter zu stehen, sie davon ab, ausreichend in die Programme zu investieren, mit denen sie die schwer fassbaren 110 Prozent aus den Mitarbeitern wirklich hervorholen und motivieren könnten.

Welche Art von Macht haben Sie?

Denken Sie über einen Motor nach, dessen Leistung (Output) in Pferdestärken gemessen und durch Kraftstoff- und Sauerstoffverbrennung in den Zylindern erzeugt wird. Der Motor verwandelt die Energie aus der Verbrennung durch Kraftübertragung in Bewegung. Mechaniker sprechen häufig von der Leistung oder dem Verhalten des Motors. Jeder Mechaniker wird Ihnen sagen, wie wichtig die Mischung von Kraftstoff und Sauerstoff für die Leistung des Motors ist. Auf vergleichbare Art und Weise nutzen Organisationen Energie, um Leistung zu erzielen. Sehr häufig ist der unternehmensinterne Mix von Identität, Werten und Überzeugungen (der Treibstoff) schlecht auf die angestrebten Ziele der Mitarbeiter (Verbrennung) ausgerichtet und erschwert die Erledigung der Aufgaben (der Motor stottert), was zu einer schlechten Leistung führt (siehe Abb. 5.1). Die Macht halten die Personen, die für den Einsatz ihrer Energie zur Rechenschaft gezogen werden. Wenn Macht missbraucht, ausgenutzt oder nicht genutzt wird, so unterschätzen häufig diejenigen, die die Macht haben, wie wichtig es ist, ihre Macht zu teilen oder abzugeben. Es gibt viele Arten von Macht, die durch Unternehmenskultur erzeugt werden, aber sie alle entstehen tendenziell aus einer der grundlegenden kulturellen Richtungen.

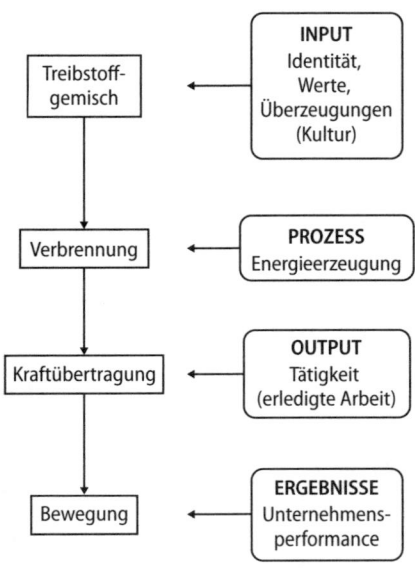

Abbildung 5.1: Energieerzeugung

Die autoritäre Kultur – *Macht durch Zwang*

Es ist die herkömmliche Befehls- und Kontrollkultur, die Macht durch Zwang produziert. Manager stellen gerne Regeln auf und verlangen die Erledigung von Aufgaben auf eine bestimmte Art und Weise. Sie schätzen Stellung und Status höher ein als Leistungen und klammern sich an korrektes Protokoll, Vorgehensweisen und Bürokratie. Sie glauben, dass Menschen kontrolliert werden müssen, da sie sich anderenfalls fast alles erlauben können. Macht durch Zwang wird durch ein Management des Misstrauens, der Formalität, der Autorität und mit Respekt vor einem höheren Rang unabhängig vom Beitrag erzeugt. Die Herausforderung liegt für diese Manager darin, das Gefühl der Machtlosigkeit zu überwinden, das nach ihrer Überzeugung aus der Abgabe ihrer Macht resultieren wird.

Die technische Kultur – *Macht durch Sachverstand*

Manager, die diese Kultur schaffen, sind voll und ganz in sich selbst versunken. Sie identifizieren sich mit Wissen, Fertigkeiten, Sachverstand und technischen Informationen. Sie sind Technokraten und Richter. Sie schätzen Präzision, Fakten, Genauigkeit, Kompetenz und richtig statt falsch. Überzeugungen im Hinblick auf Menschen basieren auf Intelligenz, Wissen und Erfindungsgabe. Macht durch Sachverstand wird von gescheiten, technisch-orientierten Managern erzeugt. Die Sachverständigen wollen ihre auf Wissen basierende Macht behalten, da die Abgabe ihrer Macht sie ohnmächtig zurücklassen würde. Die Herausforderung liegt hier wieder in der Überwindung der Überzeugung, dass sie machtlos dastehen würden.

Die Lernkultur – *generative Macht*

Dies ist die Kultur des Empowerment. Manager identifizieren sich mit Verbesserung, Qualität, Veränderung, Spaß, Erfindungsgabe, Vielfalt und der Zukunft. Sie sind Pfleger, Befähiger und Mittel zur Leistung. Wenn Menschen aus dem Unternehmen ausscheiden, so liegt es häufig daran, dass ihre Entwicklung ein Niveau erreicht hat, die nur in einer anderen Umgebung noch Fortschritte machen kann. Trennungen erfolgen im beiderseitigen Einvernehmen und werden von Manager und Mitarbeiter gefeiert.

Manager, die Lernkulturen schaffen, schätzen den Beitrag des Einzelnen höher als die Stellung oder den Status und orientieren sich eher an der Leistung.

Sie glauben, dass zukünftiger Erfolg von dem persönlichen Ausdruck der Mitarbeiter abhängt. Sie erzeugen generative Macht – eine Macht, die in der Lage ist, sich weiterhin selbst zu generieren, ohne regelmäßige Intervention durch das Management. Die generative Macht wird durch Pflege, Unterstützung und Herausforderung erzeugt – Vorgänge, die das Selbstvertrauen erzeugen, Risiken einzugehen und zugunsten des Unternehmens mit den Normen zu brechen. Die Herausforderung für diese Manager besteht darin, die Mitarbeiter zu ermutigen, sich selbst zu fordern und

Tabelle 4: Kultur und Arten der Machterzeugung

Kultur	Identität	Werte	Überzeugungen	Macht
Autoritär	Ersteller von Regeln, Kontrolleur	Position Status Protokoll Verfahrensweisen Legitimität	Menschen müssen unter Kontrolle gehalten werden	Zwang
Technisch	Technokrat, Richter	Präzision Fakten Genauigkeit Kompetenz Richtig/falsch	Sachverstand ist der wichtigste Maßstab der Menschen	Sachverstand
Lernen	Pfleger Leistungserbringer Befähiger	Beitrag Leistung Entwicklung	Zukünftiger Erfolg hängt von persönlichem Ausdruck und Innovation ab	Generativ

1:1-Interaktionen nicht nur als Prozess der Persönlichkeitsentwicklung, sondern auch als Möglichkeit zu nutzen, die Dinge unter Kontrolle zu halten.

Sie werden feststellen, dass in der Realität nur wenige Organisationen genau in eine dieser drei Kulturen passen, sondern dass sie möglicherweise eine Mischung aus allen drei haben, wobei eine vorherrscht. Im weiteren Verlauf dieses Kapitels werde ich mich auf die Lernkultur und die Dynamik konzentrieren, die generative Macht erzeugt, da diese Kultur zu den zugrunde liegenden Prinzipien des NLP passt.

Macht generieren

Organisationen mit bevollmächtigten Mitarbeitern haben einige Charakteristika gemeinsam, die die Kultur bilden, die für die Pflege und Entwicklung der Menschen erforderlich ist. Es handelt sich um eine Kultur mit wenigen Grenzen und Zwängen, die eine maximale Flexibilität und Veränderung ermöglichen. Außerdem beseitigt man durch Empowerment der Menschen kontrollierende Einflüsse, was wahrscheinlich eine der größten Herausforderungen an Ihre Sicherheitsvorkehrungen und Ihr Vertrauen als Manager darstellt. Eine grundlegende Voraussetzung für Empowerment besteht darin, dass man sich von herkömmlichen Kontrollmechanismen verabschieden muss.

In unseren Management-Workshops verweise ich auf das Kontinuum zwischen Kontrolle und Empowerment. Vertrauen zwischen Manager und Team ist hier die Schlüsseldynamik. In Abbildung 5.2 wird dieses Kontinuum dargestellt. Zum Empowerment von Personen müssen Sie mehr Kontrolle aufgeben, indem Sie Ihre Macht abgeben. Für viele Manager ist das ein beängstigendes Konzept, aber nur weil sie keine Beziehungen zu ihren Teams entwickelt haben, um sicherzustellen, dass eine adäquate Kontrolle aufrechterhalten bleibt. Der Unterschied besteht hier nicht darin, zu verändern, was kontrolliert wird oder wie es kontrolliert wird, sondern wer kontrolliert.

Eine grundlegende Voraussetzung für Empowerment besteht darin, dass man sich von herkömmlichen Kontrollmechanismen verabschieden muss.

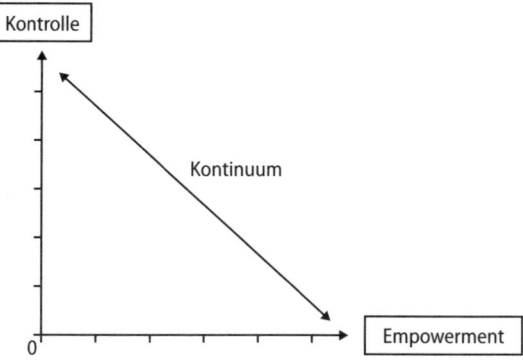

Kontrolle kann durch häufige Kommunikation behalten werden.

Abbildung 5.2: Das Kontrolle-Empowerment-Kontinuum

Vertrauen entsteht mit Übergabe der Kontrolle. Manager haben häufig Angst vor den Folgen der Übergabe ihrer Kontrolle. Es geht nicht um das Verlieren der Kontrolle, mehr darum, sie anderen anzuvertrauen, und dann offenere Methoden des Bewahrens der Kontrolle durch häufige zweiseitige Kommunikation und das Vereinbaren von Zielen, Ergebnissen und Leistung zu entwickeln.

Vertrauen entsteht mit Übergabe der Kontrolle.

Das Loslassen der Kontrolle ist dann der erste Schritt zum Vertrauen in andere, und Vertrauen ist der wichtigste Grundstein für Empowerment. Denken Sie an Vertrauen als die Achse, um die sich alle anderen Voraussetzungen für Empowerment drehen. In Abbildung 5.3 wird dies als Empowerment-Rad dargestellt, wobei jeweils eine Voraussetzung mit je einer Radspeiche verbunden ist.

Vertrauen ist der wichtigste Grundstein für Empowerment.

Wie die Speichen eines Rades, so liefert jede Voraussetzung die Kraft, die anderen zu unterstützen – sie unterhalten interdependente Beziehungen. Wenn Sie eine entfernen, so wird das Rad geschwächt und schließlich zusammenbrechen. Ohne die Speichen ist die Achse ein sinnloses Objekt.

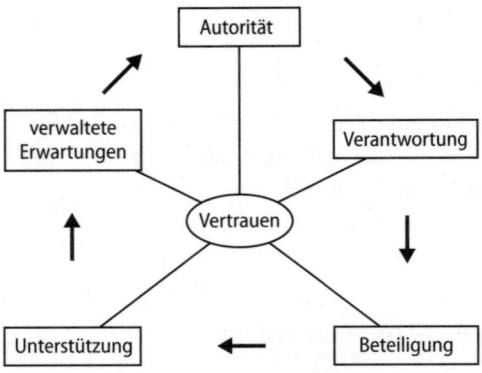

Abbildung 5.3: Das Empowerment-Rad

Macht ist sinnlos ohne die *Autorität*, sie zu nutzen. Menschen möchten klare Richtlinien für die Grenzen der Autorität, damit sie sie selbstbewusst nutzen können.

Intelligente Entscheidungen auf höheren Ebenen der Autorität und der *Verantwortung* hängen von den Kenntnissen des Geschäfts ab, und die beste Art und Weise, sie zu erweitern, besteht in der *Einbeziehung* in das Geschäft – d. h. Menschen mit neuen Geschäftsfeldern vertraut zu machen und ihre Kenntnisse zu erweitern. Menschen möchten sich gut informiert fühlen, wenn sie Entscheidungen treffen, Risiken eingehen und ganz allgemein Prognosen wagen. Sie werden für den Erfolg alles Erdenkliche tun, sofern sie sich *unterstützt* fühlen. Sie können den Menschen helfen, Zugang zu den Ressourcen der Organisation zu haben, ihnen Türen öffnen und ihnen emotionale Unterstützung für ihre Bemühungen geben.

Die abschließende Speiche vervollständigt das Rad – Verwalten der Erwartungen der Menschen. Menschen verändern ihr Verhalten nicht, weil Sie es möchten. Sie benötigen intrinsische Belohnungen, die den Wunsch entstehen lassen. Welche Erwartungen auch immer Sie haben, sie müssen zu verwalten sein. Dies gilt sowohl für die Erwartungen, die Sie an Ihr Team stellen (Resultate), als auch für das, was das Team als Gegenleistung für das Investieren seiner Energie erwartet. Übermäßige Versprechungen und zu geringe Leistungen können in beiden Bereichen verhängnisvoll sein. Die Speichen können ihre Aufgabe nur erfüllen, wenn zwischen ihnen Raum liegt. Stellen Sie sich ein Rad vor, bei dem alle Speichen auf einer Seite liegen – es würde bald zusammenbrechen. Der Zwischenraum stellt das Niveau der Autonomie und der Freiheit dar, den die Menschen haben, um die volle Bandbreite ihrer Talente einfließen zu lassen. Einige Räder haben mehr Speichen und engere Zwischenräume, ebenso wie einige Unternehmen mehr geteilte Autorität und Verantwortung haben, aber mit weniger Autonomie und Freiheit. Das hängt oft von dem Geschäft ab, in dem Sie sind.

Szenario eines Falls – das Finanzunternehmen

Vor einiger Zeit besuchte ich eine Tagung von Geschäftsführern, wo der Verkaufs- und Betriebsdirektor eines neuen zuversichtlichen Finanzunternehmens vor dem Publikum sprach. Während der Präsentation erzählte der Betriebsdirektor, wie er von einer erstklassigen Konkurrenzfirma abgeworben worden war. Er betonte, welch große Bedeutung dies für ihn hatte, wie er sich in seiner alten Firma eingeengt gefühlt hatte, die darauf bestand, strenge Kontrolle darüber zu haben, was geändert werden konnte und was nicht. Er sagte, dass er sich in dieser neuen Firma fühlte, als ob die Ketten um ihn herum gesprengt worden wären, und dass er Dinge täte, von denen er nie gedacht hätte, dass er sie tun könnte. Er war voller Enthusiasmus, als er das Schaubild des Umsatzwachstums vorlegte, das äußerst beeindruckend war. Diese Firma ist jetzt ein wichtiger Wettbewerber und einer der Branchenführer.

Zwei wichtige Lektionen für Empowerment

Lektion Nummer eins – *es braucht ein wenig Zeit*

Vor etwa zehn Jahren wurden wöchentlich Empowerment-Seminare gehalten. Manager wurden von den Schlagworten angezogen und besuchten sie, um sich eine Dosis Handlungsanweisungen abzuholen, nur um bei ihrer Rückkehr an den Arbeitsplatz festzustellen, dass es nicht ausreichte, einfach den Mitarbeitern zu sagen, dass sie jetzt Macht verliehen bekämen, wichtige Entscheidungen zu treffen. Natürlich nicht – um den Zustand des Empowerment zu erreichen, braucht es sowohl Zeit als auch eine Veränderung der Wahrnehmung des Managements bezüglich seiner eigenen Rolle.

Lektion Nummer zwei – *wahres Empowerment ist generativ*

Sie können Macht nicht *erzwingen*, eher stellen Sie die richtige Kraftstoffmischung (Voraussetzungen) bereit, damit Macht generiert wird. Es besteht zwischen den beiden ein riesiger Unterschied. Stellen Sie sicher, dass Ihr eigenes Denken über die Dynamik von Empowerment korrekt ist. Richten Sie sich an den Voraussetzungen des Empowerment aus und überwachen Sie das Feedback Ihrer Sprache (insbesondere Ihren inneren Dialog). Empowerment ist nichts, was man ausgibt oder was man anderen auferlegt. Es ist eine generative Voraussetzung in Reaktion auf eine neu ausgebildete Gruppe von Beziehungen zwischen Ihnen und Ihrem Team. Ihre Leute werden die Macht von Ihnen nehmen, wenn Sie die Bedingungen schaffen, unter denen sie das Gefühl haben, dass man ihnen zutraut, sie zu nutzen.

Richten Sie sich an den Voraussetzungen für Empowerment aus.

Eine Frage des Respekts

Jeder hat seine eigene Menge von Werten und Überzeugungen. Gruppen entwickeln gemeinsame Werte und Überzeugungen in Reaktion auf die Art und Weise, wie sie behandelt werden. Organisationen oder Teile von ihnen, die noch zu Lernkulturen werden und generative Macht erzeugen müssen, werden eine andere Gruppe von Werten und Überzeugungen haben, die sie in Reaktion auf ihre Behandlung in der Vergangenheit entwickelt haben. Wenn die Kultur überwiegend autoritär war, legen sie viel-

Gruppen entwickeln gemeinsame Werte und Überzeugungen in Reaktion auf die Art und Weise, wie sie behandelt werden.

leicht immer noch Wert darauf, so wenig wie möglich zu tun und in Deckung zu bleiben. Vielleicht glauben sie, dass sie nur geringe Aufstiegschancen haben, weil ohnehin niemand ihre Bemühungen, gute Leistungen zu erbringen, anerkennen würde. Wenn sie jemand wahrnahm, so bedeutete das gewöhnlich schlechte Nachrichten wegen etwas so Trivialem wie Handlungsweisen oder Arbeitsabläufen. Werte und Überzeugungen wie diese werden im Laufe der Zeit hart wie Beton. Sie erzeugen Identitäten der Trennung von der Organisation. Wenn die betroffenen Personen zur Arbeit kommen, tauchen sie ab. Zwei oder drei Jahre in einer solchen Kultur zu arbeiten, ist lang genug, um äußerst unproduktive Verhaltensweisen zu generieren, die sich wahrscheinlich nicht über Nacht verändern lassen. Das Verhalten einer Person in einer Situation ist die beste Wahlmöglichkeit, die sie gerade hat. Menschen lernen, wie man in den jeweiligen Situationen am besten überlebt, und als Veränderungsvermittler (Change Agent) werden Sie lernen, dies zu respektieren. Ein gesunder Respekt für die Landkarten der Welt anderer Personen wird Ihnen helfen zu verstehen, warum sie sind, wie sie sind.

NLP: Das Verhalten einer Person in einer Situation ist die beste Wahlmöglichkeit, die sie gerade hat.

NLP: Respektieren Sie die Landkarten der Welt anderer.

Beim NLP geht es nicht darum, ob etwas richtig oder falsch ist, nur darum, *was* es ist. Das bereits erläuterte NLP-Kommunikationsmodell zeigte, wie die Landkarten der Welt der Menschen ihr Verhalten beeinflussen. Wenn Sie also möchten, dass jemand sein Verhalten ändert, müssen Sie ihm verschiedene Landkarten zur Auswahl stellen und ihm erlauben, selbst über eine Veränderung zu entscheiden. Jemandem zu sagen, dass seine Handlung falsch war, heißt nur, ihm etwas zu sagen, was er möglicherweise schon weiß. Zu fragen, was die Konsequenzen seiner Handlung sind, fördert die Entwicklung und wird eher zu Veränderung führen.

WIFMD – oder *was ist für mich drin*?

Es gibt drei grundlegende Voraussetzungen für Veränderung. Eine Person muss:

- sich verändern wollen,
- sich verändern dürfen,
- wissen, wie sie sich verändern kann.

Damit eine Person sich verändern möchte, die Motivation, sich zu verändern, generieren möchte, muss es eine Belohnung geben. Intrinsische Belohnungen wie Selbstachtung und Persönlichkeitsentwicklung werden möglicherweise nicht als Belohnungen wahrgenommen, wenn die Personen aus einer Landkarte der Welt heraus agieren, die entworfen wurde, um mit einer autoritären Kultur umzugehen. Es kann vergeblich sein, Menschen eine bessere Zukunft zu bieten, wenn ihre Einstellung gegenüber der Organisation auf einem »weg von«-Metaprogramm und Vermeidungsstrategien basiert. Und was ist mit der zweiten Voraussetzung? Wenn Sie alles richtig machen, werden andere Manager den Leuten noch gestatten, Dinge anders zu machen? Oder werden Struktur, Bürokratie und Protokoll der Veränderung im Wege stehen? Ich werde die dritte Voraussetzung erst später in diesem Kapitel behandeln, wenn es um die Fertigkeiten der Führungskräfte als Befähiger und Change Agents geht. Zunächst werde ich mich mit der Frage der Motivation beschäftigen, weil Sie auf einem guten Weg sind, generative Macht zu erzeugen, wenn Sie an den Punkt gelangen, an dem Menschen Eigenmotivation entwickeln, und Sie die Voraussetzungen für Empowerment schaffen. Es braucht jedoch Zeit, Geduld und Verständnis, an diesen Punkt zu gelangen – Sie müssen Identität, Werte und Überzeugungen pacen, bevor Sie mit der Führung (Leading) beginnen können.

> **Sie müssen Identität, Werte und Überzeugungen pacen, bevor Sie mit der Führung (Leading) beginnen können.**

Pacing und Leading

Wenn Sie Menschen an einen neuen Ort führen wollen, so müssen Sie sie zunächst dort abholen, wo sie sind, und ihre Gründe respektieren, warum sie dort sind. *Pacing* im betrieblichen Sinne bedeutet, in möglichst vielen Bereichen dieselben Verhaltensweisen wie sie zu zeigen, ohne die Beschränkungen zu übernehmen, die möglicherweise für sie bestehen.

Lassen Sie uns beispielsweise ein Szenario des schlimmsten Falls annehmen. Stellen Sie sich vor, Sie hätten die Leitung einer Produktionsanlage mit 250 Beschäftigten übernommen, von denen 14 Manager und Supervisoren sind. Es gibt eine Vorgeschichte des schlecht praktizierten Managements, was zu einem Wertesystem des Misstrauens gegenüber dem Management, Abneigung gegen aktuelle neue »Marotten« wie Umstrukturierung, und einer »Dienst nach Vorschrift«-Mentalität geführt hat. Der einzige Grund zur Arbeit zu gehen, ist Geld zu verdienen.

Die meisten Menschen erledigen dies mit möglichst geringen Anstrengungen. Diesem Standpunkt können Sie entnehmen, dass für die Mehrheit der Arbeiter Arbeit *Geld und wenig anderes* bedeutet. Diese Bedeutung ist wichtig, wie Sie gleich entdecken werden, wenn Sie sie gepacet haben. Sie werden möglichst viele Personen treffen und mit ihnen sprechen wollen – sagen wir, Sie laufen über das Gelände und bleiben stehen, um sich mit einem der Arbeiter zu unterhalten. Sie sagen zu ihm:

> »Hallo Bill. Wie geht‹s mit dem neuen Montagelauf? Benimmt er sich heute?« Bill antwortet: »Ist in Ordnung. Aber mit der Anforderung des Schmutzschutzes habe ich Ärger – nun, ich sollte inzwischen wissen, dass ich nicht zu viel erwarten darf. Diese Bosse interessieren sich nicht wirklich für Investitionen in die Produktion; sie sind zu beschäftigt mit Auslandsreisen, um das Neueste über japanische Arbeitsmethoden herauszufinden. Als Nächstes lassen sie uns alle Frühsport machen.«

Sie haben jetzt zwei Optionen: Entweder sind Sie anderer Meinung als Bill und diskutieren mit ihm darüber, wie sich die Dinge verändern werden, jetzt, wo Sie da sind, oder Sie pacen seine Erfahrung und bringen ihn dazu, sich für Sie zu interessieren.

»Nun, Bill, ich habe für einen Laden gearbeitet, der alle japanischen Arbeitsmethoden ausprobiert hat (Bills Worte benutzen), und Sie haben völlig Recht. Manchmal verbringen Bosse so viel Zeit damit, sich außerhalb der Firma umzuschauen (Bill zustimmen), dass sie übersehen, was innerhalb der Firma wirklich wichtig ist (implizieren, dass Bills Arbeit wichtig ist). Überlassen Sie mir diese Anforderung, wann genau haben Sie sie in die Post gegeben?«

Das ist Pacing. Es ist auch Aufbau von Rapport, womit ich mich noch in allen Einzelheiten in Kapitel 7 beschäftigen werde. Durch das Pacen der Erfahrung von Personen sagen Sie ihnen unbewusst, »Ich bin wie du, ich verstehe dich, ich empfinde Empathie für deine Situation, du kannst mir vertrauen, ich habe keine Tricks in petto, du bist wichtig und deine Ansichten zählen.«

In einem Szenario wie diesem müssen sie viel pacen, wann immer Sie die Gelegenheit haben, mit den 250 Beschäftigten zu kommunizieren, wobei Sie besondere Aufmerksamkeit auf die Worte legen müssen, die Sie bei der Kommunikation mit dem Management-Team wählen. Das Team hat möglicherweise eine andere Gruppe von Werten als die Arbeiter im Betrieb. Wie die amerikanische Kritikerin Pauline Kael einmal über Kultur sagte: »Eins der sichersten Anzeichen eines Banausen ist seine Ehrfurcht vor dem überlegenen Geschmack desjenigen, der ihn herabsetzt.« Man kann nicht mit Sicherheit davon ausgehen, dass jeder dasselbe Wertesystem akzeptiert. Was Sie tun, ist den aktuellen Zustand zu pacen, sodass Sie beginnen können, zu einem anderen Wunschzustand hin zu führen. Eine der Arten, Menschen auf einen Wunschzustand neu auszurichten, ist das Reframen.

Reframing

Jim Froud, ein befreundeter Künstler und Dichter, demonstrierte die Kraft des Reframens ganz einfach mit einer älteren Dame, die neben ihm wohnt. Sie beschwerte sich, dass ihre Gasrechnung zu hoch sei. Daraufhin warf Jim einen exzellenten Reframe ein, der ihre Meinung über die Gasrechnung völlig veränderte. Er sagte:

>>Nun, sie scheint wirklich hoch zu sein, nicht wahr, besonders für eine Rentnerin ohne Einkommen – aber wussten Sie, dass das Gasunternehmen mehrere Millionen Pfund für die Suche nach Öl in der Nordsee ausgegeben und, nachdem es Öl entdeckt hatte, ein Rohr tief unten auf dem Meeresgrund 800 Meilen bis zu Ihrem Haus verlegt und dann am Ende einen Hahn angebracht hat – alles kostenfrei? Und es steht in Ihrer Macht, so viel zu nutzen, wie Sie brauchen. Sie könnten also Ihre Gasrechnung einfach verringern, indem Sie mehr rohes Obst und Gemüse essen und so auch gesünder leben, nicht wahr?<<

Was für ein machtvoller Reframe!

Genau das müssen Sie mit den 250 Arbeitern in der Produktion tun. Arbeit *bedeutet* für sie, Geld zu verdienen. Ich sage nicht, dass Sie diese Bedeutung in einem Satz reframen können, wie Jim es mit der älteren Dame getan hat. Es braucht Zeit und Geduld, wenn Wertesysteme von Gruppen der Bedeutung den Rahmen geben. Aber mit der Zeit werden Sie diese Bedeutung von Arbeit in eine erwünschtere Bedeutung – eine, die besser mit einer Lernkultur im Einklang steht – reframen wollen.

Eine nützlichere und erfreulichere Bedeutung von Arbeit könnte sein: Arbeit bedeutet *Freunde, Geld und Freude, Lernen, Entwicklung, Herausforderung, Leistung*. Die Menschen werden ihre eigene Bedeutung festlegen, erwarten Sie daher nicht, dass jeder dieselbe Bedeutung formuliert, die Sie im Kopf haben. Ihre Aufgabe ist es, den Menschen mehrere Möglichkeiten von Denkweisen über die Arbeit anzubieten, die ressourcenvollere Zustände des Seins erfordern, die dann dazu führen, dass eine generative Macht, Entscheidungen zu treffen, erzeugt wird. Ihre Aufgabe ist nun nicht mehr die des Entscheidungsträgers oder Problemlösers, sondern die des Befähigers und Coachs.

Die Macht verleihende Führungskraft

Bleiben wir bei dem Beispiel mit den 250 Produktionsarbeitern. Wir können nun damit beginnen, die neue Rolle des Managers, oder der Macht verleihenden Führungskraft, im Einzelnen zu definieren. Bevor wir jedoch damit fortfahren, ist es wichtig, die Macht von Überzeugungen zu erkennen.

Überzeugungen sind wie Klebstoff, der Werte zusammenhält. Der Veränderungsprozess beginnt mit dem Schmelzen des Klebstoffs. Wenn dieser Prozess erst einmal eingesetzt hat, werden Sie überrascht sein, wie schnell die Menschen danach reagieren. Überzeugungen sind wie sich selbst erfüllende Prophezeiungen. Sie haben vielleicht vom Pygmalion-Effekt in der griechischen Mythologie gehört. Pygmalion verliebte sich in Galatea, die schöne Statue, die er erschuf. Aphrodite, die Göttin der Liebe, hatte Mitleid mit ihm und belohnte seine Hingabe damit, dass sie sie zum Leben erweckte. Was auch immer Sie glauben, für Sie ist es wahr.

NLP: *Was auch immer Sie glauben, für Sie ist es wahr.*

Wenn Sie dieses Phänomen untersuchen, so gibt es zahllose Beispiele für Überzeugungen, die Realität wurden, unabhängig davon, ob es eine begrenzende Überzeugung oder eine positive, aufbauende Überzeugung war.

Das hat zwei wichtige Implikationen. Erstens, dass die Menschen an ihren bestehenden Überzeugungssystemen, die sie mit ihren Wahrnehmungsfiltern verstärkt haben, festhalten, und zweitens, dass es Überzeugungen gibt, die Sie über diese Menschen haben. Wenn Sie an sie glauben, werden sie darauf reagieren. Wenn Sie all die Dinge tun, die von Ihnen erwartet werden, aber in Ihrem Inneren zu sich sagen, dass sie sich nicht verändern werden, werden Ihre Überzeugungen das Resultat Ihrer Bemühungen festlegen – als sich selbst erfüllende Prophezeiung. Sie müssen aufrichtig davon überzeugt sein, was Sie erreichen wollen.

Der Vorgesetzte als Lehrer

Diese 250 Arbeiter müssen wissen, wie man sich verändert, und Sie sind der Change Agent (Vermittler der Veränderung). Haben sie erst einmal begonnen, ihre Überzeugungen zu verändern und neue Werte zu übernehmen, so werden sie die Fähigkeit benötigen, ihr Verhalten zu verändern und die Autorität und die verschiedenen Verantwortlichkeiten zu aktivieren, die sie managen sollen. Wie Sie mit Menschen als ihr Lehrer interagieren, bestimmt über das Ausmaß Ihres Erfolgs.

Wie Sie mit Menschen als ihr Lehrer interagieren, bestimmt über das Ausmaß Ihres Erfolgs.

Wenn Sie von sich selbst als Lehrer denken, dann denken Sie eher daran, Wissen hervorzulocken anstatt es wegzupacken. Wenn Menschen zu ihren eigenen Schlüssen und Entscheidungen gelangen, sind sie eher bereit, die Dinge zu überdenken, als durch alles, was Sie ihnen verordnen können. Coaching ist die Methode des »Hervorlockens«. Für Ihre Rolle als Lehrer gibt es drei wesentliche Schwerpunkte.

1 Identifizieren von Gelegenheiten für Coaching

Diese Gelegenheiten können sich jederzeit ergeben. Wenn Sie einen »neuen Weg« errichten, möchten Sie vielleicht einige formelle Coaching Sessions einführen. Jedoch erfolgt das Coaching am besten, wenn sich die Gelegenheiten bei der Arbeit ergeben. Nutzen Sie jede Gelegenheit zum Coachen – wenn Sie eine goldene Gelegenheit verpassen, stellen Sie sicher, dass Sie einen guten Grund dafür haben. Sie können eine Gelegenheit für Coaching erkennen, wenn eine der folgenden Bedingungen vorliegt:

- Ein Mitarbeiter fragt Sie, wie er etwas tun soll.
- Ein Mitarbeiter bittet Sie, etwas zu tun.
- Ein Mitarbeiter bittet Sie um Rat.
- Ein Mitarbeiter sagt: »Ich kann nicht.«
- Sie werden um Ihre Meinung oder eine Entscheidung gebeten.
- Sie bemerken, dass jemand seine Aufgabe ineffektiv oder ineffizient erledigt.

- Sie möchten das Denken einer Person um eine Aufgabe herum erweitern.
- Sie sind zusammen mit Mitarbeitern an einer Teamaufgabe beteiligt.
- Es gibt ein Problem oder eine Beschwerde.

2 Vereinbaren von Ergebnissen mit Personen

Machen Sie es sich zur Gewohnheit, wohl formulierte Outcomes/Ergebnisse anstelle von Zielen zu benutzen. Nach einer Weile werden die Menschen damit beginnen, diese als natürlichen Prozess zu nutzen, um die weiteren Konsequenzen ihrer Entscheidungen und Handlungen zu betrachten. Konsequenzen nicht in Betracht zu ziehen, ist häufig Ursache zahlreicher Probleme in Unternehmen. Es lohnt sich, sich die Zeit zu nehmen, sicherzustellen, dass Ihre Ergebnisse wohl formuliert sind.

3 Personen für Aufgaben finden (Matching)

Beachten Sie die Metaprogramme und finden Sie Aufgaben für die Personen (Matching), aus denen diese etwas mitnehmen. Lassen Sie eine detailverliebte Person mit kleinen Einheiten nicht für das Entwerfen von Strategien verantwortlich sein und übertragen Sie keiner Optionen-Person eine Aufgabe, bei der viele Wiederholungen erforderlich sind. Die Wirtschaft ist voll von Menschen, die nicht in den richtigen Berufen sind; und in großen Unternehmen kann dies übersehen werden, was dazu führt, dass Menschen dafür ausgebildet werden, Aufgaben zu erledigen, die ihnen keine besondere Freude bereiten. Wenn Sie die richtige Paarung finden, können Sie die Menschen fordern, indem Sie sie vor Herausforderungen stellen.

Der Vorgesetzte als coachender Befähiger

Coaching und Befähigung gehören untrennbar zusammen. Wenn Sie eins gut machen, werden Sie auch ohne Ihr Zutun das andere machen. Ihr Ergebnis besteht darin, Menschen zu befähigen, mehr zu leisten, für sich selbst und für den Betrieb. Und Sie wollen dies erreichen, indem sie eher hervorlocken als wegpacken.

Es gibt zwei grundlegende Ansätze für Coaching: Fragen und Anregungen.

Fragen

Finden Sie immer heraus, was das Ergebnis des Beschäftigten ist. Dabei scheint es sich um gesunden Menschenverstand zu handeln, aber es ist möglich, Zeit mit dem Coachen einer Person zu verbringen, um dann ein Resultat zu erzielen, das nicht gründlich durchdacht ist. Überprüfen Sie dies zuerst, wenn Sie sich nicht hundertprozentig sicher sind (vielleicht rufen Sie sich noch einmal anhand von Kapitel 3 die wohl formulierten Bedingungen für Ergebnisse in Erinnerung). Wenn Sie sich davon überzeugt haben, dass die Ergebnisse wohl formuliert sind, können Sie mit dem Frageprozess beginnen.

Ich werde nicht versuchen, Ihnen alle Fragen zu liefern, die Sie für alle möglichen Coaching-Situationen benötigen, da diese ein eigenes Buch füllen würden, aber wir können uns noch einmal mit unseren Produktionsarbeitern beschäftigen und uns vorstellen, dass wir eine Gelegenheit für das Coachen einer Linienmanagerin (Mary) identifiziert haben, die sich mit einem Problem an Sie gewandt hat. Beachten Sie, dass mein Resultat um Marys Entwicklung als Managerin formuliert wird und nicht um Marys Resultate für das Erreichen ihrer Ziele. Ich möchte Marys Fähigkeit entwickeln, ihre eigenen Entscheidungen zu treffen, anstatt dieses eine Problem für sie zu lösen. Daher sind die sinnesspezifischen Evidenzkriterien für mein Ergebnis, dass Mary, wenn ich sie danach frage, was für Probleme sie hatte, sie mir von bestimmten Problemen berichten wird und darüber, wie sie sie ohne meine Hilfe gelöst hat.

Mary: *»Ich werde das Wochenziel nicht erreichen, weil ich die neue Schmutzvorrichtung nicht rechtzeitig beim Umrüsten morgen in Betrieb nehmen kann.«*
Manager: *»Hmm, wie lautet denn Ihr Wochenziel?«*
Mary: *»Zweihundert Stück.«*
Manager: *»Und was müssen Sie tun, um das Ziel zu erreichen?«*

Mary: »Noch 50 Stück.«

Manager: »Und was haben Sie bisher versucht?«

Mary: »Ich habe versucht, den Anlagebauern klarzumachen, wie dringend die neue Maschine in Betrieb genommen werden muss, aber sie hören nicht zu. Ich weiß nicht, was ich noch tun soll. Die anderen Schmutzvorrichtungen sind ausgelastet.«

Manager: »Was hält die Anlagebauer davon ab, zuzuhören?«

Mary: »Sie interessieren sich nur für die Arbeit in vollen Schichten, und dieser Auftrag bedeutet nur eine halbe Schicht. Sie bekommen dafür nicht ihre vollen Zulagen.«

Manager: »Nun, es lohnt sich, darüber nachzudenken. Mary, können Sie sich vorstellen, was geschehen müsste, damit Sie Ihre Ziele in dieser Woche erreichen?«

Mary: »Hmm, ich habe über alles andere nachgedacht. Die einzige Möglichkeit, es zu schaffen, besteht darin, die neue Maschine in Betrieb zu nehmen, aber ich sehe die Anlagebauern nicht für eine halbe Schicht hierüber kommen.«

Manager: »Wofür sehen Sie sie herüber kommen?«

Mary: »Nun, ich weiß, dass es unser Budget überschreiten wird, aber wenn ich gleichzeitig noch einen Antrag auf Wartung unseres Sortiergeräts stellen würde, könnte ich daraus eine volle Schicht für sie machen. Die Arbeit muss sowieso irgendwann erledigt werden.«

Manager: »Das scheint mir eine großartige Idee zu sein. Lassen Sie mich wissen, wie es läuft.«

Mit all diesen Fragen hat der Manager Mary keine Lösung angeboten. Mary kam zu ihrer eigenen Lösung, die vielleicht nicht die beste war, aber sie brachte Mary dazu, damit zu beginnen, eigene Entscheidungen dieser Art zu treffen. Erfolg kann nur wirklich bestimmt werden, wenn der Manager Feedback erhält, das zu den sinnesspezifischen Evidenzkriterien passt.

Anregungen

Dieser Ansatz kann eingesetzt werden, wenn der Mitarbeiter nicht in der Lage ist, eine eigene Lösung zu finden. Wenn Sie alle prüfenden Fragen gestellt haben und es immer noch keinen Funken einer Idee gibt, dann geben Sie Anregungen, aber auf eine Art und Weise, dass der Beschäftigte beinahe denkt, dass es seine eigene Lösung ist. Hier folgt ein Beispiel von Tom aus der Produktion.

Tom: *»Die Ausschussrate steigt, weil wir ständig verschmutztes Rohmaterial bekommen.«*

Manager: *»Das ist ein ernstes Problem. Was haben Sie dagegen unternommen?«*

Tom: *»Ich kann nicht erkennen, was ich dagegen tun könnte. Das Rohmaterial fällt nicht in meine Zuständigkeit.«*

Manager: *»Mir ist das auch mal passiert, als ich bei ABCo gearbeitet habe, und ich mochte nicht, wie die Qualitätsprobleme anderer meine Arbeit beeinträchtigten.«*

Tom: *»Genauso geht es mir, aber es interessiert niemanden.«*

Manager: *»Ich frage mich, was geschehen würde, wenn jemand den Lieferanten anschreiben und das Schreiben unseren Einkäufern zur Kenntnis geben würde.«*

Tom: *»Das ist keine schlechte Idee. Ich würde sie dann wirklich von dem Ausmaß des Problems in Kenntnis setzen, das wir deshalb haben.«*

Manager: *»Nun, es scheint die beste Wahl zu sein, die Sie haben, da sich sonst niemand darum zu kümmern scheint.«*

Tom: *»Hmm, Sie haben Recht. Ich werde es jetzt gleich erledigen.«*

Manager: *»Geben Sie es mir bitte zur Kenntnis, Tom.«*

Man sagt, Macht korrumpiert, und vielleicht stimmt das. Was ich weiß, in mir selbst, ist etwas ganz anderes. Macht korrumpiert die Menschen, über die sie ausgeübt wird.

Raymond Williams, Britischer Akademiker

Dies sind nur einige Beispiele für den Ablauf einer Coaching Session. Das beste Geschenk, das Sie Ihren Mitarbeiten machen können, ist das Geschenk der persönlichen Entwicklung und des Erfolgserlebnisses.

Kapitel 6
Erforschen Sie Ihre Gedanken

Einblicke in die Denkweise der Menschen

In Kapitel 1 ging es um die Flexibilität Ihrer Reaktion auf Verhaltensmuster und -prozesse und nicht so sehr um den Inhalt einer Situation. In diesem Kapitel werden Sie Ihren Weg fortsetzen. Sie werden Wege kennenlernen, wie Sie auf den Prozess oder das Denkmuster einer Person zusätzlich zum Inhalt dessen, was sie sagt, reagieren können.

> **NLP: Ich trage die Verantwortung für meine Gedanken und somit für meine Ergebnisse!**

Wenn Sie den Kommunikationsprozess kennen, können Sie besser auf angemessene Weise reagieren, um ein angenehmes Resultat zu erzielen, als nur auf das Gesagte einzugehen.

> **Wenn Sie den Kommunikationsprozess kennen, können Sie besser auf angemessene Weise reagieren, um ein angenehmes Ergebnis zu erzielen.**

Auf der Makroebene könnte ein Kollege in einer Sitzung sagen:»Ich habe festgestellt, dass der Absatz blauer Hemden wieder im Sinkflug ist.« Bei diesem Beispiel hätten Sie, sofern Sie für die blauen Hemden verantwortlich sind, mehrere Möglichkeiten, auf diesen Kommentar zu reagieren. Sie könnten sich defensiv verhalten und sagen:»Das war bei der aktuellen Marktentwicklung vorhersehbar.« In diesem Fall hätten Sie nur auf den Inhalt reagiert mit der einzigen Absicht, sich selbst zu verteidigen. Sie könnten eine detailliertere Antwort geben und sagen:»Ja, wir liegen genau 3 Prozent unter den veranschlagten Absatzzahlen, was eine negative Abweichung um 6 Prozent vom vergangenen Jahr bis heute bedeutet.« In diesem Fall reagieren Sie immer noch nur auf den Inhalt der Diskussion.

Eine andere Reaktion wäre, den Prozess zu identifizieren, bevor Informationen gegeben werden, z. B.»Ja, wir haben alle den Be-

NLP im Management. David Molden
Copyright © 2009 WILEY-VCH Verlag GmbH & Co. KGaA, Weinheim
ISBN: 978-3-527-50283-7

richt gesehen, und mein Team reagiert; was mich heute mehr interessiert, ist Wege zu finden, um die Fragen im Zusammenhang mit dem Problem aufzuspüren, das zu lösen wir hier zusammengekommen sind.« Diese Antwort lädt den Fragesteller ein, seinen eigenen Gedankengang zu bewerten und die Relevanz der Aussage zu belegen. Dies ist nur ein Beispiel, um den Unterschied zwischen Inhalt und Prozess auf der Makroebene aufzuzeigen.

Produktive Kommunikation beginnt mit Vertrauen und Verständnis. Vertrauen ist eine grundlegende Voraussetzung für das Schaffen einer Kultur von mit Macht ausgestatteten Individuen, und die Menschen werden das Vertrauen erwidern, wenn sie glauben, dass die Manager sie und ihre Probleme verstehen.

> **Die Menschen werden das Vertrauen nur erwidern, wenn sie glauben, dass die Manager sie und ihre Probleme verstehen.**

Ohne Verständnis und Vertrauen können die Menschen der Veränderung skeptisch und argwöhnisch gegenüberstehen. Sie können einen tiefen Rapport, Verständnis und Vertrauen aufbauen, indem Sie Ihre eigenen Kommunikationsmuster enger an die Muster anderer anpassen (Matching), die Sie beeinflussen möchten.

Rapport ist eine grundlegende Voraussetzung für produktive Kommunikation. Er basiert auf einem Prinzip, das erfolgreichen Manipulatoren gut bekannt ist – *Menschen mögen Menschen, die wie sie sind.* Nur selten wird jemand ein Produkt, eine Idee oder einen Vorschlag von jemandem annehmen, den er nicht leiden kann. Dieses Kapitel gibt einen Einblick in die Kommunikationsmuster, die Sie nutzen können, um einen tiefen Rapport mit jedem aufzubauen.

Wie Menschen interpretieren, was Sie sagen

Forschungen haben gezeigt, dass nur 7 % unserer Nachricht in den Worten enthalten sind, wann immer wir kommunizieren. 38 % sind im Klang der Stimme enthalten und 55 % in der Körpersprache. Die menschliche Kommunikation wird durch diese drei Ausdrucksarten interpretiert, und das Unterbewusstsein deutet dabei die nonverbalen Äußerungen. Ihr Bewusst-

> **Worte = 7 %**
> **Klang der Stimme = 38 %**
> **Physiologie = 55 %**

sein wird diese Informationen wahrscheinlich völlig übersehen, es sein denn, das Verhalten stellt starke Emotionen wie Ärger oder Frustration zur Schau. Wenn Sie zu einem Ihrer Mitarbeiter sagen würden »Es ist mir recht, dass Sie für dieses Projekt drei Monate brauchen«, wohl wissend, dass Sie unter dem Druck stehen, es eher abzuschließen, werden Ihr Körper und der Klang Ihrer Stimme den Hauptteil der Nachricht übermitteln. In diesem Fall wird sie inkongruent zu Ihren Worten sein, und der Mitarbeiter wird unbewusst diese 93% Ihrer Nachricht aufnehmen, die da lautet: »Es ist mir nicht *wirklich* recht.«

Der Mitarbeiter wäre dann wegen Ihrer Inkongruenz irritiert, und Sie könnten später vor dem Problem des Personalmangels stehen. Die Fähigkeit, die nonverbalen Elemente der Kommunikation zu erkennen, ist der erste Schritt zum Verständnis des zugrunde liegenden Denkprozesses.

Die Fähigkeit, die nonverbalen Elemente der Kommunikation zu erkennen, ist der erste Schritt zum Verständnis des zugrunde liegenden Denkprozesses.

Repräsentationssysteme

Wir stellen Informationen intern als Bilder, Geräusche, Gefühle, Gerüche und Geschmäcker dar. Betrachten Sie sie als Darstellung dessen, was wir über unsere fünf Sinne aus dem externen Territorium (vgl. Abb. 2.2, Kapitel 2) aufnehmen, in unserem Kopf. Unsere Sinne sind die Kanäle für die Informationsaufnahme. Wenn ich aus meinem Fenster schaue, sehe ich die Blätter von den Bäumen fallen und höre in der Ferne einen Hund bellen. Wenn sich meine Gedanken durch den Geruch des duftenden Mittagessens im Ofen dem Hungergefühl in meinem Magen zuwenden, vervollständigt der Geschmack der Pastinaken in meinem Mund das Gefühl, dass der Herbst da ist, und ich sage mir, dass der Sommer für ein weiteres Jahr so gut wie vorüber ist.

Haben Sie den Weg meiner sensorischen Erfahrung verfolgt? Haben Sie die Blätter von den Bäumen fallen sehen? Haben Sie die Pastinaken geschmeckt? Was wir auch von dem externen Territorium aufnehmen, wir stellen es intern durch eine Mischung aus all unseren Sinnen dar. Dieser multi-sensorische Input beeinflusst

Das Gehirn konstruiert wirkliche und imaginäre Erfahrungen auf dieselbe Art und Weise.

unsere Denkprozesse. Sind Sie je morgens nach einem lebendigen, realistisch wirkenden Traum aufgewacht? Viele Menschen erleben Träume, die so lebendig sind, dass sie Schwierigkeiten haben, zu unterscheiden, was Wirklichkeit war und was ein Traum. Das liegt daran, dass das Gehirn wirkliche und imaginäre Erfahrungen auf dieselbe Art und Weise konstruiert.

Unsere Realität ist, was wir in unseren Gedanken von der Außenwelt um uns herum darstellen, und sie ist nur eine Wahrnehmung.

Unsere Repräsentationssysteme beeinflussen unser Denken, und mit der Zeit entwickeln wir Präferenzen für ihre Nutzung. In der westlichen Welt sind die primären Repräsentationssysteme visuell, auditiv und kinästhetisch. Das olfaktorische (Geruch) und gustatorische (Geschmack) System wirken häufiger als Auslöser der anderen Systeme. Der Geruch von gebratenem Fleisch löst ein Hungergefühl aus. In der östlichen Welt werden Sie feststellen, dass Geruch und Geschmack häufiger als primäre Systeme genutzt werden als im Westen, obwohl dieses ungewöhnliche Konzept vielen Abendländern unverständlich erscheinen mag.

Bevorzugte Repräsentationssysteme

Menschen denken in allen drei primären Repräsentationssystemen, und die meisten Menschen geben einem System den Vorzug vor den beiden anderen. Das bevorzugte System ist das am besten entwickelte und das, mit dem mehr Unterschiede gemacht werden können.

Sie werden feststellen, dass Experten, die ihre Fertigkeiten mit Leichtigkeit und Vorzüglichkeit unter Beweis stellen, zahlreiche feine Unterschiede in den relevanten Repräsentationssystemen machen können. Tänzer beispielsweise haben ein gut entwickeltes Gefühlssystem, das ihnen hilft, ihre Bewegungen zu lenken. Künstler haben ein gut entwickeltes visuelles System und Musiker ein starkes auditives System.

Sie werden auch in allen Disziplinen Menschen mit unterschiedlichen Mischungen von Stärken in jedem System finden. Für auditive Menschen »klingt« eine Idee vielleicht gut, während visuelle Personen »das Potenzial sehen«, und ein Kinästhetiker hat eventuell »ein wohliges Gefühl« dabei. Die Systeme, die nicht so häufig wie die bevorzugten Systeme benutzt werden, erklären oft, warum eine Person bei dem Erwerb bestimmter Fertigkeiten Schwierigkeiten hat. Jemand mit einer unterentwickelten auditiven Begabung könnte mit dem Erlernen eines Instruments zu kämpfen haben.

Leitendes Repräsentationssystem

Das Leitsystem (Lead System) ist das System, das für den ersten Zugriff auf Informationen verwendet wird. Sobald das Leitsystem auf einen Gedanken Zugriff hatte, übernimmt das bevorzugte System die Verarbeitung. Wenn ich Sie zum Beispiel fragen würde, wie Ihre letzte Konferenz lief, hätten Sie möglicherweise zuerst Zugriff auf ein Bild, das Sie von den Teilnehmern der Konferenz abgespeichert haben, und dann würden Sie vielleicht in die Diskussion *einstimmen*. In diesem Beispiel leitete das visuelle System zum bevorzugten auditiven System über.

Einige Menschen haben ein kinästhetisches Leitsystem, um auf in der Erinnerung gespeicherte Gefühle zugreifen zu können, damit sie ein visuelles Bild oder Geräusche von einer Erfahrung wiederbeleben können. Andere leiten mit dem visuellen System und übergeben dann zwecks feinerer Unterscheidungen, wie sie sich bei einem Erlebnis gefühlt haben, an das kinästhetische System weiter. Ein Küchenchef wird einen gut entwickelten Geruchs- und Geschmackssinn haben, mit dem er feine Unterscheidungen bei der Lebensmittelzubereitung machen kann.

Es ist sinnvoll, die Unterschiede zu kennen und in der Lage zu sein, anhand von gewissen Hinweisen im Verhalten zu identifizieren, wie eine Person denkt. Ziel ist es nicht, die Menschen in die Klischees von auditiv, visuell oder kinästhetisch zu pressen, obwohl wir während des Lernprozesses dazu neigen; es ist sinnvoller, darauf zu achten, wie jemand in dem Augenblick denkt, in dem Sie mit ihm kommunizieren wollen, und es gibt mehr als genug Hinweise, die uns helfen, dies über die sinnesspezifische Sprache, Augenbewegungen, Atemmuster, Gestik und Stimme zu tun.

Das visuelle System

Menschen mit einem gut entwickelten visuellen System denken in Bildern. Ihre Erinnerungen enthalten mehr visuelle Details als Gefühle oder Geräusche, und sie werden eher beschreiben, wie Menschen oder Dinge aussahen, als was sie gesagt haben oder wie sie sich damals gefühlt haben. Ihre visuellen Unterscheidungen sind reicher und detaillierter als die von auditiven oder kinästhetischen Personen. Etwa 35 % der Bevölkerung bevorzugen das visuelle Repräsentationssystem.

Visuelle Sprache

> **Etwa 35 % der Bevölkerung bevorzugen das visuelle Repräsentationssystem.**

Die Wortwahl der Menschen gibt starke Hinweise auf ihr bevorzugtes Repräsentationssystem. Beispielsweise sagt eine Person mit einem gut entwickelten visuellen System vielleicht »Ich hätte gerne einen *besseren Überblick* über dieses Projekt. Das *Bild*, das ich habe, ist zu *verschwommen*, als dass ich eine Entscheidung treffen könnte.« Der Terminus für diese sinnesspezifischen Worte ist *Prädikate*. Es folgen einige weitere Beispiele von visuellen Prädikaten, die Sie vielleicht hören werden:

»Das Bild von der Zukunft ist unscharf.«

»Lassen Sie mich ein Bild davon zeichnen.«

»Ich sehe Ihren Standpunkt.«

»Ich sehe es genauso.«

»Ich sehe darin keinen Sinn.«

»Ich sehe, was Sie meinen.«

»Das kann sich sehen lassen.«

»Das sind die Schattenseiten des Plans.«

»So kann man es auch sehen.«

»Ich bin hellauf von der Idee begeistert.«

»Es ist nicht ganz klar.«

»Lassen Sie uns den Fokus auf die Fragen richten.«

»Er kann kaum aus den Augen sehen.«

»Lassen Sie mich den Plan enthüllen.«

»Lassen Sie mich diese Idee beleuchten.«

»Sie ist ein leuchtendes Vorbild.«

Visuelle Augenbewegungen

Wenn Sie die Augen von Personen beobachten, während sie sprechen, werden Sie zahlreiche Bewegungen erkennen – nach oben, nach unten, zur Seite, starre Blicke und zahlreiche andere Kombinationen. Die Forschung hat gezeigt, dass diese Augenbewegungen unserem Zugriff auf bzw. unserer Verarbeitung von Informationen entsprechen. Es besteht eine direkte neurologische Verbindung zwischen den Augenbewegungen und den verschiedenen Teilen des Gehirns, die für verschiedene Arten des Denkens genutzt werden. Wenn Menschen visuell denken, sind ihre Augen entweder nach oben oder auf einen bestimmten Punkt im Raum geradeaus gerichtet. Rechtshänder schauen nach links oben, wenn Sie sich vergangene Erfahrungen ins Gedächtnis rufen, und nach rechts oben, wenn sie ein Bild zum ersten Mal konstruieren.

Manche Linkshänder haben eine umgekehrte Links/Rechts-Konfiguration. Sobald ein Bild konstruiert oder ins Gedächtnis gerufen worden ist, wird es häufig zur weiteren Verarbeitung weiter in die Mitte gerückt. Das ist der Blick nach vorn. Probieren Sie es selbst – stellen Sie jemandem die folgenden Fragen bzw. Aufgaben und beobachten Sie dabei die Augenbewegungen. Schauen Sie genau hin, weil die Bewegungen häufig kurz und pfeilschnell sind.

1 Stellen Sie sich vor, wie ein grüner Affe aussähe, der auf dem Rücken eines blauen Elefanten in einem rosafarbenen Ballettröckchen ritte.
Sie würden nun damit rechnen, Folgendes zu sehen: Bewegung nach links oben, um das Bild der wirklichen Tiere zu bekommen,

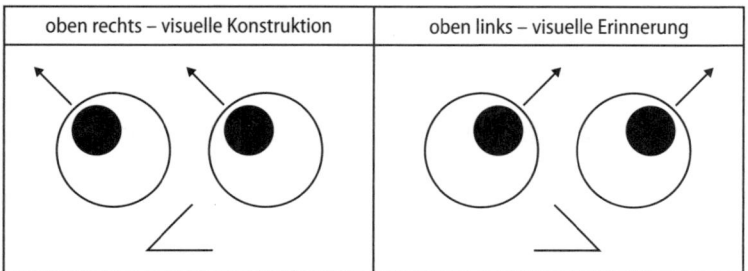

Abbildung 6.1: Augenzugangshinweise – visuelles Repräsentationssystem

dann Bewegung nach rechts oben, um das merkwürdige Bild von allen zusammen zu konstruieren.

2 Welches Design hatte die Tapete in Ihrem Kinderzimmer?
Dafür sollten Sie eine Bewegung nach links oben bekommen.

3 Wie war das Wetter vor fünf Tagen?
Dafür sollten Sie wieder eine Bewegung nach links oben bekommen.

Was haben Sie festgestellt? Wundern Sie sich nicht, wenn Sie außerdem noch unzählige Bewegungen zur Seite und nach unten gesehen haben; sie beziehen sich auf andere Denkmodi, die ich in Kürze behandeln werde. Wenn Sie wissen, was all diese Augenbewegungen bedeuten, sind Sie in der Lage, sie zu lesen. Wenn Sie Ihr visuelles System entwickeln wollen, nutzen Sie diese Augenbewegungen, um Ihre Gedanken zu unterstützen.

Visuelle Atmung, Gestik und Stimme

Stark visuelle Menschen atmen hoch oben im Brustbereich, was zu einer flachen Atmung führt, und schneller als es bei der auditiven und kinästhetischen Atmung der Fall ist. Wenn Menschen visuell denken, gestikulieren sie mit Kopf, Armen und Händen nach oben hin. Schauen Sie die Fotografien und Gemälde von bekannten Visionären an, und Sie werden feststellen, dass sie auf den meisten Bildern in irgendeiner Form nach oben hin gestikulieren. Wenn ich mir z. B. Bilder von Martin Luther King in Erinnerung rufe, so hält er die Arme nach oben, als ob er helfen wollte, seinen »Traum« wiederzubeleben.

Eine stark visuelle Person hat wahrscheinlich auch eine Haltung, die es ihr erlaubt, über den Horizont hinaus zu schauen, da dort die reichhaltigsten Bilder erschaffen werden. Sie achtet darauf, wie sie gekleidet ist, weil gutes Aussehen viel wichtiger ist als bequeme Kleidung zu tragen. Visuelles Denken hat auch einige deutliche stimmliche Merkmale. Eine stark visuelle Person neigt dazu, schnell zu sprechen, um mit all den Bildern vor ihrem geistigen Auge Schritt zu halten, und die Stimmlage ist hoch.

Das auditive System

Menschen, die das auditive System bevorzugen, können besser Unterscheidungen in Geräuschen als in Bildern oder Gefühlen machen. Sie erinnern sich häufig an die genauen Worte, die Menschen in Sitzungen oder bei Präsentationen benutzt haben, aber sie erinnern sich nicht so leicht an die Farbe des Raums, die Kleidung des Vortragenden oder wie sie sich damals gefühlt haben. Es ist wahrscheinlicher, dass sie sich an Stimmmerkmale und Hintergrundgeräusche erinnern. Auditive Menschen werden oft leicht von Umgebungsgeräuschen abgelenkt, da ihre Wahrnehmungsfilter auf Hören eingestimmt sind als Präferenz vor Sehen und Fühlen. Etwa 20 Prozent der Bevölkerung bevorzugen das auditive System.

Etwa 20 Prozent der Bevölkerung bevorzugen das auditive System.

Auditive Sprache

Einige Beispiele auditiver Prädikate in häufig benutzten Phrasen sind:

»Ich höre.«

»Da stimme ich zu.«
»Klingt gut!«
»Beschreiben Sie es mir.«

»Da klingelt es bei mir.«
»Ich bin ganz Ohr.«

»Das geht husch husch.«
»Wir sind auf derselben Wellenlänge.«
»Wir sprechen dieselbe Sprache.«

»Könnten Sie die Aussage erläutern?«
»Musik in meinen Ohren.«
»Hier spielt die Musik.«
»Ich möchte gerne einen Kommentar abgeben.«
»Das findet bei mir Anklang.«
»Das ist eine schreiende Ungerechtigkeit.«
»Da besteht Harmonie.«
»Es ist laut und klar.«

»Sagen Sie es Wort für Wort.«

Auditive Augenbewegungen

Wenn Menschen in Geräuschen denken, bewegen sich ihre Augen seitlich nach links oder rechts. Eine seitliche Linksbewegung weist auf in Erinnerung gerufene Geräusche hin und eine seitliche Rechtsbewegung auf konstruierte Geräusche.

Probieren Sie es aus und bitten Sie Ihre Bekannten um Folgendes:

1 Sagen Sie einen Kinderreim auf!
   Das dürfte zu einer seitlichen Bewegung nach links führen.
2 Denken Sie sich eine kurze Melodie aus!
   Das dürfte zu einer seitlichen Bewegung nach rechts führen.

Wenn Sie andere Bewegungen stimuliert haben, sei es zusätzlich zu den oder anstelle der seitlichen Bewegungen, so könnte dies bedeuten, dass Ihre Versuchsperson ein kinästhetisches oder visuelles Leitsystem verwendet hat oder ausgesprochen schwach in dem auditiven System war. Beispielsweise kann eine stark visuelle Person sich beim Lesen eines Kinderverses an irgendeinem bestimmten Zeitpunkt in der Vergangenheit gesehen haben. Wenn Sie an anderen Personen üben, stellen Sie sicher, dass Sie eher Bitten als Fragen formulieren. Wenn Sie jemanden fragen »Können Sie einen Kinderreim aufsagen?«, werden Sie ausnahmslos *ja* oder *nein* zur Antwort bekommen, ohne dass die Person überprüft, ob sie wirklich einen Reim vollständig in Erinnerung hat. Wenn Sie Bitten oder Aufforderungen formulieren, ist Ihre Versuchsperson eher geneigt, nach der Information zu suchen, und Sie werden die Augenbewegungen erkennen.

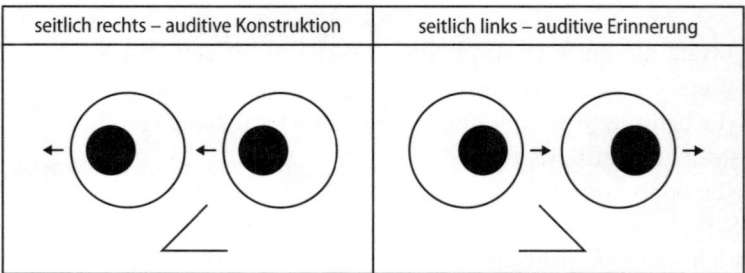

seitlich rechts – auditive Konstruktion	seitlich links – auditive Erinnerung

Abbildung 6.2: Augenzugangshinweise – auditives Repräsentationssystem

Auditive Atmung, Gestik und Stimme

Die auditive Atmung dehnt den mittleren Brustbereich aus. Der Kopf ist normalerweise in einer ausgeglichenen Haltung oder manchmal zur Seite geneigt, als ob man etwas zuhört. Die Gestik kann aus Berührungen der Ohren oder dem Heben des Kopfes, um aufmerksamer zu hören, bestehen. Die Stimme ist normalerweise recht reich mit einem guten Tonumfang und viel Resonanz, und häufig ist es angenehm, ihr zu lauschen.

Das kinästhetische System

Wenn Menschen kinästhetisch denken, haben Sie Zugriff auf Gefühle. Sie bevorzugen, »ein Gefühl für etwas zu bekommen«, anstatt etwas darüber zu hören oder ein Bild anzuschauen. Wenn Zeitskalen für Projekte festgelegt werden, neigen sie stärker dazu, die Zeit »gefühlsmäßig« einzuteilen, als eine Entscheidung auf der Grundlage dessen zu treffen, was sie im Projektplan gelesen haben. Etwa 45 % der Bevölkerung verwenden das kinästhetische System als primäres System.

Etwa 45 % der Bevölkerung verwenden das kinästhetische System als primäres System.

Kinästhetische Sprache

Folgendes sind Beispiele kinästhetischer Prädikate in häufig verwendeten Phrasen:

»Ich mag das Gefühl.«

»Man musste die Stimmung anheizen.«

»Kratz die Reste zusammen.«

»Man fühlt den Druck.«

»Beiß die Zähne zusammen.«

»Es basiert auf harten Fakten.«

»Er beförderte es mit einer streichenden Bewegung.«

»Es ist ein Bauchgefühl.«

»Er tippte ihm auf die Schulter.«

»Bleib am Ball.«

»Ich kann es nicht fassen.«

»Ich fühle es in meinen Knochen.«

»Ich hatte die Klinke
in der Hand.«
»Wir stützten uns auf diese
Aussagen.«
»Können Sie die Idee
begreifen?«
»Grab tiefer und du wirst
es finden.«
»Wir müssen uns in dieser
Frage bewegen.«

»Er ist dickfellig.«

»Wir haben nur an der
Oberfläche gekratzt.«
»Stellen Sie sich mal auf
meinen Standpunkt.«
»Es war eine hitzige
Diskussion.«
»Man spürt, was geschieht.«

Kinästhetische Augenbewegungen

Der Zugangshinweis über das Auge bei einem kinästhetischen Denkprozess verläuft nach unten und nach rechts. Dorthin bewegen sich die Augen, wenn Sie mit Ihren Gefühlen in Kontakt treten wollen.

Probieren Sie folgende Bitten/Fragen an Bekannten aus:

1 Stellen Sie sich vor, wie es sich anfühlt, nasse Kleidung auf der Haut zu tragen.
2 Wie fühlen Sie sich, wenn Sie wirklich entspannt sind?

Sie werden feststellen, dass die meisten Menschen ihr kinästhetisches System verwenden, um zu überprüfen, wie sie sich bei bestimmten Dingen fühlen. Wenn Sie festgestellt haben, dass jemand zur Seite oder nach oben schaute, so hat er möglicherweise ein unter-

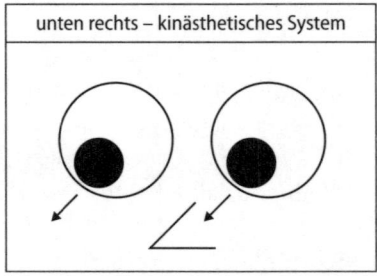

unten rechts – kinästhetisches System

Abbildung 6.3: Augenzugangshinweise – kinästhetisches Repräsentationssystem

entwickeltes kinästhetisches System. Haben Sie je gehört, dass sich jemand über seinen »gefühllosen« Partner beschwert hat?

Kinästhetische Atmung, Gestik und Stimme

Hoch kinästhetische Menschen atmen tiefer und viel weiter im Unterbauch als visuelle und auditive Menschen. Der Kopf ist oft nach unten geneigt und die Stimme klingt tiefer. Die Sprache ist langsamer als beim auditiven oder visuellen Denken, wobei viele Pausen eingelegt werden, um zu überprüfen, wie sie sich bei dem fühlen, was sie sagen und was sie sagen wollen.

Innerer Dialog

Selbstgespräche sind eine andere Form des Denkens. Menschen, die eine Präferenz für diese Denkweise entwickelt haben, scheinen oft über lange Zeitspannen von einem Gespräch weit entfernt zu sein, weil sie im Inneren Gespräche mit sich selbst führen müssen, um Entscheidungen treffen zu können. Es handelt sich dabei um einen sehr zeitraubenden Entscheidungsfindungsprozess verglichen mit dem visuellen System, bei dem Entscheidungen so schnell getroffen werden können, wie man vergleichende Bilder vor dem geistigen Auge vorbei sausen lassen kann. Die Augenstellung, die einen Hinweis auf den inneren Dialog gibt, ist links unten.

Die Geste, die normalerweise mit dem inneren Dialog assoziiert wird, ist als »Telefonhaltung« bekannt, bei der eine Hand an der Sei-

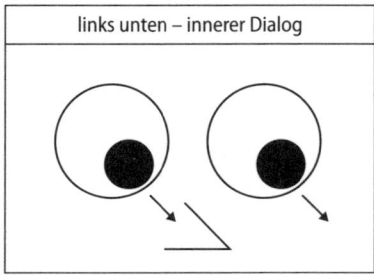

links unten – innerer Dialog

Abbildung 6.4: Augenzugangshinweise – innerer Dialog

te des Gesichts liegt, wobei der Zeigefinger zum Ohr zeigt und der Mittelfinger unter der Nase und der Daumen unter dem Kinn liegen. Menschen, die den inneren Dialog häufig verwenden, lesen gewöhnlich, wobei sie das geschriebene Wort in ihrem eigenen Dialog wiederholen. Es handelt sich um eine sehr langsame und ineffektive Art zu Lesen verglichen mit der visuellen Strategie, bei der die Worte in einem viel schnelleren Tempo in Bilder übersetzt werden, als der Dialog jemals zu erreichen hoffen kann. Sie können den inneren Dialog kreativ verwenden, z. b. indem Sie den Figuren in einem Roman, den Sie lesen, verschiedene Stimmen geben.

Erinnern Sie sich daran: Es gibt keine richtige oder falsche Denkweise.

Wenn Sie zu erkennen beginnen, wie Menschen denken, dann erinnern Sie sich daran: Es gibt keine richtige oder falsche Denkweise.

Durch Beobachtung und Nutzung der Augenzugangshinweise können Sie die Produktivität Ihrer Kommunikation mit den Menschen, die Sie beeinflussen wollen, erheblich verbessern. Alles, was Sie tun müssen, ist, es der anderen Person gleichzutun (Matchen). Wenn sie also ihr visuelles System verwendet, wenn sie mit Ihnen spricht, nutzen Sie bei Ihrer Antwort dasselbe System. Dies wird in Kapitel 8 »Einfluss und Überzeugungskraft« im Detail behandelt.

Versuchen Sie folgende Übung, um Ihr bevorzugtes Repräsentationssystem zu entdecken.

Übung 6: Fragebogen – Repräsentationssystem

Auf jede der folgenden Fragen gibt es drei Antworten. Wählen Sie die Antwort, die Ihnen am natürlichsten erscheint. Beantworten Sie jede Frage schnell innerhalb von Sekunden, indem Sie a, b oder c ankreuzen.

1 Wenn Sie zum ersten Mal von einem neuen Projekt erfahren, bevorzugen Sie, zunächst ...
   (a) das große Ganze zu sehen?
   (b) mit sich selbst oder jemand anderem darüber zu sprechen?
   (c) ein Gefühl dafür zu bekommen, wie es sich möglicherweise entwickelt?

2 Wenn Sie auf Probleme stoßen, bevorzugen Sie, ...
   (a) mit Ideen um sich zu werfen?
   (b) sich verschiedene Perspektiven vorzustellen?
   (c) die Optionen durchzusprechen?

3 Wenn Sie Erfolge feiern, bevorzugen Sie, ...
   (a) die Nachricht zu verbreiten?
   (b) ein leuchtendes Bild, das jeder sehen kann, zu projizieren?
   (c) allen auf die Schulter zu klopfen?

4 Wenn Sie Verhandlungen führen, bevorzugen Sie, ...
   (a) die Optionen zu diskutieren?
   (b) sich die Möglichkeiten vorzustellen?
   (c) eine flexible Haltung einzunehmen?

5 Bei Firmenseminaren bevorzugen Sie, ...
   (a) das Wesentliche der Nachricht zu erfassen?
   (b) die Nachricht Wort für Wort zu hören?
   (c) die Bedeutung grob zu skizzieren?

6 Während Sitzungen bevorzugen Sie, ...
   (a) die Ansichten anderer zu beobachten?
   (b) in die Bemerkungen anderer einzustimmen?
   (c) die Kraft der Argumente zu spüren?

7 Beim Brainstorming bevorzugen Sie, ...
   (a) den Blick aus der Vogelperspektive auf die Situation?
   (b) mit Ideen um sich zu werfen?
   (c) Vorschlägen Ausdruck zu verleihen?

8 Auf dem Weg zur Arbeit bevorzugen Sie, ...
   (a) ein Gefühl dafür zu bekommen, wie der Tag werden wird?
   (b) den Fokus auf den bevorstehen Tag zu richten?
   (c) den Tagesplan durchzusprechen?

9 Wenn Sie Informationen benötigen, bevorzugen Sie, ...
   (a) mit einem Sachverständigen zu sprechen?
   (b) die Ansicht eines Spezialisten zu erfahren?
   (c) die Erfahrung anderer zu nutzen?

10 Bei Meinungsverschiedenheiten bevorzugen Sie, ...
   (a) die andere Person auszufragen?
   (b) ein Gefühl für den Standpunkt der anderen Person zu
       bekommen?
   (c) die Ansicht der anderen Person zu veranschaulichen?

11 Wenn Sie Vorstellungsgespräche mit Bewerbern führen,
   bevorzugen Sie, ...
   (a) alle Aspekte ihres Potenzials zu untersuchen?
   (b) nach allen Bemerkungen in ihrem Lebenslauf
       zu fragen?
   (c) sich einen guten Begriff von ihren Erfahrungen
       zu machen?

12 Wenn Sie sich auf das Schreiben eines Vorschlags
   vorbereiten, bevorzugen Sie, ...
   (a) einen Rohentwurf zu umreißen?
   (b) die wesentlichen Punkte zu artikulieren?
   (c) das Gesamtbild deutlich herauszustellen?

Verwenden Sie die Punktetabelle auf der nächsten Seite zur Auswertung Ihrer Antworten. Schreiben Sie eine 1 in das Kästchen neben jede Antwort, die Sie gewählt haben, und lassen Sie die beiden anderen Antwortkästchen leer.

Punktetabelle

	Spalte 1		Spalte 2		Spalte 3	
I	a		b		c	
2	b		c		a	
3	b		a		c	
4	b		a		c	
5	c		b		a	
6	a		b		c	
7	a		c		b	
8	b		c		a	
9	b		a		c	
10	c		a		b	
11	a		b		c	
12	c		b		a	
Gesamt						

Auswertung Ihrer Punktzahl

Spalte 1 enthält Antworten der visuellen Modalität, Spalte 2 der auditiven und Spalte 3 der kinästhetischen. Die Spalte mit der höchsten Punktzahl ist höchst wahrscheinlich Indikator für Ihr bevorzugtes Repräsentationssystem. Möglicherweise hilft es Ihnen, Ihr *Hören* auf die *richtige Richtung einzustimmen*, bis Sie ein besseres *Gefühl* für die Hinweise des Repräsentationssystems bekommen und *sehen*, wie Sie sie nutzen können, um Ihre Kommunikationsfertigkeiten auf neue Höhen zu führen.

Submodalitäten

Stellen Sie sich einen Augenblick vor, sie gingen barfuß am Strand entlang. Achten Sie auf die Wellen, die sanft Ihre Füße umspielen, und beobachten Sie die Palmen, die sich sanft in der warmen Brise wiegen, während der Klang karibischer Musik in der Ferne Sie zu dem hypnotischen Rhythmus tanzen lässt.

Was für ein Bild haben Sie in Gedanken erschaffen, als Sie dies gelesen haben? Haben Sie ein farbiges Bild von einem Strand oder ist es schwarz-weiß? Ist es ein Standbild oder eher ein Film? An welcher Stelle vor Ihrem geistigen Auge erscheint es? Wie groß ist es? Ist es ein helles oder ein dunkles Bild? Wie ist der Kontrast?

Die Qualitäten Ihrer inneren Gedanken werden als Submodalitäten bezeichnet. Die Submodalitäten wurden Ihnen im Zusammenhang mit der Swish-Technik in Kapitel 2 vorgestellt, wo Sie gelernt haben, dass helle farbige Bilder motivierender sind als dunkle schwarz-weiße. Lassen Sie uns nun zurück zu Ihrer Strandszene gehen. Haben Sie die Musik und die Wellen an Ihren Füßen plätschern gehört? Haben Sie gespürt, wie Ihre Füße im Sand einsanken?

Submodalitäten werden in allen Modalitäten erzeugt: visuell, auditiv (und innerer Dialog), kinästhetisch, olfaktorisch und gustatorisch. Es gibt keine maßgebliche Liste, sondern nur das, was Sie subjektiv erfahren können. Ich habe Menschen kennengelernt, die blaue Gefühle haben und andere mit mehrfarbigen Geräuschen. Ich werde das nicht in Frage stellen – es ist ihre Welt in ihren Köpfen, nicht meine.

Submodalitäten haben eine direkte Verbindung zur Intensität Ihrer Erfahrung. Eine Möglichkeit, mit Ihren Submodalitäten zu experimentieren, besteht darin, sich eine Schalttafel mit einem gleitenden Steuerknüppel für jede analoge Qualität (diejenigen, die innerhalb einer Bandbreite variieren können wie z. B. von dunkel nach hell) und einem An/Aus-Schalter für jede digitale Qualität (diejenigen, die nur in einem von zwei Zuständen existieren, wie z. B. beim Umschalten von einem Standbild auf einen Film) vorzustellen. Wie fühlt es sich an, die Kontrolle über die eigenen Gedanken auf dieser Ebe-

---

Submodalitäten haben eine direkte Verbindung zur Intensität Ihrer Erfahrung.

---

ne zu haben? Viele Menschen ertragen dieselben alten Filme mit denselben alten Soundtracks, die wieder und wieder abgespielt werden. Ihr innerer Dialog muss auch nicht übernehmen – Sie können ihn zähmen und die alten negativen Bandschleifen, die abgespielt zu werden scheinen, wann immer ihnen danach ist, loswerden.

Das nächste Mal, wenn Ihnen ein innerer Dialog bewusst wird, den Sie lieber nicht führen würden, dann verlegen Sie ihn an eine andere Örtlichkeit. Regeln Sie die Lautstärke herunter, stellen Sie sie ab oder verändern Sie die Klangfarbe oder die Höhen, und stellen Sie fest, was geschieht. Eine übliche NLP-Kur bei Schlaflosigkeit aufgrund unaufhörlicher innerer Dialoge (dies ist ein häufiges Phänomen bei Workaholics) besteht darin, die Stimme an eine andere Örtlichkeit zu verlegen, die Lautstärke zu reduzieren, den Ton abzumildern und lethargisch werden zu lassen. Versuchen Sie es beim nächsten Mal, wenn S.i.e u..n..t..e..r S...c...h...l... a....f....l....o....s....i....g.... k....e....i....t l.....e....i.....d..... Submodalitäten beeinflussen Ihren Zustand unmittelbar.

Submodalitäten beeinflussen Ihren Zustand.

Trotz Ihres Wissens und Ihrer Kenntnisse im Umgang mit der Erfüllung einer Aufgabe oder Rolle kann Ihre Arbeitsleistung leiden, wenn Sie nicht die entsprechenden Unterschiede machen. Die visuellen, auditiven und kinästhetischen Modi zu verwenden, um gewisse Unterschiede im Hinblick darauf zu machen, was im Unternehmen geschieht, ist eine weitere Möglichkeit, Flexibilität zu entwickeln.

Der Schlüssel für die Arbeit mit Ihren eigenen Submodalitäten liegt darin,

1 herauszufinden, welches Ihr eigenes bevorzugtes bzw. leitendes Repräsentationssystem ist.

   Hören Sie auf die Prädikate, die Sie verwenden, prüfen Sie, wie Sie atmen, und achten Sie auf Ihre Stimmmerkmale. Bitten Sie einen Freund, Ihre Augenbewegungen zu beobachten. Sie können auch Ihren eigenen Test mit der Hilfe eines Freundes erstellen.

2 sich Ihres eigenen Verhaltens bewusst zu sein und anhand des Feedbacks, das Sie bekommen, zu erkennen, wo Sie Veränderungen vornehmen müssen.

Wo hätten Sie lieber bessere Wahlmöglichkeiten und wo würden Sie lieber bessere Ergebnisse erzielen?

3 Ihren eigenen Hinweisen zu entnehmen, welches Repräsentationssystem sie verwenden, um das Verhalten zu erzeugen. *Seien Sie sich voll und ganz bewusst, wie Ihr Zustand sich verändert, wenn Sie beginnen, über diese Situationen nachzudenken. Welches System führt Sie zu dem bevorzugten System, das Sie in jeder dieser Situationen verwenden?*

4 Ihre Schalttafel zu verwenden, um Ihre Submodalitäten zu ändern oder das Repräsentationssystem vollständig zu verändern. *Nehmen Sie zunächst irgendeine Veränderung vor. Wenn eine Veränderung nicht ausreicht, versuchen Sie eine weitere, und noch eine weitere.*

Es folgt eine Liste von einigen der gebräuchlichsten Submodalitäten in jedem der drei wichtigsten Repräsentationssysteme.

Visuelle Submodalitäten

Assoziiert oder dissoziiert	Tiefe (zwei- oder dreidimensional)
Farbe oder schwarz-weiß	Fokus
Örtlichkeit	Durchsichtig oder trüb
Größe	Ausrichtung (Neigung, Winkel)
Ihre eigene Größe (im Bild) im Verhältnis zum Gesamtbild	Anzahl der verschiedenen Bilder
Kontrast	Standbild oder laufende Bilder
Einzelbilder oder Panoramaaufnahme	Geschwindigkeit der Bewegung
Helligkeit	Vergrößerung einzelner Objekte

Auditive Submodalitäten

Lautstärke	Länge
Ort der Geräusche	Klarheit
Worte oder andere Geräusche oder beides	Tonhöhe
Stereo oder mono	Resonanz
Klang	

Kinästhetische Submodalitäten

Druck	Form
Örtlichkeit	Konsistenz
Gewicht	Temperatur
Örtliches oder ganzheitliches Körpergefühl	Intensität

> Die Hälfte der Fehler in unserem Leben machen wir, weil wir fühlen, wo wir denken sollten, und denken, wo wir fühlen sollten.
>
> *J. Churton Collins (1848–1908)*
> *Englischer Autor, Kritiker und Gelehrter*

Alles beginnt mit einem Gedanken, und wie Sie Ihre Gedanken mit inneren Bildern, Geräuschen und Dialogen bekunden, beeinflusst die Entscheidungen, die Sie treffen. Einen effektiven Denkprozess zu haben, ist im Wirtschaftsleben eine hoch bewertete Eigenschaft, aber wenn Sie die zahlreichen Variationen und Unterschiede in Betracht ziehen, die zwischen den einzelnen Menschen möglich sind, ist es dann ein Wunder, dass Kommunikation häufig nicht die beabsichtigte Wirkung zeigt? Wenn Sie aber gelernt haben, wie Sie Ihren Kommunikationsprozess modifizieren können, dann können Sie damit beginnen, so zu kommunizieren, dass die Bedeutung, die Sie wahrhaftig beabsichtigt haben, übermittelt wird, und zwar mit zunehmender Eleganz.

Je mehr Sie sich auf die Kommunikationspräferenzen anderer einstellen, desto besser werden Sie verstanden und desto mehr Einfluss werden Sie haben. Eins der grundlegendsten Bedürfnisse der Menschen ist es, verstanden zu werden. Wenn Sie in der Lage sind, den Menschen Verständnis zu vermitteln, werden sie Ihnen mehr vertrauen, und infolgedessen wird Ihr Einflussbereich innerhalb der Gruppe oder Organisation wachsen.

Kapitel 7
Die Macht der Worte

> Der Hieb mit der Peitsche hinterlässt Spuren im Fleisch, aber
> der Schlag mit der Zunge bricht Knochen. Viele Menschen sind
> durch die Schneide des Schwertes gefallen, aber nicht so viele,
> wie durch die Zunge gefallen sind.
>
> *Apocrypha, Kleriker*

Sprache ist unser allgemein gültiges System zur Übermittlung von Bedeutungen, Verständnis und Erfahrungen zwischen den Menschen. Wie bereits erwähnt, machen die verwendeten Worte nur 7 % der Bedeutung aus, und dennoch können wir mit dieser kleinen Menge wahnsinnig viel Macht in unsere Kommunikation packen. In der alten östlichen Weisheit werden Worte häufig als Pfeile bezeichnet, die, sobald sie den Bogen verlassen haben, ihr Ziel mit großer Wucht treffen werden.

Vielleicht haben Sie die negativen Auswirkungen von Worten eines autoritären, gefühllosen Despoten oder weniger unmittelbar von einer Führungskraft, die unfähig war, die Gedanken anderer darzustellen, selbst einmal erlebt. Jede **Jede Kommunikation hat ein Power Rating.** Kommunikation hat ein Power Rating, d.h. eine Bewertung der Macht, und dieses Kapitel enthält viele Möglichkeiten, wie Sie die Bewertung Ihrer Kommunikation verbessern können, um Ihre Ergebnisse ökologisch zu erreichen.

Sprache ist ein Werkzeug, das missbraucht oder positiv gebraucht werden kann, um in Situationen einen Hebel anzusetzen, und Ihnen helfen kann, sich auf Ihre Ziele zuzubewegen. Es handelt sich um ein diagnostisches Werkzeug und ein Werkzeug der

NLP im Management. David Molden
Copyright © 2009 WILEY-VCH Verlag GmbH & Co. KGaA, Weinheim
ISBN: 978-3-527-50283-7

Beeinflussung und Überzeugungskraft. Sie gibt Hinweise auf Denkmuster und Denkprozesse anderer, und die Art und Weise, auf die Sie sie nutzen, kann Ihre Flexibilität entweder einschränken und steigern. Es gibt Menschen, die große Fertigkeiten in der Kunst des Diskutierens und des Debattierens entwickelt haben, die Freude am Vorgang des Sprechens haben, ohne ein bestimmtes Ziel vor Augen zu haben, als nur eine Meinung, ein Argument oder einen Vorschlag vorzubringen oder einfach einen Zeitraum mit Worten zu füllen.

Intention, Zweck und Outcome

Gedanken und Sprache werden beinahe in einen Prozess synthetisiert.

Sprache ist einer der Wahrnehmungsfilter, die sinnesspezifische Informationen generalisieren, verzerren und tilgen sowie bei der Ausformung Ihrer eigenen einzigartigen Version der Realität helfen. Sprache richtet sich nach einer bestimmten Struktur und einer Reihe von Regeln, die helfen, Worte so aneinander zu reihen, dass Sie von anderen verstanden werden können, und diese Regeln sind so tief in Ihrem Unterbewusstsein verankert, dass Gedanken und Sprache beinahe in einen Prozess synthetisiert werden.

Wann immer wir unseren Mund öffnen, können Worte heraus kommen, und sind sie erst einmal heraus, ist es zu spät, sie zu zurückzunehmen – wie Pfeile, die den Bogen verlassen. Wenn es nur möglich wäre, einen Rückzieher zu machen und unsere Worte klüger zu wählen, so könnten wir unsere Kommunikationsfertigkeiten deutlich verbessern. Worte wirken sofort auf ihre Hörer. Zur Verdeutlichung stellen Sie sich eine Person vor, die etwas Unabsichtliches sagt wie »Fahrer mit Anhängern sind auf der Straße eine Plage«, worauf ein Zuhörer erwidert »Ich ziehe einen Anhänger«, worauf wiederum der erste Sprecher reagiert mit »Nun, sie sind nicht alle eine Plage; hauptsächlich habe ich etwas gegen die großen gewerblichen Lastzüge.«

Die ersten Worte, die geäußert wurden, hatten eine Wirkung auf den Hörer. Denken Sie, dass der Hörer die erste oder die zweite Aussage glauben wird? Worte müssen klug gewählt werden. Kommunikation ist effektiv, wenn sie einem höheren Zweck dienen soll als jede einzelne Aussage, und wenn hinter der Verwendung jedes einzelnen Wortes eine eindeutige Absicht steckt. Hinter jeder Kommunikation steckt eine Intention, aber häufig stellen wir fest, dass die Intention nicht nützlich ist.

Hinter jeder Kommunikation steckt eine Intention.

Sie kann auch unbewusst sein, wie z. B. das Bedürfnis, einen Zuhörer zu haben, das dem Sprecher nicht bewusst ist. Ein leitender Ingenieur, den ich kannte, riss jede Diskussion an sich, indem er beinahe nonstop redete. Sein kontinuierliches Geplänkel war ein Bericht seiner Erlebnisse, der schnell von dem vorliegenden Thema abschweifte. Er unternahm offensichtlich keine bewusste Anstrengung, Worte mit höheren Intentionen und Zwecken zu produzieren.

Ich kann nur vermuten, dass es vielleicht die Absicht seines Autopiloten war, andere von der Tiefe seiner Erfahrungen zu überzeugen. Wenn Sie keine bewusste Intention haben, wird Ihr Autopilot für Sie entscheiden, was möglicherweise mit Ihren Zielen inkongruent ist.

Wenn Sie keine bewusste Intention haben, wird Ihr Autopilot für Sie entscheiden, was möglicherweise mit Ihren Zielen inkongruent ist.

Wie wahrhaftig ist Ihre Sprache für Ihre Erfahrung?

Wenn wir verstehen, wo Sprache uns im Stich lässt, wissen wir, wo wir damit beginnen müssen, unsere Kommunikation zu verbessern. Das NLP-Kommunikationsmodell in Kapitel 2 erklärte, wie Sprache Ihre Erfahrungen filtert. Wenn ich Ihnen von einer Reise erzählen würde, die ich kürzlich nach Deutschland gemacht habe, und dabei jeden Augenblick meiner Erfahrungen erwähnen würde – die Größe, Form und Farbe des Hotels, die Art seiner Fenster, alle meine Gespräche mit Kellnern, das Wetter an jedem einzelnen Tag etc. –, wären Sie sehr schnell gelangweilt. Deshalb wähle ich das aus, was ich für die Höhepunkte halte, und lasse den Rest weg.

Wir machen das die ganze Zeit, und häufig verändern die Worte, die wir benutzen, um uns kurz zu fassen, tatsächlich die Bedeutung unserer ursprünglichen Gedanken durch Generalisieren, Tilgen und Verzerren der ursprünglichen Erinnerung. Man kann sich Sprache als die Oberflächenstruktur unserer Erfahrungen vorstellen, und die Gedanken, die geformt wurden, als wir die Erfahrung machten, sind die Tiefenstruktur. Worte können nie die ursprüngliche Erfahrung sein, die sie darstellen möchten – sie sind zu weit davon entfernt. Zuerst machen wir eine Erfahrung, die wir mit unseren inneren Repräsentationssystemen darstellen, und wenn wir dann mit anderen über die Erfahrung sprechen möchten, rufen wir uns die sinnesspezifischen Informationen in Erinnerung und übermitteln sie anderen mit Worten. Die Worte, die wir benutzen, sind nicht das Ereignis oder der Gegenstand, den sie darstellen. Unsere Erinnerungen enthalten all unsere Urteile, Meinungen und Wahrnehmungen, die für unsere ursprüngliche Erfahrung galten.

NLP: *Die Worte, die wir benutzen, sind nicht das Ereignis oder der Gegenstand, den sie darstellen.*

Lassen Sie uns einen Blick auf einige Möglichkeiten werfen, wie man das Power Rating Ihrer Kommunikation steigern kann.

Wie groß ist Ihre Einheit?

Kommunikation findet auf verschiedenen Ebenen statt. Wie viele verschiedene Ebenen können Sie in dem folgenden Gespräch einer Gruppe von Buchhaltern erkennen?

Jim:	»*Die Jahresabschlussergebnisse sehen vielversprechend aus.*«
Ken:	»*Sie sähen noch besser aus, wenn wir unsere Kosten für Büromaterial senken könnten.*«
Sarah:	»*Schön und gut, aber wissen Sie, was uns für internationale Telefongespräche mit Handys in Rechnung gestellt wird?*«
Kim:	»*Die Telefongesellschaften machen heutzutage riesige Gewinne im internationalen Geschäft.*«

In diesem Beispiel beziehen sich einige Buchhalter auf Einzelheiten (dreiminütige Telefongespräche und Kosten für Büromaterial)

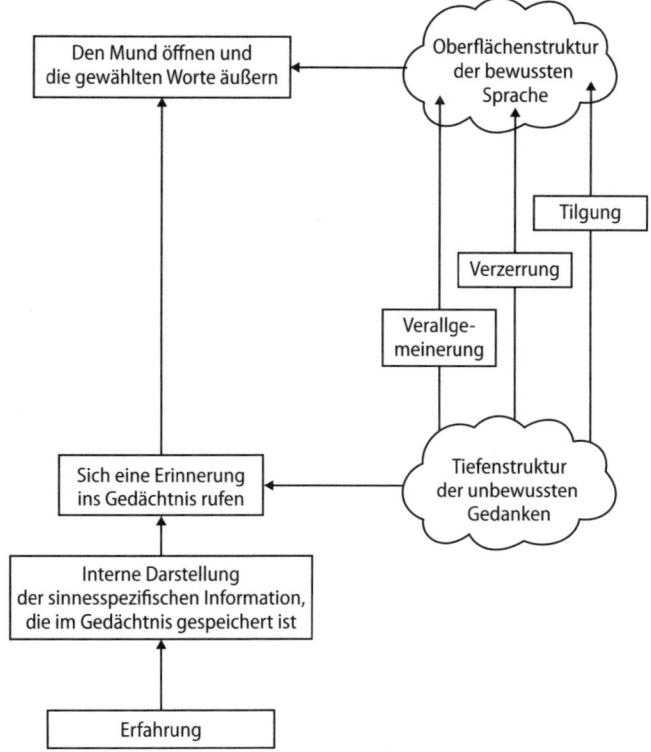

Abbildung 7.1: Oberflächen- und Tiefenstruktur

und andere auf größere Konzepte (Jahresabschlussergebnisse, Gewinne der Telefongesellschaften). Wenn wir über Transport sprechen würden, so wäre das *Transportsystem* eine große Einheit (global), und *der Bus, der mich zur Arbeit bringt,* eine kleine Einheit (spezifisch). Sie erinnern sich sicher an das Metaprogramm in Kapitel 4, das auf diesem Konzept basiert. Wenn Sie ein Diagramm der sich verändernden Ebenen zeichnen müssten, so könnte es in etwa wie folgt aussehen:

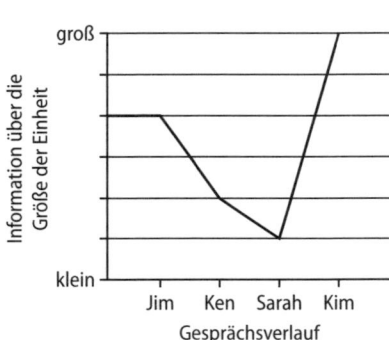

Manche Menschen bevorzugen, verallgemeinernd (global) zu sprechen, wohingegen andere bevorzugen, detailliert (spezifisch) zu sprechen. Eine flexible Kommunikation erfordert die Fähigkeit des Verallgemeinerns und Abstrahierens (Chunking-Up), des Spezifizierens und Konkretisierens (Chunking-Down) sowie des Behandelns von Alternativen und Optionen (laterales Chunking) – je nach Situation. Nur auf einer Ebene zu verharren, ist sicherlich unflexibel. Politiker sind Experten darin. Wenn Sie einem Politiker eine relativ konkrete Frage stellten wie z. B. »Was werden Sie im Hinblick auf die Einkommensteuer unternehmen?«, so wäre eine übliche ausweichende Reaktion zu globalisieren, d. h. »Die Einkommensteuer ist nur ein Element in dem Kampf, die Inflation unter Kontrolle zu halten, was, wie wir immer gesagt haben, auch in den nächsten Jahren ganz oben auf der politischen Agenda stehen wird, und unser Rekord in den vergangenen fünf Jahren beweist ganz klar, dass unser Weg der richtige ist.«

Diese Antwort abstrahierte von *Einkommensteuer* auf *Inflation*. Eine seitliche Bewegung bleibt auf derselben Größe der Einheit. In Abbildung 7.2 werden alle drei Bewegungen – nach oben, nach unten und zur Seite – zusammen mit der Frage, die die Bewegung in die entsprechende Richtung auslöst, veranschaulicht.

Sie werden feststellen, dass einige Menschen sich flexibel bewegen und mit Menschen unter Anwendung einer Mischung von verschieden großen Einheiten sprechen können. Andere Menschen scheinen entweder im großen Ganzen oder im Detail gefangen zu sein. Menschen, die im Detail feststecken, haben viel zu erzählen, und wenn sie in Fahrt kommen, kennen sie kein Ende. Ihre Gespräche können ziemlich wirr sein und andere langweilen. Menschen, die im großen Ganzen feststecken, neigen zu kürzeren Gesprächen, da sie keine Notwendigkeit sehen, die Dinge in ihrer Vollständigkeit zu erläutern und zu beschreiben. Als Manager wollen Sie über die Flexibilität verfügen, sich nach oben, unten und quer durch dieses Modell hindurch zu bewegen, je nachdem, was die Situation erfordert. Wenn Sie die Karriereleiter erklimmen und stärker an Geschäftszielen und -strategien beteiligt sind, wird es für Sie am wichtigsten, die Fähigkeit zu haben, in großen Einheiten zu denken und zu sprechen. Manager, die im Detail festste-

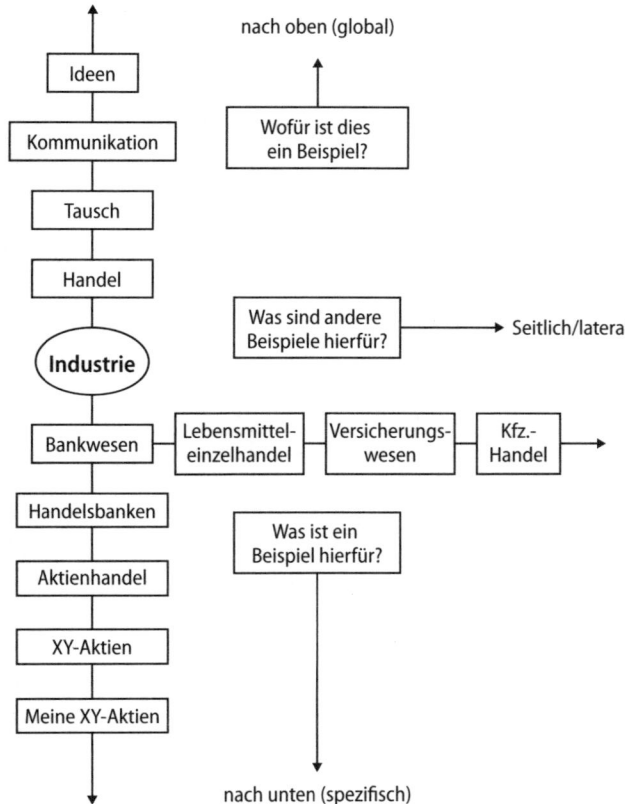

Abbildung 7.2: Schritte nach oben, unten und zur Seite

cken, neigen dazu, in die Arbeit Ihres Personals einzugreifen, da es ihnen schwerfällt, die Einzelheiten aus der Hand zu geben.

Wenn Sie sich an eine große Gruppe von Menschen wenden, ist es oft am besten, Ihre Informationen auf der großen Einheit zu halten und Details zu vermeiden. Das ermöglicht den Menschen, Ihren Worten ihre eigene Bedeutung zu geben, und Sie vermeiden, sich in spezifische und technische Einzelheiten zu verstricken. Abstraktionen helfen, die Richtung für Ihr Team zu gestalten, indem globale Ziele für das Unternehmen definiert werden. Sobald diese beschrieben sind, ist es nur eine Frage des Konkretisierens, bis Sie die Ebene erreichen, auf der Ihr Teil der Organisation tätig ist.

Seien Sie sich Ihrer eigenen Präferenz für die Größe der Einheit bewusst, und achten Sie auf die Präferenzen anderer. Mit der Entwicklung Ihrer Fähigkeit, sich nach oben, unten und quer zu bewegen, steigern Sie die Flexibilität Ihrer Kommunikation.

Kunstvoll vage Sprache

Wenn Sie verallgemeinern und auf dieser Ebene bleiben, werden Ihre Gespräche »kunstvoll vage«. Dies ist die Sprache von Präsidenten, Politikern, professionellen Rednern, Hypnotiseuren und CEOs. Es ist die Sprache, die Hitler, Martin Luther King und Gandhi gebrauchten, um ihre ganz verschiedenen Ziele zu verfolgen. Kunstvoll vage Sprache ist eine machtvolle Sprache, wenn Sie mit Absicht gebraucht wird. Sie ist machtvoll, weil sie Worte braucht, die keine spezifische Bedeutung haben und die jeder glauben kann. Sie verwendet grobe Verallgemeinerungen, Tilgungen und Verzerrungen, die eine allgemeine Nachricht übermitteln und dabei dem Einzelnen erlauben, seine eigene spezifische Bedeutung zu verwenden.

Firmenphilosophien bauen auf kunstvoll vager Sprache auf, damit sie eine Bedeutung für die ganze Organisation haben können. Wenn Leitlinien von Unternehmen im Detail formuliert würden, wären sie so lang, dass niemand ihnen Beachtung schenken würde. Nehmen Sie die Firmenphilosophie – »Wir wollen die Nummer eins sein.« Sie sagt überhaupt nicht viel aus, aber ihre Bedeutung kann die gesamte Organisation durchdringen, wobei sie von jedem einzelnen auf seine eigene Weise interpretiert wird. Kunstvoll vage Sprache ist im NLP als Milton-Modell[9] bekannt, benannt nach dem verstorbenen Milton Erickson, der weltweit als äußerst effektiver und unkonventioneller Hypnotiseur anerkannt war.

---

9) Grinder, Bandler und DeLozier, *Patterns of the hypnotic techniques of Milton H. Erickson, M.D.*, Vols I and II, Meta Publications, 1975, 1976.

Das Meta-Modell

Das Meta-Modell ist das Gegenmittel für kunstvoll vage Sprache. Spezifizierung ist vielfach erforderlich, beispielsweise bei einem Gruppenmeeting zur Problemlösung, bei dem Maßstäbe ein wichtiges Kriterium sind. Das Meta-Modell liefert die Tests, um die Informationen zurück zu gewinnen, die von unseren Wahrnehmungsfiltern verallgemeinert, verzerrt oder getilgt worden sind. Es ist als Präzisionswerkzeug bekannt und wird häufig mit dem Skalpell eines Chirurgen verglichen, das genau an der richtigen Stelle schneidet und seziert, um das kranke Gewebe zu entfernen.

Es gibt Zeiten, in denen man gerne kunstvoll vage bleibt, z. B. wenn man auf einer größeren Konferenz spricht oder ein Belobigungsschreiben an eine Abteilung des Unternehmens schickt. Es gibt aber auch Zeiten, in denen man gerne das Meta-Modell nutzt, um eine Einigung über ein wichtiges Detail mit jemandem zu erzielen, der generalisiert. Ich werde jedes einzelne Sprachmuster des Milton-Modells durchgehen und den entsprechenden Meta-Modell-Test sowie jeweils ein Beispiel darstellen. Die Beispiele sollen nicht zeigen, was man in einem bestimmten Kontext zu sagen hat, sondern Ihnen die vielfältigen, kunstvoll vagen Muster und die Reaktionen des Meta-Modells, die darauf hindeuten, was fehlt, aufzeigen. Die spezifischen Reaktionen, die hier dargestellt werden, sollen nicht wie hier gezeigt erfolgen, da dann wahrscheinlich jeglicher Rapport, den Sie bisher aufbauen konnten, zerstört würde. Es ist an Ihnen zu entscheiden, wie Sie den Fokus auf die fehlende Information richten, je nach Ihrer Situation und Ihrem Ergebnis. Ich schlage vor, dass Sie Ihre Frage oder Aussage so formulieren, dass sie nicht als Kränkung, sondern als intelligente und interessierte Bemerkung aufgefasst werden kann. Auf diese Weise werden Sie eher positiven Einfluss auf die andere Person haben. Einfach die hier aufgezeigten Beispiele anzuwenden, könnte die andere Person entfremden.

Nominalisierungen

Nehmen Sie das Wort *Flexibilität*, das Ihnen inzwischen vertraut sein sollte, und fragen Sie zehn Personen aus Ihrer Organisation, was es für sie bedeutet. Ich garantiere Ihnen, dass Sie zehn verschiedene Antworten (und einige werden Sie bestimmt überraschen) erhalten werden. Das Wort *Flexibilität* gehört zu einer Kategorie von Wörtern, die als »Nominalisierung« bezeichnet werden. Es handelt sich um Verben oder Adjektive, die Prozesse beschreiben und in Nomen verwandelt worden sind, z. B. »biegen« (Verb) und der Zustand der »Biegsamkeit« (Nomen) oder auch »flexibel« (Adjektiv) und der Zustand der »Flexibilität« (Nomen). Der Gebrauch derartiger Wörter ermöglicht es den Menschen, ihre eigene Bedeutung aus ihrem Modell der Welt hinzuzufügen. Hier folgt eine nominalisierte Rede:

»Ich hege große *Bewunderung* und *Respekt* für das Team im Süden, dessen *Lieferung* unseres neuen Systems neue Maßstäbe für die *Arbeitsleistung* gesetzt hat und neu definiert hat, was *Erfolg* für unser Unternehmen bedeutet.« (Die kursiv gedruckten Worte sind Nominalisierungen.)

Nun folgen die Meta-Modell-Reaktionen darauf, die sich aus der Rückverwandlung des Nomens in Prozessbeschreibungen ergeben.

- Wie bewundern Sie sie?
- Wie zeigen Sie Ihren Respekt?
- Wie haben sie geliefert und an wen haben sie geliefert?
- Wie genau haben sie ihre Arbeit geleistet?
- Worin waren sie erfolgreich?

Unspezifische Nomen

Dieses Muster tilgt spezifische »wer« und »was«-Informationen, wie in den folgenden Beispielen:

- »Sie werden es bis nächsten Dienstag fertig haben.«
- »Das ganze Projekt war von Anfang bis Ende chaotisch.«
- »Manager sollten von der Stirnseite führen.«
- »Buchhaltern darf man in diesen Angelegenheiten nicht trauen.«

Und die Meta-Modell-Reaktionen:

- Wer wird es fertig haben?
- Welches Projekt? Was war daran chaotisch?
- Welche Manager? Wen oder was sollten sie führen? Von wessen Stirnseite?
- Welchen Buchhaltern darf man nicht trauen? Welche Angelegenheiten?

Unspezifische Verben

Es handelt sich einfach um eine Tilgung der »wie«-Information, z. B.:

- »Wir haben das Produkt auf den Markt gebracht.«
- »Der Auftrag wurde endlich ausgeführt.«
- »Wir tun unser Bestes.«
- »Wir treten in diesem Markt aggressiv auf.«

Und die Meta-Modell-Reaktionen:

- Wie genau haben Sie das Produkt auf den Markt gebracht?
- Wie genau wurde der Auftrag ausgeführt?
- Wie genau tun Sie Ihr Bestes?
- Wie genau treten Sie aggressiv auf?

Verlorener Sprecher (Lost Performative)

Hier handelt es sich um Werturteile, die Sie in fast jedem Satz eines Politikers finden können. Beispiele sind: »Es ist absolut eindeutig, dass unsere Politik richtig ist.« »Die Zukunft dieses Industriezweigs ist sicher.« »Wir haben das beste Gesundheitssystem der westlichen Welt.« Diese Aussagen sind samt und sonders Wertungen, die eine enorme Wirkung haben können, wenn Sie in einer Ansprache oder Präsentation auf hoher Ebene gemacht werden. Wenn Sie ein Streitgespräch betrachten, bei dem die beteiligten Parteien unterschiedliche Werte haben, werden Sie eine Fülle von Aussagen hören, bei denen unklar bleibt, wer der Sprecher ist (Lost Performative).

Hier folgen noch einige Beispiele:

- »Wir haben das beste IT-System, das heute auf dem Markt ist.«
- »Unsere Dienstleistungen bleiben hinter denen unserer Wettbewerber zurück.«
- »Es ist offensichtlich, dass wir diversifizieren müssen.«
- »Es ist ganz klar, dass sie weit vor den anderen liegt.«

Und die Meta-Modell-Reaktionen:

- Laut wem?
- Sagt wer?
- Ist offensichtlich für wen?
- Wem ist klar, dass sie vorne liegt?

Vergleiche

Eine der Eigenschaften von uns Menschen ist die Fähigkeit, Vergleiche anzustellen. Wir halten fortwährend Ausschau nach Ähnlichkeiten oder Unterschieden. Dies ist ein grundlegender Teil der Verarbeitungsfunktion unseres Gehirns. Dennoch wird in Gesprächen häufig ein Teil der Informationen, die wir für Vergleiche verwenden, weggelassen. Hier folgen einige Beispiele:

- »Es ist besser, diesen Ansatz zu wählen.«
- »Sie werden feststellen, dass der Umsatz deutlich steigt.«
- »Wir sind das beste Team für diese Aufgabe.«
- »Sie ist die ideale Bewerberin.«

Und die Meta-Modell-Reaktionen:

- Besser, verglichen womit?
- Steigt, im Vergleich wozu?
- Am besten im Hinblick worauf?
- Ideal, verglichen mit wem?

Gedankenlesen

Bei diesem Muster geht es darum, anzunehmen, dass Sie wissen, was eine andere Person denkt. Nehmen wir an, Sie nehmen an einer Sitzung teil und, während Sie den Gesprächsverlauf verfolgen, befürchten Sie plötzlich, dass ein Projekt, das Sie geleitet haben, genau geprüft und kritisiert wird. Vielleicht machen Sie sich Gedanken um das Verhältnis zwischen Ihnen und den Kritikern, möglicherweise greift einer anscheinend schärfer an als die anderen. Es könnte der Klang der Stimme oder die Körperhaltung sein, auf die Sie reagieren, und plötzlich denken Sie »Er hat mich auf dem Kieker.«

Das ist klassisches Gedankenlesen. Woher wissen Sie, dass er Sie auf dem Kieker hat? Es wäre sinnvoller, die verbalen und die nonverbalen Hinweise wahrzunehmen, ohne ihnen eine Bedeutung zuzuordnen. Zum Beispiel:

Er lehnt sich vor, seine Stimme klingt schneidend, verglichen damit, wie er normalerweise spricht. Er spricht über die Schwierigkeiten, die wir in Stufe zwei unseres Projektes hatten.

Alles weitere anzunehmen, würde bedeuten, das Schicksal herauszufordern. Wenn an Ihrem Projekt kein gutes Haar gelassen wird, werden Sie die Verarbeitungskraft Ihres Gehirns zur rationalen Analyse der Situation benötigen, deshalb verschwenden Sie sie besser nicht auf Gedankenlesen. Schlimmer noch, während Sie Gedanken lesen, tilgen Sie zahlreiche andere Informationen, die Ihnen von Nutzen sein könnten.

Hier folgt ein weiteres Beispiel:

Ich weiß, dass Sie alle sich fragen, wer wohl der besondere Gast sein wird, und genau wie ich werden Sie die wichtige Ankündigung nicht verpassen wollen, auf die Sie alle gewartet haben.

Und die Meta-Modell-Reaktionen:

- Woher wissen Sie, dass wir uns alle fragen?
- Woher wissen Sie, dass ich die Ankündigung nicht verpassen möchte?
- Woher wissen Sie, dass wir auf die Ankündigung gewartet haben?

Ursache und Wirkung

Bei diesem Muster steht eine Sache in ursächlicher Beziehung zu einer anderen Sache – A verursacht B. Das Problem, das bei diesem Muster manchmal vorkommt, ist die Konstruktion von Ursache/Wirkungen, die als Beschränkungen agieren. Vergleichen Sie beispielsweise »Die Sonne lässt die Blumen wachsen« mit »Der CEO macht mich nervös«. Ersteres ist ein biologischer Vorgang in der Natur, bei dem die Sonne zum Prozess der Fotosynthese beiträgt und somit eine unmittelbare biologische Wirkung auf die Blumen hat. Im zweiten Fall ist es nicht der CEO, der die Nervosität verursacht – es gibt keine unmittelbare biologische Verbindung. Blumen können den Prozess der Fotosynthese nicht selbst *wählen*, aber Sie können Ihren »Zustand« des Geistes in Reaktion auf die Art und Weise, wie Sie die Welt interpretieren, *wählen*.

Das Meta-Modell bei Ihrem inneren Dialog zu nutzen, wird Ihnen helfen, die Kontrolle über Ihren Zustand zu behalten. Die Herausforderung des Meta-Modells an das vorhergehende Beispiel wäre »Wie genau macht der CEO Sie nervös?« oder Sie könnten sagen »Wie schaffen Sie es, dass Sie sich selbst nervös machen, wenn Sie mit dem CEO zusammen sind?«

Hier folgen einige weitere Beispiele:

- »Wenn ich Urlaub nähme, würde die Arbeit leiden.«
- »Meetings machen mich müde.«
- »Die Arbeiter zu beteiligen, wird zu vielen Verbesserungen führen.«

Und die Meta-Modell-Reaktionen:

- Wie würde die Tatsache, dass Sie Urlaub nehmen, verursachen, dass die Arbeit leidet?
- Wie schaffen Sie es, sich selbst zu ermüden, wenn Sie an Meetings teilnehmen?
- Wie wird die Beteiligung zu Verbesserungen führen?

Komplexe Äquivalenz

Dieses Muster beinhaltet zwei Aussagen mit derselben Bedeutung. Zum Beispiel:»Dass Sie hier sind, bedeutet, dass wir damit beginnen können, Fortschritte zu machen.«»*Fortschritte machen*« wird »*dass Sie hier sind*« zugeschrieben.

Hier folgen einige weitere Beispiele:

- »Dass Sie zu spät kommen bedeutet, dass Sie keinen Respekt vor mir haben.«
- »Ich kann daran, wie Sie mit Ihrem Fuß klopfen, sehen, dass Sie verärgert sind.«
- »Diese Ergebnisse bedeuten, dass wir uns eine Zeit lang entspannt zurücklehnen können.«
- »Im Führungsteam zu sein bedeutet, dass wir auf uns stolz sein dürfen.«

Und die Meta-Modell-Reaktionen:

- Wieso bedeutet mein Zuspätkommen, dass ich keinen Respekt vor Ihnen habe?
- Wie sind Sie zu dem Schluss gekommen, dass das Klopfen mit meinem Fuß bedeutet, dass ich verärgert bin?
- Wieso bedeuten die Ergebnisse, dass wir uns entspannt zurücklehnen können?
- Wieso bedeutet im Führungsteam zu sein, dass wir stolz sein dürfen?

Vorannahme

Es handelt sich um die Annahmen, von denen wir Tag für Tag ausgehen und die wahr sein müssen, damit unsere Sprache Sinn macht. Zum Beispiel:»Wir werden bei dieser Kampagne *alle* Hebel in Bewegung setzen.« Hier wird angenommen, dass bei anderen Kampagnen nicht *alle* Hebel in Bewegung gesetzt wurden. Hier einige weitere Beispiele:

- »Nutzen Sie die Firma XY, um das neue Produkt zu lancieren?« (Vorannahme: Ich werde ein Produkt lancieren.)

- »Wenn Sie meine Erfahrung haben, werden Sie meine Entscheidung verstehen.« (Vorannahme: Ich habe Ihre Erfahrung nicht und ich verstehe Ihre Entscheidung nicht.)
- »Werden Sie das Projekt in Richtung Norden oder Süden führen?« (Vorannahme: Ich werde das Projekt führen.)
- »Sie haben denselben Fehler wie alle anderen gemacht.« (Vorannahme: Alle anderen haben diesen Fehler gemacht.)

Und die Meta-Modell-Reaktionen:

- Was lässt Sie annehmen, dass ich beschlossen habe, das Produkt zu lancieren?
- Was lässt Sie denken, dass ich nicht Ihre Erfahrung habe?
- Woher wissen Sie, dass ich Ihre Entscheidung nicht verstehe?
- Was veranlasst Sie zu glauben, dass ich dieses Projekt führe?
- Woher wissen Sie, dass alle anderen diesen Fehler gemacht haben?

Universalquantifikatoren

Diese Muster der Verallgemeinerung (Generalisierung) umfassen Worte wie *alle, nie, jeder, keiner, niemand* und *immer*. Nehmen Sie zum Beispiel »Alle Politiker sind unzuverlässig«. Bei dieser Aussage wird eine Überzeugung betreffend die Politik auf alle möglichen politischen Aktivitäten angewandt.

Beim Verallgemeinern wird eine Aussage genommen, die wahrscheinlich getätigt wurde, um eine Erfahrung zu beschreiben, und angewendet, um alle Möglichkeiten abzudecken. Häufig handelt es sich bei diesen Aussagen um Meinungen oder Überzeugungen, und wenn wir diese auf alle Möglichkeiten anwenden, ist die Gefahr groß, dass wir Begrenzungen für unseren Denkprozess erzeugen und somit unsere Flexibilität begrenzen. Hier folgen einige Beispiele:

- »Wir müssen alle unsere Produktivität steigern.«
- »Die Umsätze sind in diesem Jahr zurückgegangen.«
- »Die Manager verstehen uns nicht.«
- »Ich kann die Leute nicht dazu bringen, mit mir zu kooperieren.«
- »Häuser sind in dieser Gegend zu teuer.«

Und die Meta-Modell-Reaktionen:

- *Alle?*
- Sind *alle* Umsätze zurückgegangen?
- Hat *ein* Manager Sie jemals verstanden?
- Gibt es nicht *eine* Person, die kooperiert?
- *Alle* Häuser?

Verallgemeinerungen (Generalisierungen)

Zusätzlich zu den Universalquantifikatoren gibt es noch eine Vielzahl anderer Verallgemeinerungen. Viele Worte, die in der Wirtschaftssprache verwendet werden, sind einfach Verallgemeinerungen einer Idee oder eines Konzepts. Fragen Sie Menschen, was *Qualität* bedeutet, und sie werden wahrscheinlich Aussagen vorbringen, die sie gelernt haben, wie »es beim ersten Mal richtig machen« oder »seine Arbeit mit Auszeichnung erledigen«. Verallgemeinerungen sind nützlich in globaler Kommunikation. Die Sprache der Firmenphilosophien und -strategien muss, auf irgendeiner Ebene, in eine Sprache übersetzt werden, zu der die Menschen einen Bezug herstellen können und die ihnen hilft, kluge Entscheidungen zu treffen, die das Unternehmen nach vorne bringen. Anderenfalls bleiben Firmenphilosophien leere, sinnlose Wörter.

Modaloperatoren der Notwendigkeit

Von frühester Kindheit an sind wir darauf konditioniert, Regeln einzuhalten. Ich erinnere mich, dass mir in den ersten Monaten im Kindergarten gesagt wurde, wohin ich gehen *musste* und wohin ich nicht gehen *sollte*, wo ich mich zu bestimmten Zeiten aufhalten *musste*, was ich zu sagen *hatte*, wenn ich die Erzieher ansprach; was ich tun *musste* und nicht tun *sollte*, wenn ich auf dem Spielplatz war. Und diese Konditionierung begleitet uns unser ganzes Leben lang. Wir schaffen Ordnung in unserer Umgebung, indem wir uns und anderen Regeln und Vorgehensweisen auferlegen. Manchmal beschränkt die Sprache, die wir wählen, um unser Regelwerk und unseren moralischen Kodex zu erstellen, unsere Flexibilität.

Die Modaloperatoren, die Sie wählen, haben einen Einfluss auf Ihre Motivation. Jemand, der denkt »Ich muss diesen Auftrag heute ausführen« wird den Auftrag wahrscheinlich eher erhalten, als jemand, der denkt: »Vielleicht könnte ich den Auftrag heute ausführen.«

Wenn es Ihnen schwerfällt, sich zu etwas zu motivieren, dann überprüfen Sie, welche Modaloperatoren Sie verwenden. Eine Verschiebung von *könnte* über *muss* hin zu *will* kann einen großen Unterschied machen, besonders wenn Sie auch die Submodalitäten von *will* aus einer anderen Aufgabe verwenden, bei deren Erledigung Sie hoch motiviert sind. Verwenden Sie dies zusammen mit dem Sechste-Strategie-Zustand (Kapitel 4), um Ihrem Motivationszustand noch mehr Macht hinzuzufügen.

Modaloperatoren der Notwendigkeit enthalten normalerweise die Worte soll/soll nicht, muss/muss nicht, d. h.: »ich muss diesen Bericht pünktlich fertigstellen.« Die Meta-Modell-Reaktion auf einen Modaloperator der Notwendigkeit lautet einfach »Was würde geschehen, wenn Sie es täten/nicht täten, wären/nicht wären?«.

Modaloperatoren der Möglichkeit

Diese Muster legen die Grenzen dessen fest, was für Sie möglich bzw. unmöglich ist. In Kapitel 1 enthielten die ersten beiden Reaktionen auf das Problem mit dem quadratischen Klotz, der in ein rundes Loch passen sollte, Modaloperatoren der Möglichkeit »Ich *kann* es *nicht* tun« und »Ja, ich *kann* es tun«. Sie legen für sich selbst mit diesem einfachen Wort wahrscheinlich eine große Anzahl von Beschränkungen fest. Ich will damit nicht sagen, dass Sie alles tun können, was Sie möchten – manche Dinge sind aufgrund der Naturgesetze physikalisch unmöglich, wie zum Beispiel auf dem Wasser zu laufen. Dennoch wird ein großes Potenzial durch begrenzende Überzeugungen unterdrückt, und Sie können sie durch Sprache und die Wahl der Modaloperatoren erkennen.

Fragen Sie sich jedesmal, wenn Sie sich dabei ertappen, dass Sie *ich kann nicht* sagen, ob es eine physikalische Begrenzung gibt oder ob die Worte *werde nicht* oder *habe noch nicht gelernt* nicht angemessener wären. Wie in Kapitel 1 bereits erwähnt, ist *kann nicht* ein entkräftigendes Wort, es sei denn, es wird zur Verneinung einer Begrenzung verwendet, wie »Sie können nicht nicht erfolgreich sein.« Hier folgen einige Beispiele für dieses Muster:

- »Ich kann dieses Arbeitspensum nicht schaffen.«
- »Wir dürfen nicht alle Pläne über den Haufen werfen.«
- »Es ist unmöglich, es ihm klarzumachen.«
- »Sie können meinen Standpunkt absolut nicht verstehen.«

Und die Meta-Modell-Reaktionen:

- Was hindert Sie daran, es zu schaffen?
- Was könnte geschehen, wenn Sie sie über den Haufen würfen?
- Was hält Sie davon ab, es ihm klarzumachen?
- Was hindert sie daran, ihn zu verstehen?

Die Sprache des Milton-Modells enthält noch zahlreiche weitere Feinheiten, als ich bisher in dem vorliegenden Kapitel aufgeführt habe. Sie kann benutzt werden, um Rapport zu entwickeln, für Pacing und Leading, Beeinflussung und als Angebot einer größeren Auswahl an Verhaltensweisen. In den beiden folgenden Kapiteln werde ich Ihnen einige praktische Anwendungsmöglichkeiten vorstellen.

Um diesen Abschnitt über das Milton-Modell und das Meta-Modell abzuschließen, folgt hier ein kurzer Auszug aus Gordon Browns programmatischer Rede auf der Konferenz der Fabian Society zum Thema Zukunft der Britishness vom 14. Januar 2006. Versuchen Sie einmal, die Milton-Modell-Sprache zu identifizieren und die entsprechenden Meta-Modell-Reaktionen anzuwenden. Viel Spaß!

»Wenn wir uns die Zeit nehmen, einen Schritt zurückzutreten und nachzudenken, wird deutlich, dass man, um beinahe jede der größeren Herausforderungen anzugehen, mit denen unser Land konfrontiert ist – unser Verhältnis zu Europa, Amerika und der restlichen Welt; wie wir uns für die Globalisierung rüsten, die zukünftige Richtung der Verfassungsänderung; ein modernes Bild des Bürgerrechts; die Zukunft der Kommunalverwaltung; Ideen des Lokalpatriotismus; und natürlich unsere nachbarschaftlichen Beziehungen und Multikulturalismus sowie seit dem 7. Juli die Balance zwischen Verschiedenartigkeit und Integration; sogar die Ausgestaltung unseres öffentlichen Dienstes –, ein klares Bild davon haben muss, was britisch bedeutet, was Sie am Britischen schätzen und was unsere Zielsetzung als Nation ist.«

Die Sprachmuster des Milton-Modells und des Meta-Modells können auf vielfältige Arten und Weisen verwendet werden. Es gibt keine strengen Regeln, wann Sie ein bestimmtes Muster benutzen dürfen oder nicht benutzen dürfen. Alles hängt von dem Ergebnis ab, das Sie erreichen wollen, von Ihrer Intention und Ihrem höheren Ziel. Es wird Zeiten geben, in denen kunstvoll vage Sprache Sie Ihrem Ergebnis näher bringt, und Zeiten, in denen die Präzision des Meta-Modells das geeignetste Werkzeug ist. Wie auch immer Sie über die Verwendung dieser Werkzeuge entscheiden, beachten Sie die folgenden Warnungen für Ihre Gesundheit.

Ein übermäßiger Gebrauch beider Sprachtypen wird zu einem schwerwiegenden Zusammenbruch von Rapport führen. Es gibt im Leben kaum etwas Ärgerlicheres, als jemanden, der Sie ständig mit der neuesten Technik bombardiert, die er in einem Weiterbildungskurs gelernt hat, und das Meta-Modell kann eine besonders verheerende Wirkung haben. Üben sie die Muster mit sich selbst als kontinuierliche Herausforderung an Ihren inneren Dialog, und setzen Sie ein hohes Maß an Feingefühl ein, wenn Sie sie bei anderen verwenden. Sie können Ihre eigenen Worte benutzen – womit Sie sich am wohlsten fühlen –, es ist Ihr Ergebnis, das wichtig ist.

Framen Sie Ihre Denkweise

Rahmen (Frames) sind wie Blickwinkel. Wenn ich aus dem Fenster auf der Vorderseite meines Hauses schaue, habe ich einen Blick auf die Einfahrt und die Bäume in der Ferne. Wenn ich aus dem Fenster auf der Rückseite meines Hauses schaue, habe ich einen Blick auf den Garten und die Bäume dahinter.

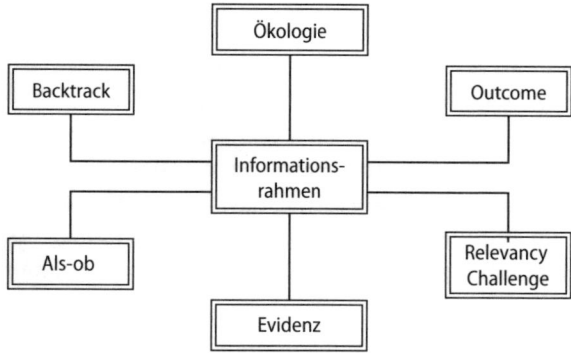

Abbildung 7.3: Informationsrahmen

Informationsrahmen (Information Frames) sind nützlich für das Denken aus verschiedenen Blickwinkeln. Ich werde Ihnen sechs Rahmen vorstellen, die meiner Ansicht nach am nützlichsten sind, obwohl den Rahmenarten, die Sie für einen bestimmten Kontext entwerfen können, eigentlich keine Grenzen gesetzt sind. Sie können Informationsrahmen entweder nutzen, um Ihre eigene Denkweise oder die Denkweise einer Gruppe, eines Kunden oder eines Mitarbeiters klarzustellen oder zu fokussieren. Rahmen werden häufig benutzt, um Meetings auf Kurs zu halten. In Abbildung 7.3 werden sechs verschiedene Rahmen dargestellt.

Ökologischer Rahmen

Es ist sinnvoll, zu diesem Rahmen zu wechseln, wenn Sie das Gefühl haben, dass ökologische Fragen übersehen werden. Das bedeutet, dass man sich über mögliche negative Konsequenzen im größeren System, von dem die zur Debatte stehende Frage ein Teil ist, Gedanken macht. So kann zum Beispiel ein vorgeschlagener, auf Kosten basierender Produktwechsel negative Konsequenzen für Lieferanten, Kunden, Großhändler und Kundendienst haben. Einige Fragen, die man innerhalb dieses Rahmens stellen kann, wären dann:

- Welche anderen Konsequenzen könnte es haben, wenn wir diese Entscheidung treffen?

- Wie wird diese Entscheidung das größere System beeinflussen?
- Wen sollten wir noch an dieser Entscheidung beteiligen?

Das NLP wird häufig als »die Studie der Konsequenzen« bezeichnet, und der ökologische Rahmen stellt sicher, dass alle Konsequenzen einer Intention berücksichtigt werden. Manchmal haben Sie vielleicht ein ungutes Gefühl bei einer Entscheidung, obwohl es keinen offenkundigen (evidenten) Grund gibt, der einen Aufschub untermauern würde. Hier schaltet sich Ihr Inkongruenz-Signal ein und warnt Sie, dass etwas übersehen worden ist. Durch einen Switch zum ökologischen Rahmen könnte man einen potenziellen groben Fehler in der Zukunft vermeiden.

Outcome- oder Ergebnis-Rahmen

Ergebnisse bzw. Outcomes wurden in Kapitel 3 im Detail behandelt. Die Absicht dieses Rahmens ist es, den Fokus der Denkweise auf vereinbarte Ziele gerichtet zu halten, während andere mögliche Resultate in Betracht gezogen werden. Häufig ist es notwendig, Menschen an Ergebnisse zu erinnern, wenn eine Tätigkeit vom Kurs abkommt.

Relevancy-Challenge- oder Relevanz-Rahmen

Manchmal ist es wichtig, die volle Konzentration auf das Erreichen eines Ergebnisses zu behalten, und Sie spüren möglicherweise einen Kommentar oder eine Handlung, die Sie vom Kurs abbringt. Der Relevanz-Rahmen ähnelt dem Ergebnis-Rahmen dahingehend, dass es seine Absicht ist, den Fokus aufrechtzuerhalten. Der Relevancy Challenge wird unmittelbar benutzt, sobald eine Abweichung empfunden wird. Üben Sie diesen Rahmen bei Ihrer eigenen Denkweise, wenn es wichtig ist, sich längere Zeit auf eine Sache zu konzentrieren.

Folgende Fragen müssen gestellt werden:

- Wie trägt dies/das zum Erreichen des Ergebnisses bei?
- Welche Relevanz hat dies/das für das Ergebnis?

Evidenz-Rahmen

Manchmal stellen Sie vielleicht fest, dass Sie oder Ihre Gruppe ohne ausreichende Begründung zu Entscheidungen gelangen. In diesen Situationen klärt der Evidenz-Rahmen den Zweck und die Intention. Er ist ein nützlicher Rahmen für Verbesserungsgruppen und Problemlöser im Allgemeinen, die Anhaltspunkte (Evidenzen) benötigen, mit denen Sie Vergleiche zwischen aktuellen und erwünschten Zuständen ziehen können. Sie werden feststellen, dass der Evidenz-Rahmen zum Testen Ihrer eigenen Annahmen und Handlungen nützlich ist. Bewegen Sie sich auf das Erreichen eines Ergebnisses zu, das messbare Evidenzkriterien hat? Welche Evidenz legt fest, wie weit Sie von Ihrem Ergebnis entfernt sind?

›Als-ob‹-Rahmen

Der Zweck des »Als-ob«-Rahmens ist es, Kreativität zu stimulieren. Er ist ein nützlicher Rahmen, wenn Sie wichtigere Personalentscheidungen zu treffen haben wie Umsetzungen, zusätzliche Funktionen oder Firmenumzüge. Sich selbst zu visualisieren, als ob Sie die Veränderung bereits vorgenommen hätten, indem Sie in Ihrem Geiste den Film ablaufen lassen, wird Ihnen helfen, den Teil der Veränderung zu beleuchten, der das Inkongruenz-Signal erzeugt.

»Als-ob«-Rahmen sind auch ideal für Kreativitäts-Workshops und Szenarien-Planung. Die zu stellende Frage lautet »Was könnte geschehen, wenn ...?«

Backtrack-Rahmen (Backtrack Frame)

Dieser Rahmen wird verwendet, um das Verständnis vorhergehender Informationen zu klären, bevor es weitergeht. Er wird verwendet, um den Rapport durch Reflektion der Worte, Tonalitäten und Gesten anderer zu vertiefen (diese Punkte werden im nächsten Kapitel detaillierter behandelt.) Er ist auch als Instrument beim Coaching geeignet, um die Denkweise anderer zu stärken.

Betrachten Sie beispielsweise ein Coaching mit dem Ergebnis, Fähigkeiten zur Problemlösung zu entwickeln, während an dem Performance-Ziel gearbeitet wird:

Manager: »Sagen Sie mir, wo Sie in dem Projekt X stehen.«
Mitarbeiter: »Ich bin soweit, dass ich bei dem Projektausschuss die Genehmigung des Beginns von Stufe zwei beantragen kann.«
Manager: »Was müssen Sie tun, um das zu erreichen?« (Backtrack)
Mitarbeiter: »Ihnen einen Detail- und Kostenplan zusenden.«
Manager: »Richtig – und was brauchen Sie für die Erstellung des Plans?« (Backtrack)
Mitarbeiter: »Ich brauche die Berichte über die Verwendung der Mittel von den Ingenieuren und eine Aufstellung der bisher angefallenen Material- und Arbeitskosten.«
Manager: »Wie wollen Sie vorgehen, um das alles zu bekommen?« (Backtrack) etc. ... etc. ... etc.

Reframen Sie Ihre Denkweise

Reframen heißt, die Bedeutung einer Sache zu verändern, was zu einer Veränderung in der Wahrnehmung und der Haltung führt und neue Möglichkeiten eröffnet. Dies ist eine machtvolle Technik, für die es im alltäglichen Geschäftsleben viele Beispiele gibt – z. B. könnte eine Sitzung mit einer beunruhigenden autoritären Person bedeuten, dass »Sie von einer defensiven Position aus mit den Gedanken von Sicherheit und Überleben im Kopf interagieren«. Ein Reframe mit der Bedeutung »eine Herausforderung herauszufinden, wie stark Sie die Person in Richtung Ihrer eigenen Ideen beeinflussen können« würde Sie in einen ressourcenreicheren Zustand versetzen und Ihr Verhalten mit Sicherheit beeinflussen und damit das Ergebnis der Sitzung.

Ein Sprecher mit einer programmatischen Rede, der zu einer wichtigen geschäftlichen Konferenz zu spät kam, betrat die Bühne mit 45-minütiger Verspätung und sagte: »Es ist nicht so, dass ich zu spät gekommen wäre. Ich bin hier aufgrund weiser Voraussicht

– sehen Sie, mein geplanter Flug verspätete sich um vier Stunden, aber glücklicherweise beschloss ich, mit dem Auto zu fahren, sodass ich meinen schwer kranken Nachbarn noch ins Krankenhaus bringen konnte. Hätte ich den geplanten Flug genommen, wäre ich überhaupt nicht hier und mein Nachbar vielleicht auch nicht. Vielen Dank für Ihre Geduld …«

Zahlreiche Geschäftsprobleme unterscheiden sich in ihrer Art, was dazu führen kann, dass Manager unter Stresssymptomen leiden. Albert Einsteins Überzeugung, dass die Gelegenheit inmitten der Probleme liegt, bietet diesen Managern einen wunderbaren Reframe für verschiedenartige Problemsituationen. Das Arbeiten mit Gelegenheiten ist viel lohnender als das Arbeiten mit Problemen – und die Haltung ist außerdem viel gesünder.

Ich habe durch meine Management-Studenten großes Interesse am Reframing gefunden. Es wird häufig als schnelles Mittel gegen Negativität und Zynismus gesehen. Ich habe Ihnen bereits eine Reihe von Beispielen für Reframing vorgestellt, von denen eins ein Reframe der Bedeutung von Arbeit war. In einem Workshop beschäftigten wir uns in einer kleinen Gruppe von Managern, die seit vielen Jahren bei der Firma beschäftigt waren, mit der Bedeutung von Zynismus. Ihr Problem war, dass *sie alles schon gehört und gesehen hatten. Es hatte beim letzten Mal nicht funktioniert und es würde dieses Mal nicht funktionieren. Sie treffen die Entscheidungen im Dunkeln.* Das waren einige der Phrasen, die sie benutzten.

Sie befanden sich nicht in einem ressourcenvollen Lernzustand und stimmten mir zu, dass es daran lag, dass sie zynisch auf jede Veränderung reagierten, die das Topmanagement einführte. Ich hätte mit ihrer Bedeutung von Arbeit arbeiten können, aber es war viel leichter, mit ihrer Bedeutung von Zynismus zu arbeiten. Zunächst brachte ich sie dazu, der Aussage zuzustimmen, dass Zynismus bedeutete, dass *sie alles schon gesehen hatten und wenig Vertrauen in das Topmanagement hatten.* Dann benutzte ich eine *größere Einheit* innerhalb eines *Evidenz-Rahmens* und eine Veränderung der *Wahrnehmungsposition*, um diese Bedeutung ins Wanken zu bringen, indem ich sagte: »Wenn Sie wenig Vertrauen in Ihr Führungsteam haben – wer hat übrigens seine Fähigkeit unter Beweis gestellt, ein erfolgreiches Unternehmen (größere Einheit) aufzubauen, das Ihre Gehälter und Spesen jeden Monat zahlt (Evidenz) –, in wen können Sie dann Vertrauen setzen?« Das brachte sie ein wenig aus der Fassung, während ich fortfuhr mit: »Und stellen Sie sich mal vor, wie das Top-Team Ihren Zynismus auslegen könnte« (zweite Wahrnehmungsposition).»Welche Worte, denken Sie, könnten sie für Ihre Reaktionen auf ihre Pläne finden?«

Damit war es geschafft. Man konnte der Veränderung förmlich zusehen, als sie einräumten, dass ihr Zynismus sie zurückgehalten hatte. Sie gingen positiv an die restliche Zeit des Workshops heran und begannen, rational miteinander Probleme zu diskutieren. Die Veränderung der Bedeutung ihrer zynischen Haltung half ihnen zu realisieren, wie unproduktiv sie gewesen waren – das Topmanagement schlecht zu machen, anstatt sich mit den Problemen zu beschäftigen.

Lernen Sie, mit Metaphern zu lernen

Prinz Llewelyn lebte in einem Schloss in Wales. Eines Tages ging der Prinz aus und ließ seinen treuen und zuverlässigen Hund Gelert zurück, damit er über seinen kleinen Sohn wachen und ihn vor den Wölfen beschützen sollte, die frei in dem nahe gelegenen Wald umherstreiften. Als der Prinz heimkehrte, stellte er zu seinem Entsetzen fest, dass sein Sohn nicht mehr in der umgeworfenen Wiege lag. Überall auf der Wiege und dem Fußboden waren Blutflecken. Er kehrte um, um Gelert zu suchen, der schwer atmete und an dessen Maul Blut klebte. Voller Sorge und Angst vor dem Schlimmsten zog der Prinz sein Schwert und stieß es Gelert mitten ins Herz. Der Prinz ließ den Kopf hängen und ihn verließ der Mut ob des Geschehens, da hörte er hinter einem Vorhang einen Schrei. Es war sein Sohn, lebendig und munter, der neben der Leiche eines Wolfes stand.

Die Metapher ist eine der ersten und effektivsten Formen des Lernens. Mit der Geschichte von Gelert, dem treuen Hund, kann man lehren, welche Konsequenzen es hat, wenn man voreilige Schlüsse zieht. Die richtige Metapher kann, wenn sie in einem angemessenen Zusammenhang erzählt wird, dem Unterbewusstsein eine äußerst machtvolle Lehre vermitteln. An Metaphern kann man sich leicht erinnern und sie können sowohl Emotionen als auch Lehren enthalten. Humor passt ideal zu Metaphern. Eine großartige Metapher, die gut vermittelt wird, kann ein Publikum durch viele emotionale Zustände führen, von Humor bis Herzschmerz.

Ist das, was Sie sagen, kongruent mit dem, was Sie tun?

Auf den Begriff der Kongruenz wurde bereits in vorherigen Kapiteln mehrfach Bezug genommen. Es ist etwas, das sich wie Pflanzen um jedes Element des NLP wickelt und rankt. Es ist wichtig, Kongruenz im Zusammenhang mit Sprache zu behandeln, weil sie auf die Effektivität von Organisationen eine enorme Wirkung haben kann.

Spreche deutlich, wenn du überhaupt sprichst; feile an jedem Wort, bevor du es fallen lässt.

Dr. Oliver Wendell Holmes (1809–1894)
Amerikanischer Schriftsteller und Arzt

Misstrauen ist häufig der Grund für Inkongruenz, die zu einer verminderten Leistung führt. Häufig scheinen Menschen nicht zu erkennen, wann sie inkongruent sind. Aber andere Menschen nehmen diese Signale unbewusst auf und reagieren entsprechend. Der Direktor, der alle seine Manager zu Coaching- und Mentoring-Kursen schickt und dennoch weiterhin auf diktatorische Art und Weise kommuniziert, wird starke Signale der Inkongruenz senden zwischen dem, was er sagt, und dem, was er tut.

Kongruenz verlangt von einem Manager, dass er zum Vorbild für andere wird. Die alten Aussagen über Leadership gelten – Führen durch Vorbild, Maßstäbe setzen für andere, Rollenmodell sein für andere. Wenn Sie in Ihrer Kommunikation inkongruent sind, dann erwarten Sie verwirrendes Verhalten und ein niedriges Kreativitätsniveau von Ihren Beschäftigten. Wenn Sie kongruent sind, dann nehmen Sie den Respekt an, den andere Ihnen erweisen.

Kapitel 8
Einfluss und Überzeugungskraft

Wir werden nicht durch Argumente überzeugt, die wir analysieren können, sondern durch Ton und Temperament, durch die Art, wie der Mensch selbst ist.

Samuel Butler (1835–1902), Englischer Autor

Das Geschäftsleben funktioniert durch Entscheidungen und Interaktionen zwischen Menschen. Von den strategischen Entscheidungen des Aufsichtsrates bis hin zu den alltäglichen Entscheidungen der Manager und Mitarbeiter, das Wohlergehen einer jeden Organisation hängt von der Qualität der Interaktionen und Entscheidungsfindung ab.

In modernen Arbeitsumgebungen wird der Beitrag einer Person höher geschätzt als ihr Status. Der Befehls- und Kontrollstil des Managens wird schnell überflüssig, obwohl einige Manager noch damit zu kämpfen haben, wie sie dies Realität werden lassen. Den Rang einzusetzen, um Willfährigkeit sicherzustellen, ist eine altmodische Vorstellung – ein Relikt aus viktorianischen Zeiten. Selbst die Streitkräfte wenden heutzutage lieber moderne Motivationsprinzipien an, als sich auf Dienstgrad und Autorität zu verlassen. Willfährigkeit wird schnell durch Einbeziehung und Beteiligung ersetzt, und mit dieser Veränderung im Managementstil geht eine Veränderung der Beeinflussungsmethoden einher.

Einer Organisation anzugehören und keinen Einfluss auf die betrieblichen Vorgänge zu haben, bedeutet, den Vorstellungen anderer zu dienen. »Ja-Sager« sind so: sanft, passiv und willfährig. Das Wirtschaftsleben braucht heute weniger »Ja-Sager«, sondern mehr kreative Köpfe, die bereit sind, Risiken einzugehen, neue

NLP im Management. David Molden
Copyright © 2009 WILEY-VCH Verlag GmbH & Co. KGaA, Weinheim
ISBN: 978-3-527-50283-7

> **Das Wirtschaftsleben braucht heute weniger »Ja-Sager«, sondern mehr kreative Köpfe, die bereit sind, Risiken einzugehen, neue Blickwinkel auszuprobieren und über den Tellerrand hinauszuschauen.**

Blickwinkel auszuprobieren und über den Tellerrand hinauszuschauen.

Das erfordert Forschergeist, Leidenschaft für Unterschiede und Veränderung sowie die Fähigkeit, andere an Ihrer Denkweise auszurichten.

Galileo war ein brillanter Wissenschaftler, dessen Neugierde ihn zu der Entdeckung führte, dass die Erde – im Gegensatz zu den Überzeugungen der katholischen Kirche im siebzehnten Jahrhundert – keine bewegungslose Masse im Zentrum des Universums war. Bedauerlicherweise hatte Galileo nicht die Fähigkeit, seine Zeitgenossen zu beeinflussen, und die Veröffentlichung seines Werkes *Dialog über die beiden hauptsächlichsten Weltsysteme* führte dazu, dass er für den Rest seines Lebens unter Hausarrest gestellt wurde.

> **Beeinflussung erfordert Respekt für das Weltbild des anderen.**

Beeinflussung erfordert Respekt für das Weltbild des anderen. Außerdem Integrität, Geduld und Verständnis. Ohne diese Eigenschaften können Ihre Versuche, andere zu beeinflussen, als manipulativ wahrgenommen werden. In diesem Fall werden Ihre Vorschläge, wie im Fall des Galileo, wahrscheinlich auf taube Ohren stoßen. Damit sind wir wieder bei Intention und Zweck. Wenn Sie einen lohnenden Zweck und wohl formulierte Ergebnisse haben und wenn Ihre Intention auf den Betrieb und nicht auf politischen Gewinn ausgerichtet ist, dann haben Sie die notwendigen Grundprinzipien für *respektvolle* Beeinflussung.

Sind Sie eine vertrauenswürdige Person?

Menschen lassen sich von Menschen beeinflussen, denen sie vertrauen. Das gilt nicht nur für die Menschen, die Sie in Ihrem Team motivieren wollen, sondern für jeden, den Sie beeinflussen möchten. Das Gegenteil trifft ebenfalls zu. Haben Sie jemals einen größeren Einkauf bei jemandem getätigt, dem Sie nicht vertrauten? Ich bezweifele es. In der Tat würden die meisten Menschen, wenn sie die Wahl hätten, eher ein Produkt, das nicht ganz ihren Bedürfnissen entspricht, von jemandem kaufen, dem sie vertrauen, als das ideale Produkt von jemandem, dem sie misstrauen.

Die Integrität des Zwecks und der ehrlichen Intentionen wird mit Vertrauen belohnt, dennoch reicht dies nicht. Es gibt eine Fähigkeit, die man entwickeln kann, die ebenso grundlegend und wichtig ist wie Vertrauen – »gemocht werden«.

Die Integrität des Zwecks und der ehrlichen Intentionen wird mit Vertrauen belohnt.

Es ist möglich, jemandem zu vertrauen und ihn nicht zu mögen, obwohl Vertrauen und Zuneigung häufig eng miteinander verknüpft sind. Haben Sie Freunde, denen Sie nicht zutrauen, dass sie Gegenstände zurückgeben, die Sie ihnen geliehen haben? Wenn eine Person Ihnen *vertraut* und Sie *mag*, sind die grundlegenden Voraussetzungen für Beeinflussung erfüllt.

Wie ich – wie sie

Ein sehr guter Freund von mir hat die großartige Fähigkeit, so zu sein wie die Person oder Gruppe, mit der er gerade zusammen ist. Ich habe ihn beobachtet, wie er Strategien mit CEOs diskutierte, wie er mit der Putzfrau plauderte, wie er Ingenieuren schmutzige Witze erzählte und einen chinesischen Koch in ein Gespräch über die kulinarischen Feinheiten der kantonesischen Küche verwickelte. Wie ein Chamäleon, das seine Farbe wechselt, um mit seiner Umgebung zu verschmelzen, hat er die Lebenserfahrung und die Verhaltensflexibilität, um mit jedem zu verschmelzen, mit dem er interagiert.

Menschen mögen Menschen, die wie sie sind, und sind auf der Hut vor Menschen, die nicht wie sie sind. Je mehr Sie wie jemand sind, desto besser werden Sie dessen Modell der Welt verstehen. Es ist eine Dynamik, auf die alle Menschen ihre sozialen Aktivitäten und Beziehungen gründen – sie ist tief in unserer Psyche verwurzelt. Zuneigung und Vertrauen entwickeln sich zwischen Menschen, wenn sie Rapport miteinander haben. Man kann Rapport auf natürliche Weise entstehen lassen oder man kann die Verhaltensflexibilität haben, ihn absichtlich zu erzeugen.

Rapport

Rapport mit Menschen aufzubauen, ist eine der produktivsten Tätigkeiten, auf die Sie sich einlassen können. Einen guten Rapport mit Menschen zu haben, macht alles so viel einfacher. Wenn eins Ihrer Ergebnisse die Beeinflussung einer bestimmten Person erfordert, fällt mir nichts Ergebnis-orientierteres ein, als der Aufbau von Rapport mit dieser Person, selbst wenn dies bedeutet, große Mühen auf sich zu nehmen, um eine Gelegenheit zu finden. Genauso wie Vertrauen und Zuneigung absichtlich generiert werden können, geht es auch mit Rapport.

Wie also gehen Sie vor, um das Vertrauen und die Zuneigung von Menschen zu gewinnen? Sie sind einfach wie sie und zeigen ein aufrichtiges Interesse an ihnen als Person. In jeder Interaktion ist es ein Zeichen für mangelnden Rapport, wenn Sie auf Widerstand stoßen. Bevor ich mit den Bestandteilen von Rapport fortfahre, müssen einige Schlüsselfertigkeiten beherrscht werden.

Sinnesspezifische Informationen

Sie haben gelernt, wie das Verhalten einer Person Hinweise auf ihre Gedankengänge gibt, und Sie wissen, dass unter der Oberfläche der Worte einer Person viel mehr Bedeutungen liegen, als unmittelbar offensichtlich sind. Denken Sie auch daran, dass 55 % der Nachricht einer Person in ihrer Physiologie und 38 % in ihrer Stimme liegen. Abgesehen von den gebrauchten Worten ist eine enorme Menge an Informationen verfügbar, die für das Verständnis, das Gewinnen von Vertrauen, den Aufbau von Rapport und die Beeinflussung der Person lebenswichtig sind.

Sinnesschärfe

Das Beschaffen von sinnesspezifischen Informationen erfordert Übung – und die Handlung der Übung an sich stellt eine Rapport aufbauende Tätigkeit dar. Sie zeigen Interesse an Menschen, und die meisten Menschen genießen die Erfahrung, mit jemandem zu sprechen, der an ihnen interessiert ist. Wenn Sie für sinnesspezifische Informationen aufnahmebereit sind, müssen Sie Ihre Aufmerksamkeit vollkommen nach außen richten – dies wird als »Up-Time« bezeichnet – und hellwach mit allen sinnesspezifischen Rezeptoren die Veränderungen in der Welt um Sie herum sehen, hören, riechen, schmecken und fühlen. »Down-Time« ist das Gegenteil. Hier wird Ihre Aufmerksamkeit nach innen gerichtet, wenn Sie sich mit reflektierender Visualisierung, innerem Dialog oder Gefühl auseinandersetzen. Wenn Sie sich im »Down-Time«-Zustand befinden, verpassen Sie sinnesspezifische Evidenzen aus der Außenwelt.

Sinnesschärfe erfordert hohe »Up-Time«-Zustände. Da die meisten Menschen im Hinblick auf den Gebrauch ihrer Sinne Präferenzen haben, wobei der stärkste ihre primäre Modalität ist, ist es eine gute Idee, mit der Entwicklung der Sinne zu beginnen, die Sie am wenigsten nutzen. Durch viel Übung wird Ihre Sinnesschärfe größer.

Häufig sind es die feinsten Veränderungen, die die deutlichsten Hinweise auf die Gedankengänge einer Person geben. Der kürzlich verstorbene britische Dichter Siegfried Sassoon sagte einmal: »In mir wittert der Tiger die Rose«, was eine ausgezeichnete Metapher für Sinnesschärfe ist. Neulich bat ich einen Berater, die Verantwortung für eins meiner eigenen Trainingsprogramme zu übernehmen. Nach unserer Besprechung der Auswirkungen sagte er: »Gut, damit komme ich klar.« Dennoch nahm ich ein leichtes Zittern seiner Stimme wahr, das mit seinen Worten inkongruent war. Ich wollte ihn nicht danach fragen, deshalb sagte ich nur: »Eigentlich ist es nicht fair von mir, Ihnen dies gerade jetzt aufzuhalsen – es gibt da noch ein paar Dinge, die ich vorher noch klären sollte.«

Ich wusste nicht, wo die Inkongruenz lag (und ich denke, er wusste es damals selbst nicht genau), aber ich erfuhr etwa drei Wochen später, dass er von dem Programm nur sehr geringe Kenntnisse hatte, und er dankte mir dafür, dass ich ihm die Verantwortung wieder abnahm. Zunächst akzeptierte er die Verantwortung für das Programm aus dem falschen Grund. Wenn Sie je jemanden überredet haben, etwas zu tun, das er nicht tun wollte, haben Sie wahrscheinlich ein Signal der Inkongruenz irgendwo in der Körpersprache oder in der Stimme bemerkt. Die Worte können »ja« sagen, während das Unterbewusstsein gleichzeitig »nein« sagt. Die wichtigste Information über eine Person ist ihr Verhalten.

Kalibrieren

Mit diesem Begriff wird das Erkennen von Veränderungen im Zustand einer Person aufgrund ihres Verhaltens bezeichnet, wie z. B. Körperhaltung, Atmung, Hautfarbe, Ausdruck und Stimmlage. Man muss sich im Up-Time-Modus befinden und seine Sinnesschärfe bemühen, um feine Veränderungen im Zustand einer Person bemerken zu können. Unsere *Zustände* verändern sich ständig. Es ist ein Leichtes, den Wechsel von einem Lächeln zum Weinen zu erkennen – dafür benötigt man keine besonders ausgeprägte Sinnesschärfe – aber zahlreiche Veränderungen des Zustands sind weitaus differenzierter.

Beim Kalibrieren stellt man genau fest, was man fühlt und nichts weiter. Man befindet sich beispielsweise in einem Meeting und bemerkt, dass der Vorsitzende einen mit gerunzelter Stirn, gerötetem Gesicht, schneller Atmung und auf dem Tisch geballten Fäusten ansieht. Das ist Kalibrieren. Man könnte dieses Verhalten aber auch bemerken und denken: »Er hat sich über etwas geärgert – er wird gleich auf mich losgehen.« Das ist Gedankenlesen.

Pacing

Wenn man in einer Großstadt draußen auf dem Bürgersteig säße und die Passanten beobachtete, würde man zahlreiche Unterschiede zwischen ihnen bemerken. Man würde die Geschwindigkeit erkennen, mit der ihr Geist/Körper arbeitet, ihr Tempo, ihre Schrittgröße, ihren Atemrhythmus, Gesichtsausdrücke, Augenbewegungen und ihre Gestik. Wenn man diese Unterschiede grafisch darstellen müsste, erhielte man eine große Bandbreite zwischen zwei Extremen (siehe Abb. 8.1).

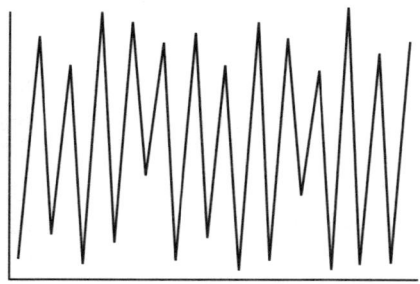

Graph für jemanden,
der sich schnell bewegt,
schnell atmet, zackige
Gesten und pfleilschnelle
Augenbewegungen macht.

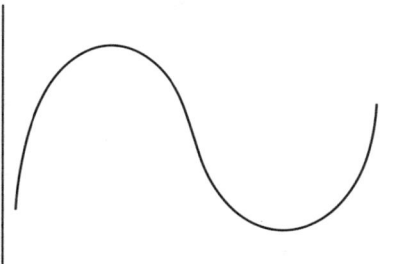

Graph für jemanden,
der sich langsam bewegt,
langsam atmet und
fließende Gesten und
langsame Augen-
bewegungen macht.

Abbildung 8.1: Extreme neurologische Zustände

Stellen Sie sich nun einmal vor, Sie würden zwei Personen der beiden Extreme zusammenbringen. Wie würden Sie ihre Kommunikation beschreiben? Rapport stünde außer Frage, solange die beiden sich in solch unterschiedlichen neurologischen Zuständen befinden. Damit ein Rapport aufgebaut werden kann, müssen sich ihre Rhythmen aneinander annähern.

Rapport kann einfach durch Pacen verschiedener physischer Bedingungen aufgebaut werden. Die Atmung einer Person zu pacen ist wegen der Verbindung zu den visuellen, auditiven und kinästhetischen Modalitäten (siehe Kapitel 6) sehr wirkungsvoll. Man kann auch die Körpersprache durch Matchen oder Spiegeln pacen.

Matching und Spiegeln (Mirrowing)

Wenn Sie jemals Menschen mit einem guten Rapport zueinander beobachtet haben, haben Sie sicher bemerkt, wie gut ihre Körperhaltung, Gestik und Stimmlagen zusammen passten. Be-

Matching ist eine unbewusste Form der Kommunikation, bei der Beziehungen durch Verbessern des Rapports geknüpft werden.

obachten Sie einmal zwei Verliebte in einem Restaurant, zwei Menschen, die an der Bar einen Drink nehmen, oder eine Gruppe von Managern bei einem Meeting. Matching ist eine unbewusste Form der Kommunikation, bei der Beziehungen durch Verbessern des Rapports geknüpft werden. Beim Matching ist es genauso, d. h., wenn man jemandem genau gegenüber sitzt, begegnet man einer Neigung nach rechts ebenfalls mit einer Neigung nach rechts. Beim Spiegeln begegnet man einer Linksbewegung mit einer Rechtsbewegung als Spiegelbild.

Die Intention von Matching und Spiegeln besteht darin, dem Unterbewusstsein einer Person mitzuteilen, dass beide Personen auf einer Wellenlänge liegen. Stellen Sie sich vor, Sie möchten beispielsweise einen Kunden beeinflussen, der einen schlechten Tag hatte und sich niedergeschlagen fühlt. Es ist wichtig, dass Sie ihn für die Mitarbeit an Ihrem Projekt gewinnen, aber er lässt die Schultern hängen und spricht nur negativ. An ihn zuversichtlich heranzutreten und ihn für Ihr Projekt zu begeistern, mag bedrohlich erscheinen. Pacen Sie deshalb seine Körpersprache und seine Stimmmerkmale. Vermeiden Sie es, sich seinen negativen Zustand zu eigen zu machen, indem Sie Ihre Intention, ihn dahin zu führen (lead), dass er motiviert mit Ihnen an Ihrem Projekt arbeitet, im Hinterkopf behalten. Durch Ihre höhere Intention bleiben Sie konzentriert. Die Intention, die hinter einem Gefühl steckt, ist unbewusst, wohingegen die Absicht zu pacen und zu führen (lead) bewusst ist.

Wenn Sie Gesten matchen, so tun Sie dies, wenn Sie sprechen und nicht, wenn die andere Person gestikuliert. Ein Hochziehen der Schultern, eine Hand auf der Brust, eine offene Hand, ein ausgestreckter Zeigefinger – all dies sind unbewusste Kommunikationsgesten, die Sie matchen oder spiegeln können. Wenn man die Stimme matcht, muss man auf Rhythmus, Lautstärke, Tempo, Tonfall und Stimmlage hören. Schnelle Redner (stark visuelle Menschen) sind schnell durch langsame Redner (starke Kinästhetiker) frustriert, und langsame Redner finden es häufig schwer, schnellen Rednern zu folgen. Sind Sie stark visuell, so üben Sie, Ihre Sprache durch langsameres Atmen zu entschleunigen. Sind Sie starker Kinästhetiker, so üben Sie, ihre Sprechgeschwindigkeit zu steigern.

Beachten Sie auch die sinnesspezifischen Worte und Ausdrücke, die Personen verwenden wie »ich *sehe*, was Sie meinen« oder »da *klingelt* es bei mir« und matchen Sie sie. Indem Sie Prädikate aus dem bevorzugten sinnesspezifischen System der Person verwenden, erleichtern Sie es dem Zuhörer, Ihnen zuzuhören und Sie zu verstehen. Erstellen Sie ein Vokabular aus Prädikaten und üben Sie, sie zu matchen. Machen Sie die Probe und matchen Sie die Satzaussagen einer Person falsch (Mismatching). Achten Sie auf die Reaktion im Vergleich zu der Reaktion auf korrektes Matching.

Werte pacen

Jeder, der im Ausland in verschiedenen Kulturen gearbeitet hat, wird die Bedeutung von Werten kennen. Beim Aufbau von Organisationen werden die kulturellen Werte übernommen, die regeln, wie die Menschen arbeiten. Einige Unternehmen legen viel Wert auf Zeit, andere bewerten Innovation höher. Je mehr Werte man pacen kann, desto näher kommt man der Person, mit der man kommuniziert, und umso besser wird der Rapport sein. Es folgt eine Liste von Zusammenhängen, die bei der Erkennung von Werten helfen soll:

Kulturelle Werte
Dies könnten die Werte der Kultur einer Nation oder einer Organisation sein. Einige Unternehmen haben für ihre Mitarbeiter einen »Freizeitkleidungstag« eingeführt. Einige Menschen halten das klassische Büro-Outfit für überflüssig, während andere der Ansicht sind, dass es die Professionalität und die Dienstbeflissenheit einer Person zum Ausdruck bringt. Wenn ein Anzugträger einen lässig gekleideten Lieferanten trifft – oder umgekehrt – führt dies zu einem kulturellen Mismatch.

Unternehmenswerte
Hierbei handelt es sich nicht so sehr um Rituale wie das Tragen von Anzügen; die Werte liegen eher in dem Geschäftsbetrieb selbst. Verkaufsleiter kennen diese Werte ausgesprochen gut. Man findet sie in Empfangshallen und Konferenzräumen; gerahmte

Zertifikate für das »Engagement für Qualität« und gravierte Platten für den »Dienst an der Gemeinde« oder den »Dienst an der Umwelt«. Welches Produkt auch immer Sie einem Unternehmen verkaufen möchten, stellen Sie sicher, dass es zu den Werten des Unternehmens beiträgt. Andere Werte dieser Art, auf die man treffen kann, sind »Innovation«, »Marktführerschaft«, »bevorzugte Partner«, »der Größte und Beste« und »Investoren in Menschen«. Das Erkennen und Verwenden dieser Werte ist häufig der Schlüssel zu erfolgreichen Verkaufskampagnen und -verhandlungen. Mismatching von Werten einer Organisation ist wahrscheinlich der schnellste Weg, Rapport und Geschäft zu verlieren.

Gruppenwerte

Auf der Gruppenebene jeder Organisation trifft man auf unterschiedliche Wertesysteme, die gleichzeitig Gültigkeit haben. Gruppen, die im selben Gebäude nebeneinander existieren, können ganz unterschiedliche Werte haben. Ein Produktionsteam kann Werte wie Teamwork und Effizienz haben, während eine F&E-Gruppe mehr Wert darauf legt, innovativ zu sein. Eine Gruppe in der Buchhaltung hat wahrscheinlich andere Werte als im Verkauf und in der Produktion. Die unterschiedlichen Werte von Gruppen führen häufig zu Konflikten der Gruppen untereinander und zur Silo-Mentalität.

Rollenwerte

Die Menschen messen ihren jeweiligen Rollen eine gewisse Bedeutung bei. Aus diesem Grund wählt eine Person eine bestimmte Rolle für sich aus, und für verschiedene Rollen gelten häufig ganz unterschiedliche Werte. Ein Manager, der Kreativität schätzt, wird anders handeln als ein Manager, der Wert auf Kostenkontrolle legt. Hören Sie einfach zu, was eine Person sagt, um einen Einblick in die Werte zu bekommen, die die Person am meisten schätzt.

Persönliche Werte

Die Bandbreite ist hier beinahe grenzenlos und umfasst Werte betreffend Familie, Finanzen, Intellekt, Beziehungen, Arbeitsstil, Vergnügen, Freizeit, Geselligkeit, Hobbys, Interessen und Sport. Diese Werte kommen häufig in lockeren Gesprächen zum Ausdruck, während man auf den Beginn einer Sitzung wartet oder beim Essen. Bleiben Sie eine Zeit lang bei diesen Gesprächen, zumindest bis Sie ein wenig Pacing betrieben haben. Diese Werte zeigen sich auch als Elemente der Wohn- und Arbeitsumgebung einer Person – der Golfpokal, die Club-Krawatte, der Autoaufkleber, das Familienfoto, der Schlüsselanhänger etc. Diese materiellen Accessoires gehören zu unserer Persönlichkeit und sind für uns von realer Bedeutung.

Werte sind hierarchisch und variieren in der Stärke. In Kapitel 1 wurde erforscht, wie die »Mittelwerte« mit »Endwerten« auf einer höheren Ebene verbunden sind. Gleiches gilt für Gruppenwerte und persönliche Werte. In beinahe jedem Fall

> **Werte sind hierarchisch und variieren in der Stärke.**

haben Gruppenwerte Vorrang vor persönlichen Werten, wenn eine Wahl getroffen werden muss, obwohl sich die meisten Menschen Gruppen anschließen, deren Werte ihren eigenen ähnlich sind.

Metaprogramme

Ihre Metaprogramme können aufgrund des Wertes, der dem Denken und Verhalten auf eine bestimmte Art und Weise beigemessen wird, als intrinsische Werte betrachtet werden. Beispielsweise wird eine Person, die gerne mit Methoden und Techniken arbeitet, dies an dem Wesen der Arbeit und an anderen Tätigkeiten schätzen, die sie ausübt.

Es gibt Worte, Gesten und andere Verhaltensweisen, die auf bestimmte Metaprogramme hindeuten. Eine Person, die beispielsweise stark *weg von* orientiert ist, wird viel darüber sprechen, was sie nicht möchte. Jemand mit einem *Verfahrensmuster* wird dazu neigen, an den Fingern abzuzählen und die Abfolge von Ereignissen mit den Händen abzugrenzen. Eine *Through-Time*-Person wird häufig auf die Uhr sehen, und jemand mit einem *Detailmuster* wird Ihnen mehr Einzelheiten nennen als nötig (es sei denn, sie teilen dasselbe Muster). Eine auf *andere* ausgerichtete Person wird sich häufig mit anderen Menschen beraten, bevor sie handelt oder im Extremfall gar nicht handelt, aus Angst, jemand anderen aus der Fassung zu bringen.

Diese einfachen alltäglichen Signale, die die zugrunde liegenden Denkmuster verraten, können genutzt werden, um ein Muster zu matchen und Rapport aufzubauen. Die Gefahr des Mismatchens eines Musters besteht darin, dass man leicht Verwirrung stiften kann. Stellen Sie sich ein Gespräch zwischen einer global-orientierten Person und einer detail-orientierten Person vor, und Sie werden verstehen, welch ein Stress in der Beziehung entstehen kann. Durch Matching kommen Sie einer Person näher und erzeugen ein größeres Gefühl des Verstehens – denken Sie daran, dass das Unterbewusstsein sich in der Beziehung wohler fühlt, wenn Sie gut matchen!

VAK

Sie können auch die Modalität, die eine Person verwendet, um mit Ihnen zu kommunizieren, matchen, sei es visuell (v), auditiv (a) oder kinästhetisch (k) oder auch eine Mischung aus diesen Modalitäten. Es ist nicht wichtig, dies bei jedem zu tun, aber es verschafft Ihnen möglicherweise den Vorteil, den Sie suchen, wenn Sie jemanden beeinflussen möchten. Sie haben bereits etwas über Augenzugangshinweise, sinnesspezifische Wörter und physiologische Signale gelernt, die auf die verwendete Modalität hinweisen, und jedes dieser Elemente kann benutzt werden, um den bevorzugten Kommunikationsstil einer Person zu matchen. Wenn Sie es tun, können Sie Rapport erzeugen. Wenn Sie mismatchen, z. B. mit visuell statt kinästhetisch, so stiften Sie Verwirrung im Unterbewusstsein der anderen Person.

Leading

Pacing baut Rapport auf, gewinnt Vertrauen und porträtiert eine liebenswerte Persönlichkeit. Beherrschen Sie die Kunst des Pacings erst einmal, können Sie damit beginnen, Menschen zu beeinflussen, indem Sie sie in die von Ihnen gewünschte Richtung führen (lead). Einige Menschen sind von Natur aus Führungspersönlichkeiten (Leader) und halten den Fokus, während andere damit zufrieden zu sein scheinen zu folgen. Ihre Fertigkeit im Pacen wird Sie in genau diese Lage versetzen, in der andere zufrieden sind, Ihnen zu folgen, weil sie Ihnen vertrauen und Sie mögen. Selbstverständlich müssen Ihre Vorschläge vernünftig sein – erwarten

Sie nicht, dass Menschen Ihrer Führung folgen, wenn Sie ungeeignete Pläne anbieten. Der Schlüssel zu Pacing und Leading ist ein nahtloser Übergang. Sie können einfach testen, ob Sie ausreichend gepacet haben, indem Sie Ihre Körperhaltung verändern und darauf achten, ob die andere Person Ihnen folgt. Wenn sie es tut, können Sie mit dem Leading fortfahren. Wenn nicht, benötigen Sie mehr Rapport. Ich werde einige praktische Szenarien durchspielen, um zu erläutern, wie Sie Pacing und Leading einsetzen können, aber zunächst gibt es noch eine weitere Technik für Ihre Werkzeugtasche.

Ankern

Es gibt Geschichten von Soldaten, die noch Jahre nach ihrem Einsatz in einem Kriegsgebiet in Deckung gehen, wenn sie die Fehlzündung eines Autos hören. Ihre physiologische Reaktion ist als sofortige Reaktion auf das Geräusch von Geschützfeuer »geankert« worden. Viele unserer alltäglichen Erinnerungen sind mit äußeren Reizen verankert. Das Geräusch einer Klingel kann Sie direkt zu Ihrer Schulzeit zurückführen. Der Geruch von Lebertran erinnert mich an meine Vorschulzeit, in der ein Löffel pro Tag zwingend war.

Der äußere Reiz löst durch Zugriff auf die Erinnerung einen emotionalen Zustand aus. Einige unserer Anker greifen auf angenehme Emotionen zu, während andere auf unangenehme zugreifen. Die Kenntnis von Ankern und wie der Prozess des Ankerns funktioniert, ermöglicht es Ihnen, sie zu Ihrem Vorteil zu nutzen. Sie können sie bei sich selbst einsetzen, um auf Wunsch Zugang zu bestimmten Zuständen zu erlangen, und Sie können Zustände im Alltag ankern. Ich kenne einen Manager, der sehr intelligent, erfahren und professionell in seiner Rolle ist, und dennoch hat sein Chef, der Generaldirektor, es geschafft, einen Zustand der Unterwürfigkeit zu ankern, der durch den Klang seiner Stimme am Telefon ausgelöst wird. Es findet eine vollkommene physiologische Verlagerung von »aufrecht mit leicht geneigtem Kopf« zu »vornüber gebeugt und zusammengekrümmt mit leicht nach hinten geneigtem Kopf« statt.

Dies ist ein Beispiel für einen auditiven Anker. Ein visueller Anker könnte ein Gesichtsausdruck, ein Foto oder ein Bild sein. Ein kinästhetischer Anker könnte ein Schulterklopfen oder ein Händedrücken sein. Manchmal möchten Sie vielleicht einige »Wohlfühl«-Anker nutzen, ein anderes Mal wollen Sie vielleicht lieber Zugang zu den Zuständen »Kreativität«, »fokussierte Analyse« oder »scharfe Konzentration« haben. Wie wäre es, wenn Sie Ihren Sechste-Strategie-Zustand als Anker setzten, damit er auf Wunsch jederzeit und sofort verfügbar ist?

Sie können Anker in jeder Modalität setzen – visuell (v), auditiv (a), kinästhetisch (k), olfaktorisch (o) oder gustatorisch (g); allerdings sind die Anker v, a und k praktischer als o und g, weil Sie bei Letzteren einen Geschmack oder Geruch mit sich herumtragen müssten. Der Vorteil eines Ankers gegenüber anderen NLP-Techniken ist, dass Sie ihn jederzeit und überall, wann und wo Sie ihn brauchen, einsetzen können. Der Prozess, einen Anker zu setzen, ist einfach:

1 Greifen Sie auf den Zustand zu, den Sie ankern möchten.
2 Ankern Sie den Zustand mit einem einzigartigen Reiz (v, a, k oder jede Kombination).
3 Brechen Sie den Zustand.
4 Feuern Sie Ihren Anker (verwenden Sie denselben einzigartigen Reiz wie in 2 oben) und prüfen Sie anhand der Stärke Ihrer inneren Gefühle, ob es Ihnen gelungen ist, die gewünschte Zustandsveränderung zu erzeugen.

Der Schlüssel zum erfolgreichen Ankern ist:

1 Einzigartigkeit des Reizes. Kombinationen aus Stimmlage, Gestik und visuellen Elementen funktionieren gut. Stellen Sie sich vor, Sie seien bei einer Kundin und erwischten sie in einem Zustand der Einigkeit darüber, wohin es zum Essen geht. Sie könnten für diesen Zustand einen Anker setzen, indem Sie Ihre Stimme senken, mit dem Daumen nach oben zeigen und sagen: »Das ist gut.« Wenn Sie zu einem späteren Zeitpunkt eine geschäftliche Entscheidung brauchen, lassen Sie genau denselben Reiz ablaufen, um Zugang zu dem Zustand der Einigkeit zu erhalten, indem Sie

mit derselben Stimme sagen »das ist gut« und gleichzeitig die Augenbraue hochziehen, um anzudeuten, dass Sie eine Frage stellen.

2 Timing. Zustände variieren in der Intensität und steigen bis auf einen Höhepunkt, bevor sie sich abschwächen. Manchmal sind Aufstieg und Fall so schnell, dass man sie verpasst. Hier kommt Ihre Sinnesschärfe ins Spiel. Sie wollen Ihren Anker kurz vor dem Höhepunkt des Zustands setzen (siehe Abb. 8.2). Es lohnt sich nicht, Anker für Zustände mit niedriger Intensität zu setzen, weil sie nicht den gewünschten Effekt haben werden. Setzen Sie Anker für Zustände, die einen erneuten Zugang wert sind. Hier folgen einige Beispiele für Zustände, die möglicherweise einen Zugang wert sind: Einigkeit, Vergnügen, Konzentration, Kreativität, Entspannung, Aufmerksamkeit, Lernen, Spaß.

3 Leicht zu wiederholen. Vielleicht möchten Sie einen Anker mehr als einmal setzen, wählen Sie daher Anker, die leicht zu merken und zu wiederholen sind. Denken Sie daran, er muss einzigartig sein und wenn Sie ihn nutzen, müssen Sie genau wiederholen, was Sie getan haben, als Sie ihn zum ersten Mal gesetzt haben. Auf dem Kopf zu stehen und zu singen, ist vielleicht einzigartig, aber wie leicht lässt es sich wiederholen?

Intensität des Zustands

Abbildung 8.2: Einen Anker anwenden – Timing

In den folgenden Beispielen finden Sie einige der Techniken, die bisher in diesem Abschnitt behandelt worden sind, zusammen mit ein oder zwei weiteren Techniken.

Beispielszenario 1: Die Verhandlung

George ist ein Manager, der mit einer Lieferantin – Laura – verhandelt, und sie stehen kurz vor dem Abschluss eines Vertrags über die Lieferung von Computern im Wert von 2 Millionen Euro. Georges angestrebtes Ergebnis ist es, Laura dazu zu bringen, den Preis auf 1,6 Millionen Euro zu senken, weil sie den bevorzugten Lieferanten vertritt, dessen Angebotspreis von zwei Millionen GBP für das Budget zu hoch ist. Lauras Ziel ist es, diesen Vertrag für nicht weniger als 15 Prozent unter dem Angebotspreis (1,7 Millionen Euro) zu sichern. Laura übernimmt das Pacing und Leading von George.

George: »Hallo Laura, schön Sie wiederzusehen. Wie geht es Ihnen?«

Laura: »Sehr gut. Wie geht es Ihnen, George?«

George: »Ich suche leider nach Möglichkeiten, Kosten zu sparen.«

Laura: »Das kommt mir vertraut vor. Meine Haushaltsrechnungen stapeln sich zurzeit, ich muss mich einfach irgendwie einschränken.«

(Matching von kinästhetischen Prädikaten, des Wertes der Kosteneinsparungen, Atmung, Haltung, Stimme.)

George: »Nun, lassen Sie uns zum Geschäft kommen. Ich bin Ihrem Angebot zugetan, und es kam bei dem Qualitätsmanager gut an – aber ich muss gestehen, dass die Gesamtkosten ein Schock waren. Sie sprengen unser Budget.«

Laura: »Sie wissen, dass wir noch nie Abstriche bei der Qualität gemacht haben. Sie wird immer eine führende Rolle bei unserem Service spielen. Ich bin sehr gespannt, wie wir dem Schock abhelfen können; sagen Sie mir, was müsste geschehen, damit Sie sich bei dem Angebot in Ihrer Haut wohler fühlen?«

(Pacing von Vergangenheit und Zukunft, Matching von kinästhetischen Prädikaten, Atmung und Stimme. Außerdem eine eingebettete Suggestion »wir können dem Schock abhelfen«, die durch eine gesenkte Stimme markiert wird. Laura stellt zum Schluss eine Frage mit der Absicht, Zugang zu einem »Wohlfühl«-Zustand zu bekommen, den sie zu ankern versuchen wird.)

George: »Senken Sie den Preis um 50% plus Zahlungsziel.«

(Dies ist eine nicht ganz ernst gemeinte Antwort mit einem unbeschwerten Lachen, die durch Heben der Stimme am Ende in eine Frage verwandelt wird.)

Laura: »Ich mag Kunden mit Sinn für Humor wie Sie, George. Wie wäre es für Sie, wenn ich die Kosten um sagen wir 12,5% senken würde, was ich durch Abstriche bei einem Teil des Services machen könnte.«

(Die Worte »ich mag« wurden durch Lautstärke und Klang hervorgehoben, wobei sie gleichzeitig mit ihren Fingern heftig auf den Tisch klopfte – diese Kombination setzte einen einzigartigen auditiven Reizanker für Georges unbeschwertes Lachen. Weiteres Matchen von Werten auf der persönlichen Ebene (Sinn für Humor) sind im ersten Satz.)

George: »Das geht in die richtige Richtung, aber ich habe auf mehr als 12,5% gehofft; können Sie sich noch etwas weiter bewegen?«

(George ist hartnäckig, aber froh, von Laura geführt zu werden, weil der Rapport so gut ist. Es gefällt ihm.)

Laura: »*Ich kann noch ein klein wenig weiter gehen. Es ist mir in der Vergangenheit immer gelungen, Ihnen eine Gefälligkeit zu erweisen, nicht wahr? Ich werde allerdings den Service noch einmal überprüfen müssen. Lassen Sie mich kurz rekapitulieren. Ich weiß, dass Sie nicht von mir erwarten, dass ich bei der Qualität Kompromisse mache, und dennoch möchten Sie eine Reduktion um über 12,5%. Ich könnte das Service-Angebot überarbeiten, um unsere Kosten zu senken, aber dass würde ein Zugeständnis bei dem Service für Ihre Kunden bedeuten. Ich bin mir sicher, dass Sie genau wie ich lieber einen Kompromiss beim Preis als bei der Qualität oder dem Service (Anker feuern) eingehen würden. Ich freue mich, Ihnen jetzt und hier 14% Prozent auf das Angebot, so wie es steht, anbieten zu können, ohne Kompromiss bei Qualität und Service. Können wir uns jetzt darauf einigen?*«

(Weiteres Matching und Pacing. Das Leading beginnt, als Laura mit ihrer Rekapitulation beginnt. Vielfaches Matching der Werte – Qualität und Service. Weiterer Aufbau von Rapport mit den Worten »ich bin mir sicher, dass Sie genau wie ich«, was eine eingebettete Suggestion enthält »wie ich«. Die Frage »nicht wahr« hängt absichtlich am Ende eines Satzes, damit George das Wort »ja« sagen muss, was ein Einigungszustand ist. Laura feuert ihren Anker, indem sie dieselbe Stimme verwendet, die sie eingesetzt hat, um ihren Anker zu setzen, wobei sie auf dieselbe Stelle auf den Tisch klopft, um dasselbe Geräusch zu erzeugen. Der Anker wird gefeuert, um Zugang zu Georges unbeschwertem Lach-Zustand zu bekommen, genau in dem Moment, in dem sie mit ihrem letzten Angebot beginnt.)

Beispielszenario 2: Die Untersuchung

Jeff ist ein Service Manager, der gerufen wurde, um einen größeren Zwischenfall im Bereich Service bei seinem Kunden Mike zu erläutern, dessen Ziel es ist, Jeff das Leben schwer zu machen und ihn in der Position des Unterlegenen zu halten. Jeffs Absicht ist es, das Meeting als Gelegenheit zu nutzen, um Rapport aufzubauen und ihre Beziehung zu stärken. Jeff übernimmt das Pacing und Leading von Mike.

Mike: »*Hallo Jeff. Setzen Sie sich. Kaffee?*«

Jeff: »*Ja, gerne.*«

Mike: »*Ich muss sagen, dass dieser Zwischenfall möglicherweise der schlimmste ist, den wir je zu verzeichnen hatten, und ich brauche einen vollständigen Bericht über das Geschehnis. Außerdem möchte ich die Zusicherung, dass Sie in der Lage sind, zukünftige Zwischenfälle zu verhindern.*«

Jeff: »*Der Zwischenfall ist in diesem Bericht klar dokumentiert. Sie werden sehen, dass er die vollständigen Einzelheiten des Geschehnisses enthält, das ich gerne mit Ihnen erörtern möchte.*«

(Jeff hat es vermieden, eine defensive Position einzunehmen, Mike gegeben, worum er gebeten hat, und seine auditiven Prädikate, Atmung, Haltung und Stimme gepacet.)

Mike: »*Was können Sie sagen, um mir und meinen Kollegen zu versichern, dass Ihre Organisation in der Lage ist, uns durchweg einen Service zu liefern, der unserem Standard entspricht?*«

Jeff: »*Wir haben Ihren Bedürfnissen durchweg Gehör geschenkt und Ihren Bitten um zusätzlichen Service entsprochen. Ich möchte meinem Bedauern über diesen einen Zwischenfall Ausdruck verleihen und Ihnen und Ihren Kollegen gleichzeitig versichern, dass wir im Einklang mit den in den Service-Kriterien schriftlich festgelegten Standards bleiben werden, die aufgestellt wurden, als wir den Vertrag zum ersten Mal unterzeichnet haben.*«

(Pacing der Werte Konsistenz und Standard, Verallgemeinern (Chunking-Up) von dem Zwischenfall zu »Service-Kriterien«, Matching von Prädikaten, Atmung, Haltung und Stimme.)

Mike: »*Nun, das ist wahr; vielleicht wurde dieser Zwischenfall durch menschliches Versagen verursacht, aber auch dann gibt es keine Entschuldigung für das, was geschehen ist.*«

Jeff: »*Der Bericht erläutert die Ursache ganz deutlich, und Sie haben Recht, ich werde keine Entschuldigung vorbringen. Und Sie wissen, dass es in diesem Jahr insgesamt fünf Probleme gab, mit denen wir effektiv umgegangen sind. Bei einem Vertrag dieses Umfangs und dieser Komplexität ist die Gesamtleistung unser Ziel, und, wie Sie gesagt haben, erfüllen wir die Service-Kriterien insgesamt. Wir haben dies erreicht, indem wir zugehört und unseren Service angepasst haben, wenn sich die Anforderungen verändert haben. Dieser Zwischenfall wurde sehr ernst genommen, wie Sie den Einzelheiten des Berichts entnehmen können, und wir verfassen bereits neue Vorgehensweisen aufgrund dessen, was wir gelernt haben.*«

(Weiteres Matching von Prädikaten und Pacing von Werten. Jeff beginnt hier mit dem Pacing des Gesprächs, als er langsam seine Haltung, seine Stimmlage und seine Gesten verändert, um seine Worte zu verstärken, die den Fokus von dem Zwischenfall auf Werte der höheren Ebene verlagert haben‾ Leistung, Vorgehensweisen und Lernen.)

Was sprichst du so laut, dass ich nicht hören kann, was du sagst.

Ralph Waldo Emerson (1803–1882)
Amerikanischer Essayist, Dichter und Philosoph

In Extrembeispielen, wenn jemand wirklich gegen Sie ist, ist Geduld der Schlüssel. Fahren Sie einfach fort mit Matching, Spiegeln und Pacing und Sie werden letztendlich den Rapport auf eine Ebene stellen, auf der Sie mit dem Leading beginnen können. Das Pacing einer Organisation muss auf vielen verschiedenen Ebenen gleichzeitig durchgeführt werden.

Dave Sibley, ein erstklassiger Verkaufsleiter in der Computerbranche in den Jahren des IT-Booms sicherte sich den größten Vertrag über Desktop Computer in Europa – British Telecom. Er war zunächst über 60 Millionen britische Pfund wert und wuchs auf über 100 Millionen britische Pfund an! Seine Strategie bestand darin, Werte auf vielen verschiedenen Ebenen in der Organisation zu pacen und zu matchen und Rapport aufzubauen. Er brauchte etwa vier Jahre, um von der Position, unbekannt und ungebeten zu sein, dahin zu gelangen, dass ein Foto von ihm zusammen mit dem Direktor der IT-Services gemacht wurde. Das ist die Macht des Rapports.

Das Pacing einer Organisation muss auf vielen verschiedenen Ebenen gleichzeitig durchgeführt werden.

Das nächste Kapitel beruht auf dem, was Sie bisher gelesen haben, und wird Sie in viele weitere Anwendungsmöglichkeiten des NLP in alltäglichen Situationen im Beruf einführen. Die Techniken in Kapitel 9 wurden wegen ihrer Wirksamkeit in dem vorliegenden Zusammenhang gewählt und sie haben alle dasselbe Ergebnis – *Ihnen zu helfen, einen persönlichen Wettbewerbsvorteil zu erlangen.*

Kapitel 9
Anwendung von NLP auf 13 alltägliche Herausforderungen

Sie haben nun die grundlegenden Konzepte und Dynamiken des NLP kennengelernt und in verschiedenen Übungen angewendet, in denen es um die wichtigsten Punkte für effektive Manager und Führungskräfte ging. In diesem Kapitel werden Sie durch eine Vielzahl verschiedener Techniken und Übungen lernen, wie man NLP auf alltägliche Herausforderungen anwendet. Ich bin mir ganz sicher, dass Sie inzwischen erkannt haben, dass das NLP ein so weites Anwendungsfeld hat, dass es nur durch die Blockaden Ihrer eigenen kreativen Denkweise begrenzt wird. Obwohl dieses Kapitel dazu gedacht ist, dass Sie es jederzeit aufschlagen können, wenn Sie es brauchen, beziehen sich einige der Übungen doch auf vorhergehende Teile des Buches zwecks vollständigerer Beschreibung der vorgeschlagenen Techniken.

NLP und Stressmanagement

Der Vorgang, gestresst zu werden, ist etwas, das man erlernt. Wie gestresst man wird, hängt davon ab, wie gut Sie gelernt haben, ihre Muskeln anzuspannen, die Stirn zu runzeln, negative innere Dialoge zu führen, dunkle, trübe mentale Bilder zu entwerfen und schnell im oberen Brustbereich zu atmen. Sie haben auch gelernt, wann Sie gestresst werden, wenn Sie zum Beispiel zu spät zu einem Meeting kommen und im Stau stehen oder wenn Sie das Gefühl haben, dass Ihnen die Zeit davonläuft und Sie Ihre Aufgaben noch nicht ansatzweise erledigt haben; vielleicht sind andere Menschen schwierig oder erbringen schlechte Leistungen oder vielleicht setzt Sie Ihr Chef zunehmend unter Druck. Es könnte sein, dass Sie Ihre eigenen hohen Arbeitsstandards nicht erfüllen.

NLP im Management. David Molden
Copyright © 2009 WILEY-VCH Verlag GmbH & Co. KGaA, Weinheim
ISBN: 978-3-527-50283-7

Vielleicht werden manche Dinge nicht perfekt, richtig oder so, wie Sie sie haben wollen. Was auch immer Ihren Stress auslöst, Sie müssen wissen, dass Sie gelernt haben, ihn sich selbst zu machen. Obwohl Stress häufig mit der Umgebung in Verbindung gebracht wird, hat er tatsächlich mehr mit Ihrer Fähigkeit zu tun, Ihre Reaktion auf potenziell stressige Situationen zu steuern.

Übung 7: Stress bezwingen

Es folgt eine Möglichkeit, mit Stress unter Einsatz von Körper und Geist umzugehen.

Geist

Rufen Sie sich eine Situation in Erinnerung, die bei Ihnen gewöhnlich Stress erzeugt. Konzentrieren Sie sich auf das nächste Mal, wenn Sie sich in dieser Situation befinden werden, und erzeugen Sie ein Bild des Szenarios. Sehen Sie sich selbst in dem Bild, wie Sie auf die stressige Situation reagieren, aber dieses Mal werden Sie anders reagieren – ruhiger und kontrollierter, emotional losgelöst von allem, was um Sie herum vorgeht. Während Sie dieses Bild betrachten, sagen Sie sich, wie lächerlich es war, dass diese Situation Sie üblicherweise stresste, und wie viel besser Sie sich jetzt fühlen, da Sie Ihre Reaktion steuern. Regeln Sie Helligkeit, Farbe und Kontrast Ihres Bildes hoch und passen Sie eventuelle Geräusche an, damit Sie sich noch besser als Herr der Lage und entspannt fühlen. Holen Sie das Bild näher und achten Sie darauf, wie die Gefühle der Ruhe und der Kontrolle stärker werden.

Körper

Konzentrieren Sie sich weiterhin auf Ihr Bild und atmen Sie entspannt und natürlich tief ein und aus. Atmen Sie bis tief in Ihren Unterbauch hinein, während Sie Ihren Körper entspannen und dabei Ihren Schultern, Ihrem Kiefer und Ihren Augenbrauen besondere Aufmerksamkeit widmen. Atmen Sie durch die Nase ein und aus.

Während Sie fortfahren, tief und natürlich zu atmen, schauen Sie nach unten und sagen Sie sich, wie leicht es ist, entspannt zu sein, ganz gleich, was um Sie herum vorgeht; schließlich ist das Leben voller potenziell stressiger Situationen, aber Sie müssen sich nicht emotional darin verheddern – jetzt haben Sie die Kontrolle und können sich auf das konzentrieren, was wirklich wichtig ist, nicht darauf, wie Sie sich fühlen. Kehren Sie zu dem Bild zurück, das Sie vor Ihrem geistigen Auge gezeichnet haben, und rahmen Sie es ein. Schieben Sie es jetzt weit weg, sodass Sie nur noch einige Details erkennen können. Während Sie die Situation aus dieser Entfernung betrachten, im Zustand völliger Entspannung und Kontrolle, projizieren Sie diese Gefühle in Ihr Bild und holen Sie es näher, und während es auf Sie zukommt, verstärken Sie die Gefühle der Ruhe und der Kontrolle. Lassen Sie das Bild so nahe kommen, dass Sie Teil des Bildes werden und sich voll und ganz mit ihm und den mächtigen Gefühlen der Ruhe und der Kontrolle assoziieren. Kurz bevor das Gefühl den Höhepunkt erreicht, drücken Sie Daumen und Mittelfinger Ihrer linken Hand zusammen, halten den Druck etwa 20 Sekunden aufrecht und lösen ihn dann. Jetzt haben Sie sich selbst einen Anker gesetzt, den Sie jederzeit einsetzen können, wenn Sie vor einer potenziell stressigen Situation stehen.

Stress schadet sowohl dem Körper als auch dem Geist, und Sie sind es sich selbst schuldig, sich um Ihr Stressniveau zu kümmern. Denken Sie auch daran, dass für manche Menschen Stress eine Triebfeder sein kann. Möglicherweise werden wir nie etwas erreichen, ohne uns bis zu einem gewissen Grad unter Stress zu fühlen. Erst wenn Stress dazu führt, dass Sie sich müde, verspannt und erschöpft fühlen und unter Schmerzen leiden, wird es gefährlich. Wenn der Stress Sie nicht antreibt und Sie sich nicht großartig fühlen, dann müssen Sie den Umgang mit dem Stress in Angriff nehmen.

NLP und Zeitmanagement

Die Sprache, mit der wir Zeit beschreiben, gibt Hinweise auf die Art und Weise, wie wir Zeit metaphorisch auf unsere Erfahrungen einwirken lassen. Einige dieser Metaphern sind eher lächerlich. Es folgen einige gängige Metaphern und ihre Präsuppositionen:

- *Ich habe dafür keine Zeit* (Zeit ist ein Besitztum – etwas, das man hat oder nicht hat).

- *Ich kann mir dafür keine Zeit nehmen* (Zeit ist ein Produkt, das man sich nehmen kann).
- *Es ist nie genug Zeit* (Zeit ist ein Erzeugnis, das immer knapp ist).
- *Die Zeit arbeitet gegen uns* (Zeit hat eine physikalische Form und Energie).
- *Die Zeit ist reif* (Zeit erlebt einen Entwicklungsprozess – von unreif bis reif).
- *Wir haben alle Zeit der Welt* (Zeit wird von der Welt gehalten und wir können sie besitzen).
- *Die Zeit ist gekommen* (Zeit ist rücksichtslos).

Mit diesen gängigen Metaphern drückt man ein Verhältnis zur Zeit aus. Es mag harmlos erscheinen, solche Dinge zu sagen, aber die Sprache, die Sie verwenden, hat tatsächlich Auswirkungen auf Ihr Verhalten. Metaphern wie diese sind Wahrnehmungsfilter für Ihren Umgang mit der Zeit. Die Art und Weise, auf die Sie in Metaphern über Zeit sprechen, hat einen unmittelbaren Einfluss auf Ihr Produktivitäts- und Effektivitätsniveau.

Bedenken Sie, wie absurd die Überschrift dieses Abschnitts ist. Als ob irgendjemand tatsächlich Zeit verwalten könnte. Sie ist eins der wenigen Dinge, auf die wir keinerlei Einfluss haben! Hören Sie also damit auf, Zeit zu verwalten – Sie werden keinen Erfolg haben. Verwalten Sie stattdessen Ihre Prioritäten – verfolgen Sie, was Ihnen wirklich wichtig ist, und füllen Sie Ihre Zeit mit gewinnbringenden Tätigkeiten – tun Sie nichts weiter, und nutzen Sie einen Teil Ihrer Zeit für Entspannung und Spiel.

In meiner früheren Funktion als Manager für Aus- und Fortbildung bei einer großen IT-Firma gab ich hunderttausende Pfund dafür aus, Manager zu Zeitmanagementkursen zu schicken. Ich kann ehrlicherweise sagen, dass dieses Geld zum größten Teil schlecht angelegt war. Warum? Weil 50 Prozent der Manager, die diese Kurse besuchten, ihre Zeit bereits gut nutzten und durch den Kurs nur wenig Neues lernten. Die restlichen 50 Prozent nutzten ihre Zeit ineffektiv und kämpften damit, das Gelernte in die Praxis umzusetzen. Durch das NLP habe ich gelernt, dass Zeitmanagement wenig mit Listen und Plänen zu tun hat, aber alles mit Emotionen und dem Bewusstsein, dass Zeit vergeht.

Emotionen und Prioritäten

Erstellen Sie eine Liste der Aufgaben, die Teil Ihrer Rolle als Manager sind, und kategorisieren Sie sie in Aufgaben, die Ihnen Freude bereiten, und Aufgaben, die Ihnen keine Freude bereiten – aus welchem Grund auch immer. Wenn Sie auf Ihre Liste schauen, wird es ersichtlich, wo Sie Zeit verlieren? Das wird es aus einem der drei folgenden Gründe:

- Sie haben nicht gelernt, Ihre Aufgaben an andere zu delegieren.
- Sie verbringen mehr Zeit als nötig mit Aufgaben, die Ihnen Freude bereiten.
- Sie verbringen mehr Zeit damit, über Aufgaben, die Ihnen keine Freude bereiten, nachzudenken, als sie zu erledigen.

Ich verwende den Begriff »Freude bereiten« hier recht locker – eine andere Möglichkeit zu kategorisieren ist es, eine Gruppe von Aufgaben auszuwählen, die Sie einfach in Angriff nehmen, und eine andere Gruppe, die Sie tendenziell auf mentalem und emotionalem Abstand halten, weil Sie sich nicht sicher sind, wie Sie am besten damit umgehen sollen. In der Tat geschieht gewöhnlich genau das, und deshalb geht es beim Zeitmanagement mehr um Emotionen als um Listen von wichtigen Dingen, die zu erledigen sind. Was tun Sie, wenn Sie für Ihre Aufgaben in der kommenden Woche Prioritäten gesetzt haben und am Montagmorgen eine E-Mail erhalten, in der Sie um zwei Stunden Ihrer Zeit gebeten werden, um an einer Sitzung teilzunehmen, von der Sie gehofft hatten, nicht hingehen zu müssen? Sie müssen sich mit mehr als nur Prioritäten beschäftigen, da diese sich ständig auf wöchentlicher, wenn nicht sogar täglicher oder manchmal auch stündlicher Basis verschieben. Sie müssen auch die emotionale Entfernung zwischen Ihnen und Ihren Aufgaben managen, damit Sie die Dinge erledigen und aufhören können, Dinge beiseite zu schieben. Wenn Sie sich voll einbringen, ist es erstaunlich, wie viel Sie erledigt bekommen können.

Emotionale Distanz kann durch Folgendes verursacht werden:

- Sie empfinden die Menschen, mit denen Sie zu tun haben, als schwierig, unangenehm oder verwirrend.
- Sie empfinden einen Teil oder die ganze Aufgabe als verwirrend, schwierig oder langweilig.
- Sie sind sich über den Wert Ihrer Anstrengungen zur Erledigung der Aufgabe unsicher.
- Sie haben gewisse Überzeugungen bezüglich Ihres Verhältnisses zu der Aufgabe oder den Menschen, mit denen Sie umgehen müssen.

Nehmen Sie jetzt jede einzelne Aufgabe aus Ihrer Kategorie »mentale und emotionale Distanz« und stellen Sie fest, was an der Aufgabe verursacht, dass Sie die Distanz erzeugen. Sobald Sie die Ursache festgestellt haben, schreiben Sie sie nieder, und achten Sie während des Schreibens auf den Zustand, in dem Sie sich befinden. Wahrscheinlich befinden Sie sich in einem ressourcenarmen Zustand und das hält Sie in Wirklichkeit davon ab, sich an diese Aufgaben zu machen. Wenn Sie diese Aufgabe loswerden könnten, hätten Sie es wahrscheinlich schon getan, deshalb handelt es sich bei den Aufgaben auf Ihrer Liste mangels Alternativen um Aufgaben, von denen Sie meinen, dass Sie sie erledigen müssen. Wenn es so ist, ist es dann nicht besser, in einem ressourcenvollen Zustand zu sein, wenn Sie über diese Aufgaben nachdenken und sie erledigen? Wenn Sie in einem positiven Zustand sind, arbeiten Sie einfach besser, finden Sie daher etwas, das Sie in einen positiven Zustand versetzt.

Dieses nicht Jenes

Diese Worte wurden bereits in Kapitel 4 in dem Abschnitt über Denken in orangen Kreisen (Orange Circle Thinking) behandelt. Hier werden wir sie benutzen, um Ihnen bewusster zu machen, wie stark Sie sich bei Ihrer Arbeit mental und emotional engagieren. Eine Möglichkeit, Ihre Aufgaben jederzeit im Griff zu haben, besteht darin, besonders auf die Worte *dieses* und *jenes* zu hören, wenn Sie auf die Aufgaben Bezug nehmen. Diese kleinen Worte können einen Einblick in den Grad der emotionalen und mentalen Verbundenheit mit jeder Ihrer Aufgaben geben. Im normalen Alltagsgebrauch verwenden wir eher das Wort *jenes*, wenn wir Bezug auf etwas Entferntes nehmen, sei es zeitlich oder räumlich, wie z. B. »**jenes** Projekt, das wir letztes Jahr durchgeführt haben« verglichen mit »**dieses** Projekt, das ich gerade manage«, und »**jenes** Büro, auf der anderen Seite der Stadt« verglichen mit »**dieses** Büro, in dem wir hier arbeiten«. Mit dem Wort *jenes* wird auch eine mentale und emotionale Distanz von einer aktuellen Aufgabe gewahrt, z. B. »**jenes** Projekt, das er managt« oder »ich muss **jene** Aufgabe jetzt erledigen«. Es wird häufig gebraucht, wenn das Projekt oder die Aufgabe etwas sind, auf das wir uns aus irgendeinem Grund nicht freuen.

Eine mentale Distanz zu einem Problem zu haben, kann sehr nützlich sein, wenn sie mit einer eindeutigen Intention der Problemlösung einhergeht. Wenn Sie aber in diesem Zusammenhang distanziert sind, können Sie sicher sein, dass Sie weniger konzentriert sein und mit Ablenkungen zu kämpfen haben werden, wenn Sie die Arbeit erledigen. Wahrscheinlich werden Sie bei Aufgaben, auf die Sie mit *jenes* Bezug nehmen, mehr zögern und Zeit verschwenden, als auf die Sie mit *dieses* Bezug nehmen. Wenn Sie sich das nächste Mal dabei ertappen, dass Sie *jenes* verwenden, um sich auf aktuelle Aufgaben zu beziehen, dann fragen Sie sich: »Habe ich meinen Fokus wirklich darauf gerichtet, meine Arbeit großartig zu machen? Was veranlasst mich, daraus ein *jenes* zu machen?« Führen Sie dann die nächste Übung durch und versetzen Sie sich in einen angemessenen positiven Zustand, um mit der vorliegenden Aufgabe fortzufahren, wer auch immer der Projektmanager ist.

Übung 8: Motivieren Sie sich, die Dinge zu erledigen

Nehmen Sie eine *Jenes*-Aufgabe und fangen Sie an, nach den Vorteilen für Sie zu suchen, die aus einer effektiven Erledigung der Aufgabe resultieren. Schreiben Sie jeden Vorteil, den Sie feststellen können, auf. Graben Sie tiefer nach Vorteilen, die Sie bisher vielleicht nicht erkannt haben. Sie wollen alle Vorteile der Erledigung dieser Aufgabe finden. Möglicherweise ist die Aufgabe, an die Sie gerade denken, eine Art Herausforderung oder Kraftanstrengung. Vielleicht ist es eine Gelegenheit, etwas Neues zu lernen oder eine Beziehung aufzubauen. In allem steckt irgendein Vorteil, wenn Sie lang genug danach suchen und bereit sind, Ihrer Wahrnehmung einen neuen Rahmen zu geben (Reframe).

Durchlaufen Sie als nächstes das Verfahren der »wohl formulierten Ergebnisse (Outcomes)« aus Kapitel 3, um sicherzustellen, dass Sie alles haben, was Sie benötigen, um Ihre Arbeit großartig zu erledigen. Erzeugen Sie dann positive, »empowernde« (befähigende, ermächtigende) Bilder des Erfolgs vor Ihrem geistigen Auge. Setzen Sie Ihre Vorstellungskraft ein, um Ihr Bild in einen orangen Kreis zu stellen und lassen Sie das Bild hell und klar werden. Sehen Sie all die Vorteile der Erledigung dieser Aufgabe. Lassen Sie Ihr Bild größer werden. Holen Sie es näher zu sich heran und lassen Sie es in dem runden orangen Rahmen. Wie fühlen Sie sich jetzt bei *dieser* Aufgabe? Verfahren Sie nun mit anderen Aufgaben derselben Kategorie genauso, und erzeugen Sie so mehr Energie und Motivation, sich für die Aufgabe zu engagieren.

Wie nützlich ist Ihr persönlicher Zeitcode?

Wie Sie Zeit kodieren und in welcher Beziehung Sie zu ihr stehen, hat einen großen Einfluss darauf, wie Sie Ihre Zeit nutzen. Menschen, die Ihre Zeit produktiv nutzen, haben ein gutes Gespür für das Verstreichen der Zeit und wie lang eine Minute, Stunde oder drei Stunden wirklich sind. Das ist der Grund, warum manche Menschen ständig zu spät kommen und andere immer pünktlich sind. Ihr persönlicher »Zeitcode« nimmt den physikalischen Raum um Ihren Körper ein. Albert Einstein entdeckte die Verbindung zwischen Raum und Zeit, und wir wissen jetzt, wie einzelne Personen in Beziehung zur Zeit stehen (vgl. den Abschnitt über Zeit in Kapitel 2). *Menschen* mit einem *Through-Time*-Muster oder -Code wissen, wann sie wo sein müssen, und verwenden wahrscheinlich Zeit auf die Vorbereitung. Ein *In-Time*-Muster oder -Code hat den gegenteiligen Effekt und setzt diese Menschen verschiedenen Zuständen von Chaos und Unsicherheit aus, während sie zwischen verschiedenen Terminen hin und her hasten und dabei gewohnheitsmäßig zu spät kommen.

Wenn Sie einen *In-Time*-Code haben, der nicht hilfreich ist, wie gehen Sie dann vor, um ihn zu ändern? Die Antwort ist, dass Sie für sich selbst eine Strategie und Time-Line der »Pünktlichkeit und Vorbereitung« entwerfen müssen. Bereiten Sie sich daher darauf vor, mehr Zeit darauf zu verwenden, darüber nachzudenken, wie viel Zeit die Dinge wirklich brauchen und wie wichtig bestimmte Tätigkeiten wirklich sind.

Übung 9: Richten Sie Ihren Fokus darauf, was Ihnen wirklich wichtig ist

Beginnen Sie damit, festzustellen, was Ihnen wirklich wichtig ist (siehe den Abschnitt über Werte in Kapitel 1), und wählen Sie einige Tätigkeiten, die im Zusammenhang mit einer Ihren höchsten Prioritäten auf dieser Liste stehen, aus. Legen Sie für jede Tätigkeit ein Ergebnis fest und proben Sie mental, was Sie tun müssen, um es zu erreichen. Denken Sie darüber nach, welche Vorbereitungen Sie treffen wollen und kalkulieren Sie die geschätzte Zeitdauer für jede Aufgabe, die Sie festgelegt haben.

Schauen Sie jetzt nach links unten und sagen Sie sich, wie viel mehr Sie jetzt erreichen werden, da Sie diese neue Strategie haben, schauen Sie dann nach rechts oben und sehen Sie, wie viel effektiver Sie jetzt sind. Achten Sie darauf, wie Sie Gespräche zum Ende bringen, damit Sie sich dringenderen Tätigkeiten zuwenden können, und wie Sie sich die Zeit nehmen, sich gut auf Meetings vorzubereiten. Schauen Sie nun nach rechts unten und genießen Sie das Gefühl, die Kontrolle zu haben. Schauen Sie noch einmal nach links unten und wiederholen Sie den Kreislauf von unten – links/Sagen; über oben – rechts/Sehen; nach unten – rechts/ Fühlen: mindestens fünf Mal, bis Ihr Geist mit der Vorstellung vertraut ist, dass Sie von nun an auf eine andere Art und Weise arbeiten und sich auf die Tätigkeiten konzentrieren werden, die Sie Ihrem Ergebnis näher bringen.

Time-Line

Sie können jetzt die Strategie noch mächtiger machen, indem Sie eine neue Time-Line entwerfen. Zunächst stellen Sie sich eine Time-Line vor, die mit diesem Moment »jetzt« unmittelbar vor Ihnen beginnt und sich im 45-Grad-Winkel nach links von Ihnen weg in Richtung Ihrer Vergangenheit bewegt und im 45-Grad-Winkel nach rechts in Richtung Ihrer Zukunft. Die Linie kann sich so weit von Ihnen weg ausdehnen, wie Sie möchten. Erstellen Sie Ihre neue Time-Line in sehr hellen Farben und irgendwie unverwechselbar. Sie anzuschauen sollte angenehm sein. Nehmen Sie nun eine Aufgabe nach der anderen von der vorhergehenden Übung und fangen Sie sie als Standbild in hellen Farben, scharf und in einem Rahmen ein. Während Sie weiterhin mit Ihrer Vorstellungskraft arbeiten, stellen Sie dieses Bild auf einen Punkt Ihrer Time-Line in der Zukunft, an dem es Ihrer Ansicht nach dazu kommt. Tun Sie dies mit allen anderen Aufgaben und denken Sie daran, in den nächsten Wochen häufig auf Ihre neue Time-Line Bezug zu nehmen, bis sie zur Gewohnheit geworden ist. Ihre neue Strategie der »Pünktlichkeit und Vorbereitung« ist jetzt vollständig.

Es folgt eine klassische NLP-Übung, bei der mit Time-Line und Visualisierung gearbeitet wird, die zur Erzeugung erfolgreicher Ereignisse in der Zukunft verwendet werden können.

Übung 10: Erfolgsplanung

Kommt in der Zukunft eine Aufgabe auf Sie, Ihr Team oder Ihre Organisation zu, die Ihnen wichtig ist und bei der Sie persönlich exzellente Leistungen erbringen wollen? Vielleicht ein wichtiges Meeting, eine Planungssitzung mit Ihrem Team, eine Kundenpräsentation, ein Strategiebericht, den Sie verfassen müssen, ein auf Hochtouren laufendes Multimillionen-Projekt oder ein Vorstellungsgespräch? Sie werden eine räumliche Metapher verwenden, die Ihnen beim Aufbau eines erfolgreichen Ereignisses helfen wird, daher werden Sie für diese Übung viel physikalischen Raum benötigen.

Schritt 1

Stellen Sie sich vor, dass Ihre zukünftige[10] Time-Line vor Ihnen auf den Boden geworfen wird – als ob Sie einen roten Teppich ausrollten.

---

10) Tad James and Wyatt Woodsmall, *Timeline therapy and the basis of personality*, Meta Publications, 1988.

Schritt 2
Legen Sie ein Bild, wie Ihnen diese zukünftige Aufgabe gelingt, in einer Entfernung auf die Time-Line, die sich für Sie richtig anfühlt. Lassen Sie das Bild hell und farbenfroh sein. Das Bild darf auf jeder beliebigen Ebene sein, sogar dreidimensional mit Soundeffekten, wenn Sie mögen.

Schritt 3
Gehen Sie nun Ihre Time-Line hinab, bleiben Sie stehen, wenn Sie auf der Höhe Ihres Bildes angekommen sind, und assoziieren Sie sich vollständig mit dem Erfolgsgefühl bei dieser Aufgabe. Fühlen Sie, wie gut es ist, erfolgreich zu sein. Genießen Sie dieses Gefühl einige Momente.

Schritt 4
Gehen Sie nun weiter, gerade eben an Ihrem Bild vorbei. Bleiben Sie stehen und drehen Sie sich um, damit Sie jetzt Ihre Time-Line bis zu dem *Jetzt*-Punkt hinab blicken können. Sie müssen sich auf die Zeit zwischen *jetzt* und Ihrem Bild vom Erfolg konzentrieren (siehe Abb. 9.1). Während Sie den Fokus Ihrer Denkwei-

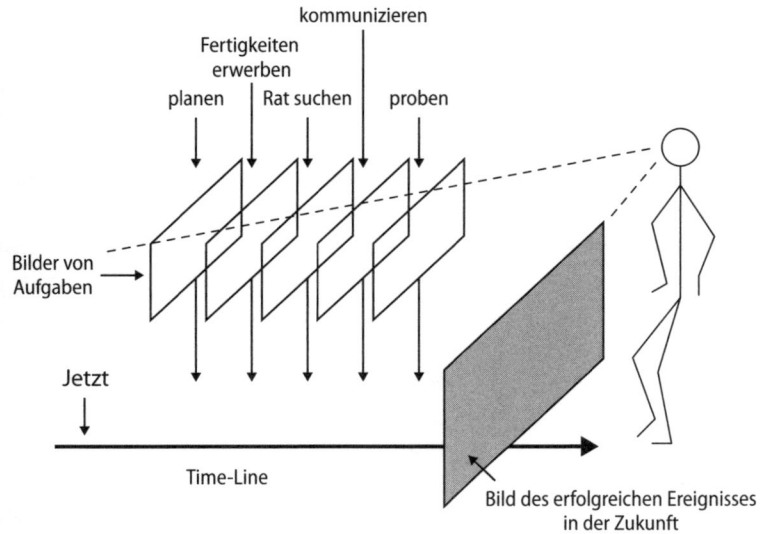

Abbildung 9.1: Erfolg in zukünftige Ereignisse einbauen

se auf diese Zeitspanne richten, stellen Sie sich all die Dinge vor, die Sie tun mussten, um Ihren Erfolg sicherzustellen. Es folgen einige Beispiele für nützliche Fragen zur Fokussierung Ihrer Denkweise:

- Was war Ihnen wichtig?
- Welche Pläne mussten Sie machen?
- Wen haben Sie über Ihre Aufgabe informiert?
- Mit wem haben Sie kommuniziert?
- Welche Kommunikationsmethode war am relevantesten?
- Benötigten Sie zusätzliche Fertigkeiten – und wie haben Sie sie erworben?
- War Rat von erfahrenen und erfolgreichen Personen für Sie hilfreich?
- Haben Sie geprobt bzw. geübt?

Was Sie an dieser Stelle tun, ist zu visualisieren, wie Sie all die Dinge getan haben, die notwendig waren, damit Sie die Aufgabe erfolgreich erledigen konnten. Wenn Sie den Eindruck haben, dass alles berücksichtigt worden ist, können Sie damit beginnen, sie an den Stellen in Ihre Time-Line einzufügen, die am geeignetsten erscheinen.

Schritt 5

Wenn Sie alle Ihre Bilder auf Ihrer Time-Line arrangiert haben, sind Sie bereit, zurück zu der ursprünglichen *Jetzt*-Position zu gehen, von der Sie gestartet sind, wobei Sie bei jedem Bild eine kurze Pause machen, um sich voll mit der Tätigkeit zu assoziieren. Sind Sie, wenn Sie am Ausgangspunkt angekommen sind und Ihre Time-Line hinabblicken, zuversichtlich, dass jede der Aufgaben, die Sie festgelegt haben, ausreichend detailliert ist, um Ihren Erfolg sicherzustellen? Wenn die Antwort *ja* lautet, so haben sie die Übung beendet. Wenn Sie Zweifel oder Unsicherheit empfinden, gehen Sie Ihre Time-Line noch einmal ab, bis Sie an den Punkt gelangen, an dem der Zweifel generiert wird, und nehmen Sie die Anpassungen vor, die Sie für nötig halten.

Dieser Prozess gibt Ihnen Feedback über die Wirklichkeitstreue Ihrer geplanten Zeiteinteilung zur vollständigen Erledigung der Aufgabe. Haben Sie ohne jeden Zweifel genug Zeit in alle notwendigen Bereiche investiert, um sicherzustellen, dass Ihr Ergebnis erzielt wird? Die obigen Fragen sind nur Beispiele und sicher nicht erschöpfend. Für Sie sind Ihre eigenen Fragen möglicherweise von größerem Belang für Ihre jeweilige gewählte Aufgabe.

Diese Technik kann verwendet werden, um Erfolg in jede zukünftige Aufgabe einzubauen, obwohl sie für große Ereignisse und wenn man nur wenig Erfahrung hat, aus der man schöpfen kann, besonders nützlich ist. Sie hat viele Vorteile gegenüber herkömmlichen Planungen mittels Kalendereintragungen, die normalerweise eher eilig und in einem vollkommen dissoziierten Zustand vorgenommen werden. Wie oft stellen Sie fest, dass Sie dem Projektplan eines anderen verpflichtet sind und der Zeitplan für die Fertigstellung bereits steht, bevor Sie überhaupt nur die Chance hatten zu überlegen, was Sie tun müssen?

Die Zeit vergeht, sagt man?
Oh nein! Leider, die Zeit bleibt, wir vergehen.

Austin Dobson (1840–1921), Britischer Autor

Die Folge ist, dass man die Planungszeit kürzt, die oft nicht als produktive Tätigkeit anerkannt wird. Time-Line-Planung, insbesondere für wichtige Projekte, ist ein sehr gründlicher und effektiver Vorgang. In Kombination mit anderen NLP-Techniken ermöglicht Sie Ihnen, Widerstandsfähigkeit, Sicherheit und große Leistungen in Ihre Zukunft einzubauen.

NLP und Selbstvertrauen

Selbstvertrauen ist ein Geisteszustand. Es kommt von innen. Ganz gleich, wie viel Sie lernen oder wie hart Sie arbeiten, die Fähigkeit, in einer wettbewerbsorientierten Umgebung Erfolg zu haben, erfordert Selbstvertrauen. Stellen Sie sich vor, Sie wären in jeder Situation selbstsicher – im Umgang mit neuen Kunden, beim Reden vor Gruppen, bei Prüfungen, beim Verkaufen und Verhandeln.

Bei Situationen, in denen Sie sich bereits selbstsicher fühlen, handelt es sich möglicherweise keineswegs um »Selbstvertrauen«, sondern um Vertrautheit. Wenn Sie sich in Ihrer Kuschelecke befinden und eine Tätigkeit ausführen, mit der Sie vertraut sind und bei der Sie bereits gute Leistungen erbracht haben, werden Ihre Fähigkeiten nicht wirklich gefordert. Erst wenn Sie aus Ihrer Kuschelecke hervorkommen, werden Ihre Fähigkeiten gefordert, die Ihr Selbstvertrauen auf die Probe stellen. Manche Menschen gehen an neue Aufgaben mit Wissbegierde heran und gewinnen infolgedessen recht schnell einen Überblick. Aber nicht jeder scheint diese Herangehensweise zu haben. Manche Menschen wirken gestresst, wenn Sie sich an neuen Aufgaben versuchen, und erwarten beinahe, dass es schief geht, was dann auch ausnahmslos geschieht. Man könnte sagen, dass Menschen der ersten Gruppe selbstsicher sind und es denjenigen der zweiten Gruppe an Selbstvertrauen mangelt. Man kann Selbstvertrauen nur in einer nicht vertrauten Situation wirklich prüfen.

Selbstvertrauen ist etwas, das man als innere Stärke erzeugen kann, die man jederzeit überall einsetzen kann. Es geht nicht darum, bei dieser oder jener Sache Selbstvertrauen zu haben, sondern darum, eine selbstsichere Person zu sein, unabhängig von der bevorstehenden Situation oder Herausforderung. Wann immer Sie die Notwendigkeit empfinden, selbstbewusster zu sein, werden Ihnen die folgenden Werkzeuge helfen, dieses Ziel zu erreichen.

Übung 11: Selbstvertrauen aufbauen

Identifizieren Sie eine Situation, in der Sie gerne selbstsicherer wären, z. B.:

* Meetings mit wichtigen Personen,
* Präsentationen halten,
* ehrliches Feedback geben,
* Kundenbesuche,
* Verkaufssituationen,
* Netzwerke mit potenziellen Geschäftspartnern,
* neue Freunde treffen,
* Trainingskurse,
* Schätzungen durchführen.

Schreiben Sie Ihre Situation hier nieder:

```
┌─────────────────────────────────────────┐
│                                         │
│                                         │
│                                         │
│                                         │
└─────────────────────────────────────────┘
```

Technik 1: Kontext-Switch

Listen Sie fünf Situationen auf, die in einem ähnlichen Kontext stehen, wie diejenige, die Sie oben ermittelt haben, in denen Sie normalerweise sehr selbstsicher sind.

1 _____

2 _____

3 _____

4 _____

5 _____

Stellen Sie sich als nächstes vor, Sie würden einen der obigen Kontexte erneut inszenieren und sich dabei sehr selbstsicher fühlen, und beantworten Sie die folgenden Fragen:

1 Wie fühlen Sie sich, wenn Sie dieses Selbstvertrauen haben?

_____

2 Wie ist Ihre Haltung?

_____

3 Was geht Ihnen durch den Kopf?

_____

4 Was sagen Sie zu sich?

_____

5 Worauf fokussieren Sie Ihre Aufmerksamkeit?

_____

Übernehmen Sie nun die Denkweise, den inneren Dialog, die Haltung und die Emotionen, die Sie haben, wenn Sie selbstsicher sind, in den Zeiten, in denen es Ihnen bisher an Selbstvertrauen mangelte. Bereiten Sie sich auf diese Weise vor.

Technik 2: An sich selbst glauben

Nichts fördert Selbstvertrauen mehr, als ein starker Glaube an sich selbst, Ihre Fähigkeiten und Ihre Handlungen. Denken Sie einige Zeit über die Kontexte nach, in denen Sie selbstsicherer sein wollen, und lassen Sie Filme vor Ihrem geistigen Auge ablaufen, wie Sie in jeder einzelnen Situation »sein« wollen. Lassen Sie die Filme vor Ihrem geistigen Auge in Farbe, groß und mit positivem Ergebnis ablaufen. Spielen Sie sie sich immer wieder vor und tauchen Sie in die erfolgreichen Ergebnisse ein, die Sie geschaffen haben. Sagen Sie sich, dass Sie glauben, dass Sie in jeder Situation selbstsicher sein können. Beschreiben Sie die Gründe, warum Sie selbstsicher sein wollen. Die folgenden Halbsätze zu beenden, hilft Ihnen vielleicht bei diesem Vorgang:

- Der Kontext, in dem ich selbstsicherer sein möchte, ist ...

_____

- Das Ergebnis des Films vor meinem geistigen Auge ist ...

_____

- Ich kann in dieser Situation selbstsicher sein, weil ...

_____

- In dieser Situation selbstsicher zu sein, bedeutet, dass ...

_____

Technik 3: Sphäre des Selbstvertrauens

Diese Technik wird gewöhnlich von Moderatoren, Schauspielern und öffentlichen Rednern angewandt. Sie vermittelt Ihnen äußerst wirksam ein Gefühl des Selbstvertrauens – schließlich ist Selbstvertrauen genau das: ein Gefühl und eine Haltung. Und wenn Sie sich selbstsicher fühlen, können Sie Ihr Bestes geben.

Stehen Sie aufrecht, mit geradem Rücken und entspanntem Körper. Atmen Sie langsam und tief durch die Nase, und führen Sie die Luft tief hinab, damit sich der Unterbauch ausdehnt. Halten Sie Ihren Kopf gerade und sehen Sie gerade über den Horizont hinweg.

Stellen Sie sich vor, dass Sie Selbstvertrauen einatmen, und weiteres Selbstvertrauen strömt aus dem Universum herab, durch Ihre Schädeldecke hindurch und in Ihren ganzen Körper hinein. Ihre Füße haben Wurzeln geschlagen und Sie können nun aus der Erde unter Ihren Füßen Selbstvertrauen ziehen.

Denken Sie als Nächstes an einen Zeitpunkt, als Sie sehr selbstsicher waren. Der Kontext ist gleichgültig. Orten Sie das Gefühl, das Sie empfinden, wenn Sie sich selbstsicher fühlen, und stellen Sie sich vor, wie dieses Gefühl aus Ihrem Nabel heraus in eine Sphäre um Ihren Körper herum wächst. Die Sphäre füllt sich ebenfalls mit Selbstvertrauen aus Ihrem Atem, dem Universum und der Erde.

Während die Sphäre anwächst, fühlen Sie, wie das Selbstvertrauen Ihren ganzen Körper füllt, bis die Sphäre Ihren ganzen Körper umschließt. Stellen Sie sich vor, wie das Selbstvertrauen in Ihnen herumwirbelt und Sie stärkt. Wo auch immer Sie sind, Ihre Sphäre wird bei Ihnen sein, und jeder, den sie berührt, wird Ihr Selbstvertrauen fühlen.

Technik 4: Lächeln Sie Ihre Gedanken an

Wenn Ihr Selbstvertrauen schwächelt, liegt es häufig daran, dass Ihre Reaktion auf eine Situation oder eine Person, die Sie als »besser als Sie« betrachten, negativ ist. Stellen Sie sich zum Beispiel vor, dass Sie jemanden dabei beobachten, wie er eine Aufgabe so elegant ausführt, dass Sie bezweifeln, dass Sie es ebenso gut könnten. Es ist nicht die Beobachtung, die Ihr Selbstvertrauen erschüttert, sondern Ihre Reaktion darauf, z. B. »Ich bin nicht so gut«.

Sie müssen nur Ihre Reaktion verändern, und das gelingt am leichtesten, indem man LÄCHELT. Immer, wenn Sie sich dabei ertappen, dass Sie auf diese Weise reagieren, untersuchen Sie einfach Ihren aktuellen Gedanken und lächeln Sie ihn dann an. Sie werden feststellen, dass der Gedanke verschwindet und Sie ganz leicht Zugang zu Ihrem natürlichen selbstsicheren Zustand finden.

Technik 5: Schauen Sie nach innen

Hören Sie auf, in den Spiegel zu schauen, und beginnen Sie damit, in Ihrem Inneren nach Selbstvertrauen zu suchen. Ihr Gesicht und Ihr Körper werden sich nicht über Nacht radikal verändern, und je mehr Sie sich mit Ihrem visuellen Bild beschäftigen, desto weniger selbstsicher werden Sie.

Je selbstsicherer Sie sich fühlen, desto mehr Selbstvertrauen projizieren Sie und desto selbstsicherer sehen Sie von außen aus. Natürlich ist es wichtig, gut auszusehen, aber dafür benötigt man nur einen ganz ordentlichen Kleidungsgeschmack, einen hübschen Haarschnitt und ein gutes Maß an Körperhygiene.

Denken Sie an Ihre Fähigkeiten und was Sie gelernt haben. Entwickeln Sie ein Gefühl der Hingabe und des Engagements, um ein Ziel zu erreichen, und ganz gleich welche Zerstreuungen versuchen, Ihren Fokus auf weniger wertvolle Bestrebungen zu richten, führen Sie ihn einfach zurück auf Ihr Ziel. Fokussieren Sie und fokussieren Sie erneut. Machen Sie es sich zur Gewohnheit, jeden Morgen nach einem kurzen Blick in den Spiegel eine Verbindung zu Ihren inneren Ressourcen der Motivation und der Triebkraft herzustellen, und Sie werden sich jeden Tag selbstsicherer fühlen.

Technik 6: Treten Sie gegen sich selbst an

Manchmal ist das Selbstvertrauen am Boden, weil man dazu neigt, sich mit anderen zu vergleichen. Wenn wir sehen, wie jemand etwas besser kann als wir, können wir uns wegen unserer eigenen Leistung schlecht fühlen. Auch wenn Sie sehr wettbewerbsorientiert sind und gerne gegen andere antreten, werden Sie nicht immer Erster sein.

Beim Selbstvertrauen geht es also nicht darum, andere zu schlagen, sondern darum, Dinge so gut zu tun wie man kann, und jeder Vergleich erfolgt am besten nur mit der eigenen vorhergehenden Leistung. Was haben Sie beim letzten Mal gelernt, als Sie eine bestimmte Aufgabe erledigt haben? Wie werden Sie es beim nächsten Mal besser machen? Und es ist in Ordnung, andere zu beobachten und von ihnen zu lernen, solange Sie keine Vergleiche ziehen. Durch Beobachten können Sie Tipps und Ideen aufschnappen, die Sie verwenden können, und das ist die einzige Möglichkeit, Neues zu lernen. Daher lernen Sie zu beobachten, ohne zu vergleichen, und lernen Sie, nur gegen sich selbst anzutreten.

Technik 7: Die Atmung des Selbstvertrauens

Ob Sie sitzen, stehen oder gehen, stellen Sie sicher, dass Ihre Haltung, insbesondere Ihr Rücken, gerade ist; atmen Sie durch Ihre Nase ein und aus, führen Sie den Atem in Ihren Unterbauch hinab und entspannen Sie Ihren Körper.

Atmen Sie langsam und tief ein, zählen Sie dabei langsam bis acht, und halten Sie den Atem an, zählen sie dabei bis acht; atmen Sie dann langsam aus, zählen Sie dabei bis acht. Stellen Sie sich bei jedem Atemzug vor, dass die Luft, die Sie einatmen, reines Selbstvertrauen ist. Stellen Sie sie sich wie einen weißen Nebel vor, der sich in Ihrem ganzen Körper ausbreitet und Ihnen das Gefühl von Selbstvertrauen gibt.

Bewegen Sie jetzt Ihren Geist, um sich auf die Situation zu konzentrieren, in der Sie gerne mehr Selbstvertrauen hätten, und stellen Sie sich vor, Sie wären jetzt in der Situation, während Sie weiterhin wie oben beschrieben atmen. Wenn Sie sich nächstes Mal in der Situation befinden, in der Sie gerne mehr Selbstvertrauen hätten, beginnen Sie kurz zuvor mit der Atmung und bleiben Sie die ganze Zeit bis zum Schluss entspannt.

Technik 8: Nehmen Sie selbstsichere Gesten an

Wenn es Ihnen an Selbstvertrauen mangelt, wird es sich in Ihrer Körpersprache und Ihrer Gestik zeigen. Der Körper wird versuchen weniger aufzufallen, und deshalb werden die Gesten viel kleiner. Sie können das Gefühl des Selbstvertrauens zurückgewinnen, indem Sie die Körpersprache umkehren.

Zum Beispiel:

- Wenn Sie einen Vorschlag machen, machen Sie weit ausholende Gesten mit Ihren Händen und setzen Sie einen unterstützenden Gesichtsausdruck auf.
- Wenn Sie zuhören, zeigen Sie, dass Sie zuhören, indem Sie Ihren Kopf auf eine Seite legen und sich darauf konzentrieren, was gesagt wird?
- Begrüßen Sie Menschen bei Ihrer Ankunft mit einem selbstsicheren Händedruck?
- Gehen Sie entschlossen aus dem Raum, nachdem Sie sich der Reihe nach von allen Personen verabschiedet haben?
- Sind Ihre Worte beim Sprechen präzise und klar und klingt Ihre Stimme selbstsicher?

Wenn Sie sprechen, wirken Sie nicht nur selbstsicherer, wenn Sie Ihre Worte mit klaren und präzisen Handbewegungen unterstreichen, sondern Sie fühlen sich auch so.

Technik 9: Seien Sie entschlossen

Nichts tötet Selbstvertrauen so wie Unentschlossenheit. Machen Sie es sich zur Gewohnheit, jeden Morgen die Dinge niederzuschreiben, die Sie an dem Tag erreichen wollen, und halten Sie daran fest wie Klebstoff. Selbst wenn nur zwei Dinge auf der Liste stehen, es ist gleichgültig, was diese beiden Dinge sind, stellen Sie nur sicher, dass Sie sie erledigen.

Unentschlossenheit ergibt sich häufig aus einem Mangel an Vision und Richtung, Angst vor irgendetwas oder Vermutungen und Mutmaßungen betreffend den Wert einer bestimmten Aufgabe. Wenn Sie sich in einem dieser Gedankenmodi ertappen, ist es an der Zeit, etwas nur aus dem einzigen Grund zu tun, es getan zu bekommen. Zumindest ist das entschlossen.

Technik 10: Fokus mit Klarheit

Wenn es Ihnen an Fokus mangelt, wird Ihr Selbstvertrauen in sich zusammenfallen. Das liegt daran, dass Ihre Aufmerksamkeit keine Führung erhält und in alle Richtungen gezogen wird. Das kann Ihrem Selbstvertrauen durchaus Abbruch tun, da Sie bei der Ausübung bestimmter Tätigkeiten keine klare Absicht mehr verfolgen.

Verbringen Sie einige Zeit damit, Ihre Absicht im Rahmen des Kontextes zu betrachten, in dem Sie ein geringes Selbstvertrauen haben. Stellen Sie sich zum Beispiel vor, dass Sie beim Verkauf Ihrer Produkte oder Dienstleistungen selbstsicherer sein möchten. Wissen Sie, was Ihre Absicht bei der Ausübung dieser Tätigkeit ist? Gewinn zu machen? Werte zu vermitteln? Wachstum der Firma? Oder ein anderer übergeordneter Zweck? Wenn Sie diese Frage nicht beantworten können, so ist Ihr Selbstvertrauen wahrscheinlich infolge Ihres unbeständigen Umgangs mit den Kunden niedrig.

Beständigkeit ist wichtig für Selbstvertrauen. Wenn Sie sich über Ihre Absicht absolut im Klaren sind, werden Sie wissen, wie Sie am besten mit Ihren Kunden – selbstsicher – interagieren.

NLP und persönliche Kreativität

Vorstellungskraft ist nicht das Talent einiger Menschen, sondern die Gesundheit eines jeden.

Ralph Waldo Emerson (1803–1882)
Amerikanischer Essayist, Dichter und Philosoph

Sie werden inzwischen erkannt haben, dass es beim NLP ausschließlich um Kreativität und Innovation geht, wobei verschiedene Denkweisen verwendet werden, um neue Möglichkeiten zu erschließen. In diesem Abschnitt werden Ihnen Kombinationen der Techniken vorgestellt, die bei der Entwicklung innovativer Ideen zur Lösung aller möglichen Probleme besonders effektiv sind.

NLP ist Kreativität

Jede Kreation begann ihr Leben als Gedanke im Geiste einer Person, aber nicht alle geistigen Kreationen finden den Weg in die physikalische Welt. Dazu bedarf es der Umsetzung. Das Ergebnis einer gut umgesetzten Idee ist Innovation. Üblicherweise haben viele Menschen ähnliche Ideen, aber nur eine Person hat, was es zur Umsetzung und Innovation braucht. Im Verlauf des vorliegenden Buches wurden Ihnen neue Denkweisen vorgestellt, die wirklich verändern können, wie Sie sich verhalten und wie Sie sich fühlen. Wenn Sie nur darüber nachdenken, ohne die Übung durchzuführen und umzusetzen, werden Sie nichts verändern. Das NLP funktioniert gut, wenn Sie die Übungen in die Praxis umsetzen, und als Ergebnis erhalten Sie neue und innovative Wege, die Welt zu betrachten. Wie jeder andere auch sind Sie ein kreatives Individuum, aber Ihre kreativen Fähigkeiten funktionieren nicht automatisch – Sie müssen kreativ sein wollen, wenn Sie eine Beschränkung auf Ihre Gewohnheiten vermeiden wollen. Die Tätigkeiten in diesem Abschnitt werden Ihnen helfen, sich stärker auf Kreativität auszurichten. Entspannen Sie sich nun und freuen Sie sich an der Durchführung der Übungen.

Der Unterschied zwischen Kreativität und Innovation

Kreativ zu sein bedeutet, entstehen zu lassen, und innovativ zu sein bedeutet, umzusetzen und Neues einzuführen.

Kreativ zu sein bedeutet, entstehen zu lassen, und innovativ zu sein bedeutet, umzusetzen und Neues einzuführen. Mit diesen Definitionen ist es recht gut möglich, viele Dinge zu kreieren, die nicht innovativ sind. Tausende Ideen gleicher Art zu kreieren, wird Ihre Organisation, Ihre Abteilung oder Ihre Karriere nicht in neue Welten aufsteigen lassen, wohingegen eine Innovation dies *kann* und die richtige Innovation es *wird*. Der Nobelpreisträger Linus Pauling sagte: »Der beste Weg, eine gute Idee zu haben, ist, viele Ideen zu haben.« Kreatives Denken ist der Weg zur Innovation, aber um innovativ zu sein, müssen Sie wenigstens eine Idee umsetzen.

Es gibt nur wenige völlig neue Ideen, mit denen man Erneuerung betreiben kann, aber es existieren viele Ideen, die aus einem Kontext genommen und an einen anderen Kontext angepasst werden können. Betrachten Sie zum Beispiel ein Unternehmens-Franchise. Das allererste Franchise war eine Innovation in der Form, dass ein Unternehmen gegründet und geführt werden konnte, aber die Idee wurde schon einige Zeit in einem anderen Kontext verwendet, und zwar als Vorrecht der rechtlichen Nichtverantwortlichkeit oder Freistellung.

Jeder hat die Fähigkeit, kreativ zu denken und innovativ zu sein. Der Grund, warum manche Menschen dies schwierig zu finden scheinen, liegt darin, dass sie unbewusst Barrieren aufgebaut haben, die ihr Denken blockieren.

»Der beste Weg, eine gute Idee zu haben, ist viele Ideen zu haben.«

Hindernisse für Kreativität und Innovation

Wie man die größten Hindernisse für kreatives Denken und das Erzeugen innovativer Ideen überwindet.

Treten Sie aus Ihrer gewohnheitsmäßigen Denkweise heraus

Haben Sie bemerkt, dass immer, wenn eine Aufgabe schnelles Denken erfordert und Zeit hoch im Kurs steht, die Neigung, zu schnell eine Lösung zu finden, manchmal damit endet, dass ein weiteres Problem geschaffen wird? Dies wird erkennbar, wenn Ihnen Probleme als Lösungen beschrieben werden.

Ein Beispiel wäre, wenn Ihre Fähigkeit, die Produktion zu steigern, beschränkt wäre, weil die Maschinen voll ausgelastet sind. Zu sagen »wir müssen in mehr Produktionsmaschinen investieren«, ist eine Definition der Lösung, und so wird die Kreativität, eine andere mögliche Lösung zu finden, blockiert. Es ist sinnvoller zu sagen »wir produzieren an der Kapazitätsgrenze dieser Maschinen«, um das Potenzial für das kreative Finden einer breiteren Auswahl an Möglichkeiten zu eröffnen, z. B. zusätzliche Arbeit nach außen vergeben, saisonale Fluktuationen bei der Nachfrage nutzen oder den Umfang der Nacharbeiten reduzieren.

Gewohnheitsmäßiges Denken begrenzt den Blickwinkel (siehe Abb. 9.2). Sie können den Blickwinkel auf ein Problem erweitern, indem Sie auf verschiedene Weisen darüber denken, und genau dafür sind die Techniken in dem vorliegenden Kapitel geschaffen worden.

Sie können den Blickwinkel auf ein Problem erweitern, indem Sie auf verschiedene Weisen darüber denken.

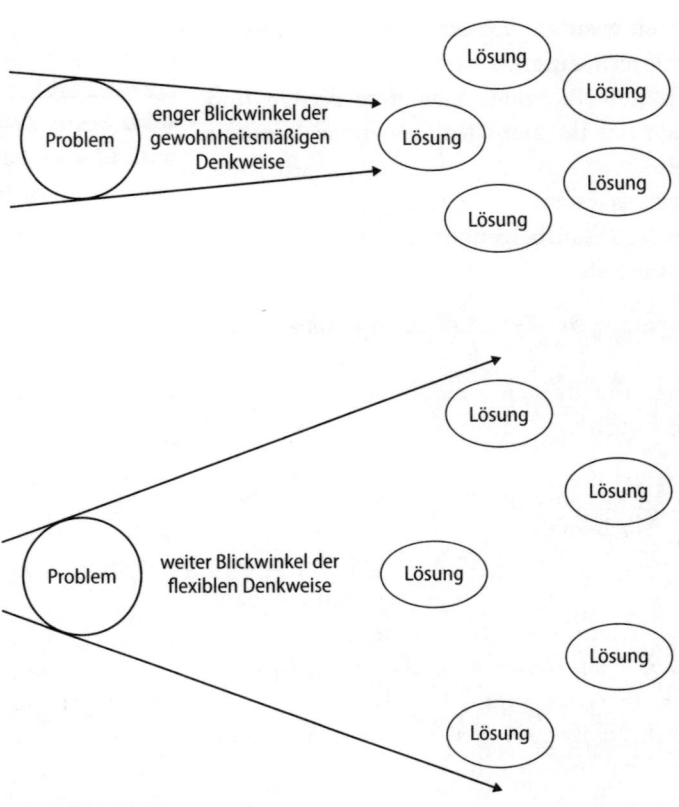

Abbildung 9.2: Blickwinkel

Treten Sie aus dem Problem heraus

Haben Sie jemals eine Gruppe 11-Jähriger Fußball spielen sehen? Sie gehen so vollständig in der Handlung auf, dass sie alle dem Ball nachlaufen, ganz gleich wohin er rollt. Es gibt keinen anderen Plan, als den Ball zu erobern, ihn grob in Richtung Tor zu schießen und ihm nachzulaufen. Wenn sie älter werden, entdecken sie Taktik und Strategie.

Manche Menschen arbeiten so. Sie sind emotional vollständig mit dem assoziiert, was sie gerade tun, und verbringen nur wenig Zeit mit Reflexion. Alternative Lösungen zu sehen und neue Blickwinkel einzunehmen, erfordert einen gewissen Grad an mentaler Distanz von dem Problem. Ziehen Sie sich von dem Problem zurück und Sie werden sich auch emotional entfernen. In diesem Zustand werden Sie in der Lage sein, viele neue Verbindungen herzustellen und neue Ideen um Ihr aktuelles Problemszenario zu entwickeln.

Lassen Sie Ihre Überzeugungen und Werte für sich arbeiten

Im Gegensatz zu dem, was manche Menschen glauben mögen, haben die Marketingleute kein Monopol auf Kreativität und Innovation. Gleiches gilt für Künstler, Dichter, Wissenschaftler oder Regisseure. Jeder hat die Fähigkeit, kreativ und innovativ zu sein, und um mit Verbesserungen zu beginnen, muss man als Erstes seine Überzeugungen untersuchen. Wenn Sie glauben, dass Sie nicht kreativ sind oder dass Ihre Kreativität begrenzt ist, dann werden Sie wahrscheinlich dementsprechend leben.

Eine begrenzende Überzeugung kann Sie daran hindern, Ihre kreativen Denkstile zu entwickeln – ändern Sie sie daher in eine Überzeugung, die Sie dabei unterstützen und ermutigen wird, Ihre Blickwinkel auf Probleme zu erweitern. Es lohnt sich weiterhin, Ihre Identität und Ihre Werte zu überprüfen. Wenn es Ihnen nicht wichtig ist, kreativ zu sein, ist es unwahrscheinlich, dass Sie Energie in die Entwicklung Ihrer kreativen Fähigkeiten investieren werden. Gleichermaßen wird es die Kreativität enorm behindern, wenn Sie nicht irgendwie mit Innovation als Teil Ihrer Identität verbunden sind.

Was schätzt Ihre Kultur am meisten, kreatives Denken oder Handlungen?

Kreativität und Innovation erfordern Neugierde, für die es eine Sprache gibt – die Sprache der Fragen. In Organisationen existiert eine andere Sprache – die Sprache der Handlungen. Achten Sie darauf, was Leute sagen und wie häufig jeder der beiden Sprachtypen verwendet wird. Die beiden Sprachen finden sich in der oben, in Kapitel 1 verwendeten Metapher wieder, bei der die Sprache der Handlungen von den Leuten verwendet wird, die mit *Niederlage, Reaktion* oder *Komplexität* reagieren, während die Sprache der Fragen von den Leuten verwendet wird, die mit *Neugierde* reagieren. Welchen Sprachtyp verwenden Sie?

Die Sprache der Handlungen besteht aus Dialogen über Handeln, Leisten, Analysieren, Bewerten, Nutzen und Notwendigkeit. Die Sprache der Neugierde ist weniger konkret; es geht mehr um Betrachtung, Einfallsreichtum und Möglichkeiten. Es gibt für beide Sprachen einen Ort und eine Zeit, aber in einigen Organisationen wird nur Handlung belohnt, weshalb die Menschen ihre gesamte Zeit mit Handlungen verbringen und nur wenig Zeit auf Denken und Neugierde verwenden. Ich werde auf der Bedeutung von Sprache aufbauen, indem ich mich mit Denkstilen und verschiedenartigen Problemen von Organisationen beschäftige.

Arten von Problemen in Organisationen

Ich möchte nur zwei Kategorien von Problemen hervorheben – konvergente und divergente.

Konvergente Probleme
Viele alltägliche betriebliche Probleme scheinen auf den ersten Blick kompliziert und mehrdeutig zu sein, doch in Wirklichkeit ist nur ein logischer Denkprozess notwendig, um sie zu lösen. Diese Probleme sind auf einen verhältnismäßig kleinen Teil des gesamten Organisationssystems beschränkt und können sauber zu einer bestimmten Lösung hin geleitet werden. Konvergente Probleme werden gewöhnlich durch angemessene Vorgänge und Verfahren gelöst. Nehmen Sie zum Beispiel an, der Informationsfluss von Seiten Ihrer Kunden durch den Einsatz verschiedenartigster Dienste wird größer und dies erschwert es Ihnen, genau herauszufinden, wonach Sie suchen, und außerdem ist es nicht so einfach, ihn in Richtung der Marketing-Anstrengungen zu lenken. Eine Lösung wäre, die Informationstypen zu kategorisieren und eine Suchfunktion einzurichten, um mittels einer speziellen Software darauf zuzugreifen.

Divergente Probleme

Divergente Probleme werden tendenziell von mehr als einer Unternehmenseinheit beeinflusst, und je mehr Sie versuchen, einen logischen Denkprozess anzuwenden, desto divergenter wird das Problem, wobei es häufig in viele verschiedene Richtungen abgleitet, weshalb es nur schwerlich als Einheit dargestellt werden kann. Betrachten Sie die folgende Situation.

Widerstand gegen Veränderung. Mitarbeiter in der Service-Abteilung eines Kommunikationsunternehmens scheinen kein Interesse an der Verbesserung der Qualität der Betriebsabläufe zu haben. Sie arbeiten hart und kommen als Team gut miteinander aus, scheinen aber damit zufrieden zu sein, mit inadäquaten Methoden und Verfahren zu arbeiten. Sie sind der Meinung, dass die Manager – und nicht sie selbst – dafür verantwortlich sind, diese Dinge zu regeln. Die Abteilung hat schon seit einiger Zeit damit zu kämpfen, das Dienstleistungsniveau aufrechtzuerhalten, und zeigt jetzt Anzeichen von Widerstand gegen die Forderungen von Management und Kunden nach Verbesserungen. Ganz gleich, was die Manager versucht haben, um das Problem zu lösen, es tauchte einfach an anderer Stelle wieder auf. Derartige Probleme können vielfältige Ursachen haben, die bei oberflächlicher Betrachtung nicht so offensichtlich und eindeutig sind.

Dies ist ein typisches konvergentes Problem. Es kann viele Gründe geben, warum Menschen sich gegen Veränderungen sträuben, und es könnte beliebig viele verschiedene Dynamiken geben, die alle gleichzeitig ohne logischen oder rationalen Grund agieren. Eine übliche Reaktion auf diese Probleme ist die *Komplexität* – Investition von Ressourcen für das Entwerfen und Umsetzen umfassender Management-, Bewertungs- und Verbesserungssysteme. Manchmal greift man zu Veränderungen im Management oder Trainingskursen als kurzfristige Lösung. Häufig bleibt das zugrunde liegende Problem bestehen, weil die Reaktion eine Lösung lieferte, als mehr Neugierde nötig war, um die Ursache des Problems bis in die Wurzel zu verstehen.

Das Problem der geringen Größe. Der Manager einer kleinen Montageanlage möchte die Zahl der minderwertigen Teile reduzieren, die er von den verschiedenen großen Produktionsabteilungen seiner Firma bezieht. Sein Teil der Operation ist einer der kleinsten und trägt am wenigsten zum Umsatz der Gruppe bei. Jeder scheint mit wichtigeren Geschäftsbereichen beschäftigt zu sein. Selbst sein eigener Direktor verbringt die meiste Zeit damit, sich um seine anderen Verantwortungsbereiche zu kümmern. Wie kann der Montageleiter andere Manager aus der Produktion überzeugen, sich an dem Verbesserungsplan zu beteiligen?

Diese Art von Problem erfordert einen Strategieplan des Einflusses und der Überzeugungskraft. Die Lösung liegt möglicherweise nicht in den vorhandenen Informationen, und deshalb muss das Problem mit einer Reaktion der Neugierde angegangen werden.

Die Menschen sind das Rückgrat einer jeden Organisation. Es ist möglich, Veränderungen von Prozessen in Erwägung zu ziehen, ohne den Einfluss der Menschen zu berücksichtigen, und zwar innerhalb der vier Wände des Sitzungszimmers der Geschäftsleitung. Allerdings ist es äußerst kurzsichtig. Zuhören, Verstehen und Beteiligen sind das Wasser auf dem Rad der Veränderung. Aber nur mit dem Ohr am Telefon zuzuhören, bedeutet, 55 Prozent der gesamten Kommunikation, die in der Körpersprache enthalten sind, nicht zu berücksichtigen.

Manager, die Zeit in produktive zweiseitige, persönliche Gespräche mit Menschen investieren, werden Nachrichten aus ihrer Physiologie aufnehmen, die nicht in den Worten enthalten sind. Viele divergente Probleme sind kompliziert, weil Menschen beteiligt sind und häufig unterschiedliche und manchmal gegensätzliche Prioritäten haben. Wenn Sie die Menschen aus der Gleichung entfernen, werden viele Probleme von Unternehmen konvergent. Betrachten Sie dieses einfache Szenario:

> Ein Manager beschließt, dass es eine gute PR-Übung für alle Mitarbeiter wäre, wenn sie Abzeichen mit der Aufschrift »Voll und ganz der Qualität verpflichtet« trügen. Der Manager ruft alle zusammen und sagt: »Ich möchte, dass Sie alle diese Abzeichen als Zeichen für unsere Kunden tragen, dass wir der Qualität verpflichtet sind.« Tatsächlich werden die Abzeichen getragen – aber nur, wenn der Manager sie besucht.

In diesem Fall hatte der betreffende Manager nicht die Sinnesschärfe, den nonverbalen Reaktionen zu entnehmen, dass es mit dem Tragen der Abzeichen ein Problem gab. Nicht nur das, denn das Problem sind nicht wirklich die Abzeichen, sondern die Art und Weise, wie sie im Allgemeinen von den Managern behandelt werden. Diese Zeichen werden nur von Managern wahrgenommen, die dafür empfänglich sind und das Wesen und die Bedeutung der Motivation verstehen. Diese nonverbalen Hinweise der Unzufriedenheit zu bemerken, wird Ihre Flexibilität im Umgang mit zugrunde liegenden, divergenten Problemen wie diesem steigern. Das Tragen oder Nichttragen von Abzeichen mag unbedeutend scheinen, und für sich genommen, ist es das auch. Jedoch bringt es das viel tiefer liegende Problem des unkooperativen Manager-/Mitarbeiterverhältnisses an die Oberfläche. Wenn dieses Thema angegangen würde, könnte dies einen viel größeren Einfluss auf bedeutsame Bereiche wie Produktivität, Effizienz und Effektivität haben.

Ein Zustand der Neugierde hilft, den Raum, in dem sich ein divergentes Problem befindet, zu öffnen, und wenn Sie wissen möchten, wie ein Manager oder eine Gruppe auf ein neues Verfahren reagieren könnten, werden sie Informationen höherer Qualität erhalten, wenn Sie die Nachrichten in Physiologie und Stimme erkennen.

Träumen Sie Ihren Weg zum Erfolg mit offenen Augen

Albert Einstein und Walt Disney waren beide kreative Genies [11].
Beide verfügten über sehr gut entwickelte visuelle Modalitäten und beide verbrachten einen großen Teil ihrer Zeit mit Tagträumen – gefesselt von ihren inneren Filmen. Eine frühe Erinnerung Einsteins, die zu seiner Relativitätstheorie führte, war ein Traum mit offenen Augen während der Mathematikstunde, in dem er sich selbst visualisierte, wie er auf einem Lichtstrahl saß. Einstein hatte die Sinnesschärfe zu erkennen, dass seine Gedanken durch Bilder ins Leben gerufen wurden. Er entwickelte seine visuelle Modalität,

---

11) Robert B. Dilts, *Strategies of Genius*, Vol. 2, Meta Publications, 1994.

indem er Worte unterdrückte und ausschließlich in Bildern dachte, die die Grenzen seiner Vorstellungskraft aufhoben. Walt Disney verwandte starke Bilder, um neue spannende Zeichentrickfilme hervorzuzaubern, und er nutzte auch Geräusche und Bewegungen, um – im Geiste – seinem Publikum die vollständige VAK-Erfahrung zu ermöglichen.

Visualisieren ist für das Nachdenken über divergente Probleme sehr nützlich. Sprache kann die Möglichkeiten beschränken. Dennoch werden Sie sich in zahlreichen Organisationen, insbesondere solchen, deren Fokus auf Handlungen und Reaktionen liegt, wahrscheinlich keine Freunde machen, wenn Sie aus dem Fenster schauen. Die Fähigkeit, spontan und flexibel zu denken und zu reagieren (»Think On Your Feet«) wird begrüßt. Und wenn Sie diese Fähigkeit beherrschen, können Sie höchst dynamisch wirken. Allerdings hängt die Qualität von aus dem Stegreif getroffenen Entscheidungen von der Fähigkeit ab, die Denkstile mitten in der Aktion wechseln zu können. Ob Sie dazu in der Lage sind, hängt von Ihrer vorhandenen Fähigkeit zu visualisieren ab und davon, ob Sie genug Praxis haben, um sie sich zur Gewohnheit zu machen.

Die nächste Übung basiert auf Walt Disneys Kreativitätsstrategie, die im nächsten Abschnitt dieses Kapitels im Einzelnen erläutert wird. Mit der Praxis wird Ihnen diese Übung helfen, kreativer, innovativer und bei Entscheidungen spontan und flexibel zu sein.

Übung 12: Spontanes und flexibles Denken und Reagieren oder auch »Thinking On Your Feet«

Diese Strategie kann in jeder Situation eingesetzt werden, in der kreative Lösungen für ein Problem erörtert werden. Der Kontext ist nicht wichtig.

1 Stellen Sie sich die Situation bildlich vor und konstruieren Sie vor Ihrem geistigen Auge mögliche Lösungen. Lassen Sie Ihrer Vorstellungskraft freien Lauf – es ist in Ordnung, anders und unorthodox zu sein. Nehmen Sie die Traumhaltung ein (Kopf leicht nach oben und nach links, Augen nach rechts oben, Atmung im oberen Brustbereich). Fahren Sie mit Schritt 2 fort, nachdem Sie eine Reihe von möglichen Lösungen gefunden haben.

2 Kritisieren Sie jede visuelle Idee in einem inneren Dialog. Nehmen Sie die Haltung der kritischen Bewertung ein (Kopf leicht nach unten, linke Hand ans Kinn, Zeigefinger zum Ohr, Augen unten links, Atmung im mittleren Brustbereich). Was sind die Vorteile und Nachteile der einzelnen Möglichkeiten?

3 Stellen Sie sich vor, Sie hätten sich für eine Lösung entschieden. Wie fühlt es sich an, sie akzeptiert zu haben? Fühlt es sich richtig an? Prüfen Sie sie auf Signale der Inkongruenz. Nehmen Sie die Realitätshaltung ein (Kopf leicht nach unten, Augen unten rechts, Atmung im Unterbauch).

4 Wenn Sie sich in Schritt 3 im Hinblick auf die Lösung inkongruent fühlen, wiederholen Sie die Schritte 1-3 mit neuen visuellen Ideen als Inhalt.

5 Wenn Sie sich in Schritt 3 kongruent fühlen, wiederholen Sie Schritte 1-3 mit Ihrer Lösung als Inhalt. Wenn Sie sich bei Schritt 3 beim zweiten Mal immer noch kongruent fühlen, vertrauen Sie Ihrer Lösung und entscheiden Sie jetzt!

Es gibt eine Variation zu diesem Muster, bei dem Sie gegebenenfalls zwischen zwei Ideen wählen müssen. In diesem Fall konstruieren Sie in Ihrem Kopf ein klares Bild von jeder der beiden Lösungen nebeneinander irgendwo in der Ferne. Lassen Sie Ihre Augen von dem einen zum anderen huschen und suchen Sie nach Unterschieden. Weil bei dieser Version zwei entwickelte Ideen verglichen und nicht neue Alternativen gefunden werden sollen, ist es nicht notwendig, nach oben rechts zu schauen. Die anderen Schritte bleiben gleich – wählen Sie die Lösung, die am geeignetsten erscheint, und lassen Sie sie die auditiven und kinästhetischen Prozesse durchlaufen. Hierbei handelt es sich eher um einen Entscheidungsfindungsprozess als um einen kreativen Prozess, aber er ist äußerst nützlich, um Entscheidungen aus dem Stegreif zu treffen. Es lohnt sich, diese Strategie zu üben, da es möglich ist, sie so zu entwickeln, dass der gesamte Prozess innerhalb weniger Sekunden abgeschlossen ist. Sie werden Menschen kennen, die dies instinktiv tun, wobei ihre Augen flink zwischen zwei Schwerpunkten hin und her huschen.

Natürliches kreatives Sie

Jeder hat einen einzigartigen Zustand, in den er sich selbst versetzt, wenn er kreativ ist. Wie alles andere auch hängt Ihr Kreativitätsniveau von Ihrem Zustand ab. Ein Kreativitätszustand von hoher Intensität wird zu mehr und besseren Ideen führen als ein Zustand von niedriger Intensität. Daher macht es Sinn, einen intensiven Zustand zu kalibrieren und zwecks späteren Zugriffs zu ankern. Dies ist besonders nützlich, wenn Sie über einen längeren Zeitraum kreativ sein müssen, wie z. B. bei Brainstorming-Sitzungen oder Visualisierungen der Zukunft. Ich werde Sie durch den Prozess führen.

Erinnern Sie sich an einen bestimmten Zeitpunkt, an dem Sie hoch kreativ waren. Wenn Ihnen nichts einfällt, dann ist es in Ordnung sich vorzustellen, wie es wäre, hoch kreativ zu sein. Nehmen Sie jetzt diese Erinnerung und visualisieren Sie, wie Sie aussehen, während Sie kreativ sind. Sehen Sie sich selbst hoch kreativ, und hören Sie, was Sie sagen und was andere in Ihrer Umgebung sagen. Lassen Sie das Bild heller, größer und farbiger werden. Regeln Sie die Lautstärke hoch und schwenken Sie es von links nach rechts. Lassen Sie es dann in einer kreisförmigen Bewegung den ganzen Weg fortsetzen. Lassen Sie das Bild noch größer und dreidimensional werden. Übertreiben Sie die Bewegung. Holen Sie es zu sich heran und assoziieren Sie sich dabei damit. Seien Sie sich Ihrer inneren Gefühle bewusst und ankern Sie diesen Zustand, indem Sie, kurz bevor Ihr Zustand seinen Höhepunkt der Intensität erreicht, mit den Mittelfingern beider Hände gegen Ihre Schläfen drücken. Wählen Sie eine andere Stelle Ihres Körpers, um den Anker zu setzen, wenn es Ihnen lieber ist. Wichtig ist, sicherzustellen, dass es eine Stelle ist, die Sie mit einem hohen Grad an Präzision wiederfinden können, wenn Sie den Anker feuern möchten.

Wiederholen Sie genau denselben Prozess mit genau demselben Anker vier oder fünf Mal und stellen Sie sicher, dass Sie »den Zustand zwischen den einzelnen Versuchen brechen«. Das Ergebnis ist ein geankerter Kreativitätszustand von hoher Intensität, zu dem Sie jederzeit Zugang haben, wenn Sie in Zukunft einen kreativen Denkprozess in Schwung bringen wollen. Der beste Zeitpunkt, diesen Zustand oder einen anderen Zustand zu ankern, ist, wenn Sie ihn in der wirklichen Welt erfahren. Ankern Sie daher den Zustand, wenn Sie sich das nächste Mal als hoch kreativ erleben.

Regenerieren Sie Ihren Fluss

Waren Sie jemals in einem Zustand intensiver Konzentration und hatten plötzlich eine Blockade? Vielleicht schrieben Sie gerade einen wichtigen Brief und dann fehlte Ihnen ein bestimmtes Wort oder ein Ausdruck. Vielleicht war es ein konvergentes Problem, das sorgfältige, logische Überlegungen erforderte, und dann wurde Ihr Denkfluss irgendwie blockiert. Was in diesen Momenten tatsächlich geschieht ist, dass die Chemikalien in Ihrem Gehirn Nervenverbindungen herstellen, die miteinander zu verschmelzen scheinen. Sie müssen nun diese Verbindungen unterbrechen, damit neue und andere Verbindungen hergestellt werden können. Wenn Sie Ihre Erfahrungen nun dirigieren, um Ideen zu finden, die Sie in anderen Kontexten nutzen können, lernen Sie, wie man Verbindungen herstellt.

Der Vorgang ist derselbe. Sie rufen sich ein vorhandenes Erinnerungsmuster ins Gedächtnis und fügen ein neues hinzu. Das Gehirn, das aus zwei Hälften besteht – links und rechts – arbeitet sich durch eine komplexe und unzählige Reihe von Referenzstrukturen oder Nervenverbindungen. Die linke Hirnhälfte verarbeitet Informationen der Reihe nach, eine Einheit (Chunk) nach der anderen, und steuert die rechte Körperhälfte. Die rechte Hirnhälfte verarbeitet ganze Informationen und steuert die linke Körperhälfte.

Diese Information hilft, die scheinbare Absurdität der nächsten Übung zu erklären. Sie funktioniert so, dass Sie gezwungen werden, beide Gehirnhälften gleichzeitig zum Sprechen und Bewegen des Körpers in einem einzigartigen Muster zu benutzen. Die Übung stammt aus der Kinäsiologie und wird angewandt, um die Tätigkeit der linken und der rechten Gehirnhälfte im Gleichgewicht zu halten, wobei der Körper eingesetzt wird, um gewohnheitsmäßige Muster des Gehirns zu brechen und neue Verbindungen zu erzwingen. Garantiert werden auch die schwerwiegendsten Denkblockaden gelöst, indem die Nervenverbindungen zerhackt werden! Achten Sie darauf, wie unterschiedlich Sie sich vor und nach der Übung in Ihrem Kopf fühlen.

Übung 13: Das Gehirn zerhacken

A_L	B_R	C_L	D_Z	E_R
F_L	G_Z	H_R	I_R	J_L
K_Z	L_R	M_L	N_Z	O_R
P_L	Q_Z	R_L	S_R	T_L
U_L	V_R	W_Z	X_R	Y_Z

Schauen Sie sich das Schaubild an. Beginnen Sie oben links, folgen Sie dem Alphabet bis Y und wieder zurück. Sprechen Sie jeden Buchstaben des Alphabets laut aus und führen Sie gleichzeitig folgende Handlungen aus:

L = Heben Sie den linken Arm und den rechten Fuß!
R = Heben Sie den rechten Arm und den linken Fuß!
Z = Heben Sie beide Arme und stellen Sie sich auf die Zehenspitzen!

Für diese Übung stehen Sie am besten auf und vokalisieren jeden Buchstaben. Man kann die Übung für das Büro modifizieren und diskret am Schreibtisch durchführen, indem man den inneren Dialog nutzt und die Finger und Zehen hebt. Sobald Sie dieses Muster ein paar Mal angewandt haben, wird es zur Gewohnheit. Verhindern Sie dies, indem Sie die Buchstaben L, R und Z mischen und so andere Muster erzeugen.

Ich hoffe, Sie haben die Übung als spaßig und effektiv empfunden ... Führen Sie sie durch, wenn Sie bei der Suche nach einer Lösung für ein Problem wirklich feststecken. Andere Bewegungen, um Ihren Geist zu verändern, sind Jonglieren, Mini-Basketball, Hüpfen, Pogo-Tanzen, Dehnübungen – alles, wodurch Sie Blut durch Ihre Venen pumpen. Das Wichtigste ist, Ihren Körper zu bewegen, wenn Sie Ihren Geist bewegen wollen.

Laden Sie Ihre Kreativität auf

Wie Sie Ihren eigenen Kreativitätszustand verstärken, wird für Sie einzigartig sein. Ob Sie daran arbeiten, Ihre visuellen, auditiven oder kinästhetischen Modalitäten zu verbessern, hängt von Ihren gegenwärtigen Vorlieben ab. Neueste Hirnforschungen haben ergeben, dass Kreativität und Lernen verstärkt werden können, indem das Gehirn auf viele verschiedene Arten stimuliert wird – emotional, ernährungsphysiologisch und physisch/mental.

In der Stimmung für Kreativität

Das Gehirn lernt am besten, wenn es emotional aufgeladen ist, sei es negativ oder positiv. Menschen können sich mit Leichtigkeit an emotionale Höhen und Tiefen in ihrem Leben erinnern. Negative Emotionen erzeugen Stress und sind der Kreativität daher nicht förderlich. Außerdem besteht eine starke Tendenz, negative oder unangenehme Emotionen zu unterdrücken. Es ist besser, eine Umgebung zu erzeugen, in der informelles Verhalten, Humor und freie Meinungsäußerung akzeptiert werden.

Eine förmliche Geschäftsumgebung erstickt Kreativität. Musik bietet einen machtvollen Zugang zu positiven emotionalen Zuständen. Viele unserer positiven emotionalen Erfahrungen werden mit bestimmten Liedern oder Melodien geankert. Musik, die entspannt und positive Emotionen erzeugt, verstärkt auch das kreative Denken.

NLP und Gruppenkreativität

Die Welt, die wir als Ergebnis der Ebene unseres bisherigen Denkens geschaffen haben, schafft Probleme, die wir nicht auf derselben Ebene lösen können, auf der wir sie geschaffen haben ... Wir brauchen eine im Wesentlichen neue Art zu denken, wenn die Menschheit überleben soll.

Albert Einstein (1879–1955), Amerikanischer Physiker

Die Fähigkeit, Ihren eigenen kreativen Denkprozess zu wählen, ist etwas, über das Sie die volle Kontrolle haben. Das gilt nicht für Gruppen. Die meisten brauchen zumindest eine gewisse Form der Hilfestellung bzw. einen strukturellen Rahmen und Training, damit sie aus dem üblichen Problem/Lösungsprozess ausbrechen können. Qualitätszirkel und andere derartige Verbesserungsinitiativen bilden formale Strukturen, die Menschen helfen, kreativ zu sein, indem sie mit *Neugierde* auf Probleme reagieren. Brainstorming ist in den Organisationen von heute die häufigste Form eines Gruppenkreativitätsprozesses, und für zahlreiche Probleme ist es auch durchaus effektiv. Dennoch handelt es sich beim Brainstorming nur um einen Prozess auf hoher Ebene, der viele verschiedene Varianten haben kann, wobei Techniken angewandt werden können, um das Problemfeld zu erweitern und sowohl die Quantität als auch die Qualität der Ideen zu steigern. In diesem Kapitel werde ich Ihnen einige Techniken vorstellen, die man in Sitzungen mit dem Ziel der Problemlösung einsetzen kann.

Die Kernfrage

Unter den vielen Fragen, die im Rahmen der Problemlösung gestellt werden, gibt es eine Kernfrage:

Um welche Art von Problem handelt es sich?

Diese Frage bringt Sie auf eine höhere Ebene, von der aus Sie die Möglichkeit haben, ein klareres Bild zu bekommen.

Beispielsweise hat ein Produktionszweig Schwierigkeiten damit, seine Produktionsmenge der Absatzprognose anzupassen. Manchmal übersteigt die Produktionsmenge den Bedarf und manchmal ist sie zu gering. Es gibt viele Meinungsverschiedenheiten zwischen der Produktionsaufsicht und dem Verkauf über schlechte Kommunikation, ungenaue Aufträge im Computersystem und Änderungen der Auftragsspezifikationen in letzter Minute. Als das Unternehmen wächst und die Verkaufsaufträge größer und komplexer werden, werden auch die Probleme schwerwiegender und verschiedenartiger, und Stress und Frustration führen zu Demotivation und einem geringeren Produktivitätsniveau.

Die Worte, die Sie benutzen, um ein Problem zu definieren, beeinflussen Ihre Lösung. Um welche Art von Problem handelt es sich? Es könnte als Problem der Motivation, mangelnder Fertigkeiten, der Einstellung, der Kommunikation, des Ablaufs, der Systeme, des Timings oder

Die Worte, die Sie benutzen, um ein Problem zu definieren, beeinflussen Ihre Lösung.

beliebig vieler anderer scheinbar offensichtlicher Kategorien klassifiziert werden. Können Sie sich das Ausmaß der Lösungsressourcen vorstellen, die möglicherweise mobilisiert würden, wenn einem schlecht definierten Problem eine ungeeignete Lösung zugewiesen würde?

Für dieses besondere Problem ist es sinnvoll, sich zunächst auf eine höhere Ebene zu begeben als die, auf der sich das Problem manifestiert, Fragen zu stellen und einen systemischen Blick auf die Verkaufs- und Produktionsfunktionen als ganze Einheit zu werfen. Sie suchen nach der Unfähigkeit jedes einzelnen Subsystems, die Ergebnisse des Unternehmens auf höherer Ebene zu erreichen (z. B. die Liefererwartungen eines Kunden zu erfüllen). Der Prozess des Fragens und der Diagnose führt Sie auf eine Ebene der Analyse, auf der Verbindungen hergestellt werden können, und Sie erhalten wahrscheinlich verschiedene Blickwinkel auf das Problem, das als Katalysator für die Denkbarrieren vor dem richtigen Ziel wirkt.

Ursachen von Problemen

Probleme können unterschiedliche Ursachen haben, aber soweit es das NLP betrifft, können selbst die komplexesten Probleme gelöst und in erstaunliche neue Gelegenheiten verwandelt werden, sofern die Menschen, die in dem System tätig sind, motiviert sind, zusammenzuarbeiten, um als Team Großartiges zu leisten. Folglich birgt jeder Vorgang der Problemlösung, an dem mehr als eine Person beteiligt ist, das Potenzial, brillante Möglichkeiten hervorzubringen, solange die Beteiligten gemeinsam auf dasselbe Ziel hinarbeiten. Beim Lösen von Problemen in Teams liegt der Schwerpunkt dann auf Systemdenken und Gruppendynamik als grundlegende Voraussetzungen für das Finden von Lösungen.

Wie erkennt man das Problem?

Wenn die Triebkraft der Tätigkeiten eher die Wahrnehmung als das, was tatsächlich geschieht, ist, lösen Sie kein Problem, sondern stellen Vermutungen an und lesen Gedanken.

Ein Manager übernahm einen umfangreichen und politisch schwierigen Vertrag über die Wartung von Computern vor Ort, bei dessen Erfüllung die Kundenzufriedenheit unter dem vorhergehenden Management auf ein extrem niedriges Niveau gesunken war. Die Leute schienen hart zu arbeiten, aber der Kunde betonte weiterhin seine Besorgnis über das entsetzliche Niveau der Arbeitsleistung. Es dauerte sechs Monate, bis aus dem Vertrag einer der Verträge mit der besten Performance der Abteilung wurde, was die Kundenzufriedenheit und das Service-Niveau betraf.

Der Manager beschrieb seinen Erfolg wie folgt:

»Es war eine Frage der Wahrnehmung des Vertragsteams. Wir waren eingestellt worden, um den Service zu managen, aber die Wahrnehmung des Teams war, dass es seine Aufgabe war, von dem Kunden gemanagt zu werden und auf seine Wünsche zu reagieren. Nachdem ich dem Team die Situation erläutert hatte, verstanden die Mitglieder, dass der Kunde von ihnen erwartete, dass sie die Rolle des Managements übernahmen. Sie wurden proaktiver bei der Umstellung der Geschäftspolitik und der Verfahrensweisen, die sie an der Verbesserung ihrer Leistungen gehindert hatten, und vereinbarten Treffen mit dem Kunden zwecks Diskussion von Fragen des Servicemanagements anstatt schlechte Leistungen zu verteidigen, was zur Norm geworden war.«

Durch Wahrnehmung motivierte Tätigkeiten sind ein todsicherer Weg, wertvolle Ressourcen zu verschwenden.

Die Tätigkeit von Teams wird am besten durch die tatsächlichen Erwartungen des Kunden und nicht durch Wahrnehmungen geleitet. Durch Wahrnehmung motivierte Tätigkeiten sind ein todsicherer Weg, wertvolle Ressourcen zu verschwenden.

Wie gut kommen Sie alle miteinander aus?
Probleme, die entstehen, weil Menschen nicht miteinander auskommen, lassen sich nur selten regeln, solange man sich nicht der Beziehung widmet. Die Symptome von Beziehungsproblemen werden im Zusammenbruch der Kommunikation im Großen und Ganzen und der mangelnden Kooperation zwischen Einzelnen und Teams sichtbar. Wenn dies geschieht, kommt ein neues Ziel ins Spiel – nämlich Konfrontationen zu vermeiden oder zu erzeugen, die als Begrenzungen der betrieblichen Performance wirken.

> **Vertrauen ist die Grundlage für produktive Kommunikation.**

Kultivieren Sie Vertrauen. Wenn Teams die richtige Richtung gewiesen wird und sie an einem Strang ziehen, können sie mehr als die Summe ihrer Anteile beisteuern. Wenn Teams schlecht geführt werden, können sie die Reihen schließen und sich von anderen Teams isolieren. Dies führt zu Misstrauen zwischen Teams. Vertrauen ist aber die Grundlage für produktive Kommunikation. Wo Sie Misstrauen haben, haben Sie schlechte Kommunikation, und es ist sinnlos zu versuchen, jedes andere Verfahren in Ordnung zu bringen, solange diese Situation anhält. Misstrauen ist eine Beschränkung für Potenzial und ein riesiges Hindernis für Kommunikation. Menschen halten Ideen und Informationen zurück, wenn sie glauben, dass man ihnen misstraut, und sie begrenzen ihre Bemühungen. Misstrauen tötet auch Kreativität und Innovation, da niemand seinen Kopf riskieren wird, wenn er nicht das nötige Vertrauen empfindet. Können Sie sich an einen Fall erinnern, in dem Sie frei und offen mit jemandem kommuniziert haben, dem Sie misstrauten? Wahrscheinlich nicht.

»Machen Sie mit!«. Während Sie allmählich mehr über die Unterschiede zwischen den einzelnen Menschen erfahren, werden die Dinge, die jeden Menschen einzigartig machen, und verwirrendes Verhalten leichter verständlich. Sie müssen nur das Verhalten von zwei Menschen beobachten, die nebeneinander arbeiten, und auf ihre Kommunikationsmuster achten. Einer ist beispielsweise eine Verfahren-orientierte Person, die einen organisierten und aufgeräumten Schreibtisch schätzt, und der andere ist eine Optionen-orientierte Person mit wenig Interesse an Dingen, im Allgemeinen unordentlich und weniger organisiert im Büro. Wenn die Verhaltensprofile gegensätzlich sind, respektieren die Personen entweder die Unterschiede und machen das Beste daraus oder sie reagieren negativ. Wenn Unterschiede respektiert und genutzt werden, können große Dinge geschehen, aber manchmal empfinden Menschen diese Unterschiede als Bedrohung, und es kann zu Revierkämpfen kommen. Wenn es Ihr Revier ist, können Sie es nach Ihrem Geschmack organisieren und Menschen ausschließen, die Sie nicht verstehen oder die Sie verwirren.

In großen Organisationen kann bei Menschen das Gefühl entstehen, dass bestimmte Teile des Reviers ihnen gehören, weil sie dort lange gearbeitet und einen Teil ihrer Persönlichkeit eingebracht haben. Das Revier umfasst intellektuelle Bereiche und Verfahrensbereiche sowie physikalischen Raum. Ich habe bei Managern, die der Ansicht waren, sie müssten die Kontrolle über Prozesse oder Teile der Organisation eines anderen haben, Ablehnung und geringe Kooperationsbereitschaft bemerkt. Zeit, die auf das Verstehen der Unterschiede zwischen Menschen und das Nutzen ihrer Stärken verwandt wird, ist die Investition wert, und die Rendite kann verblüffend hoch sein.

Die Generaldirektorin eines Fabrikationsbetriebs hielt jeden Montagmorgen ein innerorganisatorisches Meeting mit ihrem Leitungsteam ab. Nach etwa drei Monaten war ihr klar, dass die Meetings ineffektiv waren. Sie war zunehmend wegen der Unfähigkeit des Teams, gute Ideen zu liefern und umzusetzen, frustriert, deshalb beschloss sie, etwas daran zu ändern. Beim nächsten Meeting gab sie eine einleitende Erklärung ab, die einen Teil des Teams schockte. Sie sagte: »Mir machen diese Meetings keinen Spaß. Ich freue mich nie darauf und ganz ehrlich, ich glaube, dass wir alle unsere Zeit verschwenden. Sieht das jemand genauso?« Es folgte einhellige Zustimmung. Daraufhin machte die Generaldirektorin den Vorschlag, dass das Team eine Auszeit nehmen sollte, um sich gegenseitig kennenzulernen und miteinander in Kontakt zu kommen. Es wurde eine Reihe von Freiluftveranstaltungen organisiert und schließlich begannen die Teammitglieder darüber zu sprechen, was ihnen an ihrer Arbeit wirklich wichtig war. Ausgehend von diesem neuen Verständnis konnten sie ihre operativen

Meetings wieder einführen und statt sich gegenseitig zu bedrohen, begannen sie, aus den individuellen Stärken zu schöpfen, um ihre Probleme zu lösen. Zum allerersten Mal fühlten sie sich als Team.

Wer hat den Schwarzen Peter? Wenn ein Prozess, an dem zwei oder mehr Abteilungen beteiligt sind, nicht das gewünschte Ergebnis hervorbringt, ist es wichtig, die Verantwortlichkeiten und Autoritätsebenen auf allen Seiten zu untersuchen. In dieser Situation kann es dazu kommen, dass der Schwarze Peter weitergereicht wird, wenn niemand die Verantwortung dafür übernehmen will, dass Dinge schief gehen, und Menschen können schnell bei der Hand sein, wenn es darum geht, anderen die Schuld zuzuschieben. Damit Verantwortung die gewünschte Wirkung auf Ergebnisse hat, muss sie an den sich verändernden organisatorischen Bedürfnissen ausgerichtet werden. Es ist wenig sinnvoll, sich ausschließlich auf schriftlich festgelegte Verantwortlichkeiten zu verlassen. Es muss immer ein Verantwortungsgefühl geben, das die Einstellung zu der Arbeit im Großen und Ganzen formt und die Werte und Überzeugungen prägt.

> Es muss immer ein Verantwortungsgefühl geben, das die Einstellung zu der Arbeit im Großen und Ganzen formt.

Probleme treten häufig auf, wenn ein Einzelner – oder eine Gruppe – einen falsch ausgerichteten Eindruck von seinem Verantwortungsbereich hat. Das Verhalten »an den Spielregeln zu kleben« ist bezeichnend für diese Situation, für die die »Dienst nach Vorschrift«-Krankheit ein klassisches Beispiel ist.

Autorität kann ein Hindernis für die Verbesserung von Beziehungsproblemen sein. Selbst wenn es ein gutes Verantwortungsgefühl gibt, kann es zum Zusammenbruch kommen, weil Personen nicht die entsprechenden Vollmachten erteilt werden. Und darum geht es beim Empowerment. *Damit Autorität eine positive Wirkung auf den Betrieb haben kann, muss sie im ausgewogenen Verhältnis zur Verantwortung stehen.* Beziehungsprobleme sind häufig divergent. Selbst wenn Sie also glauben, dass Sie Ihren Finger auf die Wurzel des Übels gelegt haben, lohnt es sich durchaus, sich weiter mit dem Problem auseinanderzusetzen und es weiter offenzulegen. Kommunikations-Workshops sind nützliche Werkzeuge, um eine offene und ehrliche Kommunikation zu fördern und Beziehungsprobleme verstehen zu lernen.

Engagieren, engagieren, engagieren

Das Fließband wurde 1912 von Henry Ford zur Fertigung des »T«-Modells eingeführt und weiterentwickelt. Dieses Arbeitsablaufmodell überlebte länger als ein halbes Jahrhundert, und auch heute noch findet man einige Beispiele. Denken Sie nur an Ihre Fähigkeiten und was Sie gelernt haben. Spüren Sie ein Gefühl, sich dem Erreichen eines Zieles zu widmen und zu verpflichten; und ganz gleich, welche Ablenkungen Ihren Fokus auf weniger wertvolle Bestrebungen zu lenken versuchen, richten Sie ihn wieder auf Ihr Ziel. Fokussieren Sie und fokussieren Sie neu.

Man begann auch, die Psychologie der Arbeiter zu verstehen, was zur Bedienung von Produktionsmitteln im Team führte. Der neuere Trend zur Qualitätssteigerung hat dazu geführt, dass die Qualitätsfunktion in den Arbeitsablauf integriert wurde, anstatt ein Anhängsel am Ende der Produktionslinie zu sein.

Das grundlegende Arbeitsmodell muss ständig überprüft und beurteilt werden. Während das Tempo der Veränderungen immer schneller wird, wird das grundlegende Modell des Arbeitsablaufs ständig überprüft und beurteilt. Firmenumstrukturierungen sind eine Methode, um eine vollständige Neugestaltung von Arbeitssystemen zu erreichen. Probleme entstehen häufig durch altmodische, ungeeignete oder unangemessene Arbeitssysteme, die zu Beziehungsproblemen führen können, wenn jedes Subsystem die internen Kundenerwartungen nicht erfüllen kann. Moderne Callcenter, die ihr Personal nur kurzfristig halten und hohe Krankenstände zu verzeichnen haben, sind typisch für ein Management, das den Zusammenhang zwischen Menschen und Arbeit ignoriert. Arbeitssysteme, die auf der Basis von theoretischen Modellen entworfen werden, erfüllen nur selten die Erwartungen an die Arbeitsleistung. Die wichtigen Versäumnisse dabei sind Beteiligung und Engagement.

Die Vertriebsdirektorin eines neuen Callcenters im Kundenkreditbereich lud mich ein, den Betrieb anzuschauen und zu sehen, wie sie das stereotype Muster der Branche durchbrochen hatte. Was ich vorfand war durchaus ein dynamisches, farbenfrohes, geräuschvolles Büro, in dem die Callcenter-Telefonisten ihrem Beruf mit Freude nachgingen. Sie waren auch sehr professionell und den Kunden gegenüber äußerst hilfsbereit. Die Vertriebsleiterin erklärte mir, dass es ihre größte Herausforderung sei, das Arbeitsumfeld interessant, lebendig und ein wenig verrückt zu gestalten. Dieses Unternehmen kam aus dem Nichts und gewann schnell einen respektablen Marktanteil, der auch heute noch wächst.

Ich habe in Kapitel 1 erläutert, wie Identität, Werte, Überzeugungen, Fähigkeiten, Verhalten und Umgebung Ergebnisse beeinflussen und außerdem potenzielle Ursachen für Probleme sein können. Diese Ebenen können zur Problemlösung in Gruppen eingesetzt werden, um den Raum des Problems durch Einnahme verschiedener Blickwinkel zu öffnen. Bei vielen Tätigkeiten wird dieses Modell eingesetzt, um Teams zu helfen, sich an gemeinsamen betrieblichen Ergebnisse auszurichten. Ich habe einige der weitverbreiteten Übungen aufgenommen, die Sie in Ihren Problemlösungsteams einsetzen können.

Wie bereits gesagt, ist das Arbeiten auf der Basis Ihrer eigenen Wahrnehmung kein sinnvoller Ansatz. Je mehr Blickwinkel Sie auf ein Problem erlangen können, desto mehr Informationen erhalten Sie über die mögliche Ursache.

Divergente Probleme erfordern Interventionen in mehr als einem Bereich, und daher besteht immer die Gefahr, dass eine Lösung für einen Blickwinkel des Problems allein nicht ausreicht, um die gewünschte Veränderung herbeizuführen. Die Methode der »multiplen Blickwinkel« zur Problemlösung kann so angepasst werden, dass sie so viele verschiedene Blickwinkel umfasst, wie Ihrer Ansicht nach bei einem bestimmten Problem erforderlich sind. Ich werde die Methode mittels der in diesem Kapitel genannten Problemtypen erläutern.

> **Divergente Probleme erfordern Interventionen in mehr als einem Bereich.**

Übung 14: Multiple Blickwinkel

Mit einer großen Gruppe von 20 oder mehr Personen
Jedes Kästchen in Abbildung 9.3 stellt einen Raum dar, in dem sich eine kleine Gruppe von drei bis sechs Personen befindet. Jeder Raum wird mit einer anderen Perspektive desselben Problems ge-

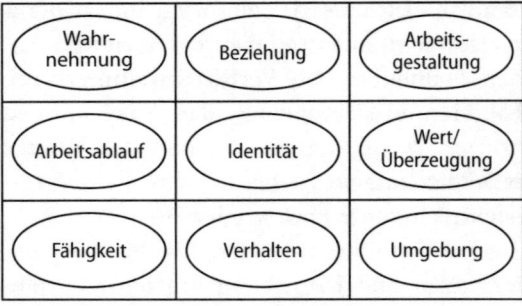

Abbildung 9.3: Multiple Blickwinkel

kennzeichnet. Die Gruppen sammeln Gedanken zu demselben Problem, wobei sie innerhalb des Rahmens des ihnen zugewiesenen Blickwinkels bleiben. Die Gruppen denken über das Problem nach, »als-ob« es der Problemtyp wäre, den die ihnen zugewiesene Perspektive nahelegt. Nach einiger Zeit präsentiert jede Gruppe dem ganzen Team das Resultat ihres Brainstormings.

Bei den meisten Problemlösungssitzungen gibt es vielleicht höchstens fünf oder sechs verschiedene Perspektiven. Wenn ein Problem aber ausreichend vielseitig und eine ernste Bedrohung für die Organisation darstellt, können alle neun Perspektiven eingenommen werden, indem man die Übung über eine Reihe von Tagen durchführt und, sagen wir, drei Blickwinkel pro Sitzung einnimmt.

Mit einer kleineren Gruppe

Variieren Sie dieses Konzept, indem Sie jedem Gruppenmitglied am Tisch eine andere Perspektive zuweisen. Eine andere Variation dieser Methode ist es, Metaprogramm-Perspektiven einzunehmen, d. h. Arbeitsmuster, Tätigkeitsinhalt, Motivationsrichtung, Tätigkeitsebene, Aufmerksamkeitsrichtung, Art der Referenz, Größe der Einheit und Gruppenverhalten.

Tipps

Teilnehmer bei dieser Tätigkeit benötigen eine gründliche Ausbildung in dem gesamten Prozess, und es ist hilfreich, jeder Gruppe einen Referenzführer an die Seite zu stellen, während sie dem

Brainstorming nachgeht. Die Definitionen eines jeden Blickwinkels müssen eindeutig festgelegt sein, damit es nicht zu Verwechselungen zwischen ähnlichen Elementen wie »Arbeitsgestaltung« und »Arbeitsablauf«, »Verhalten« und »Umgebung« kommt.

Die Walt-Disney-Kreativitätsstrategie

Walt Disney war vielleicht einer der kreativsten Denker unserer Zeit. Sein Talent für Zeichentrickfilme veränderte die Branche und führte zum Aufbau eines immens erfolgreichen Wirtschaftsimperiums. Seine hohen Standards bei Qualität, Kreativität und Perfektion waren eine Obsession. Seine Filme sind eine Kombination aus übertriebenen Charaktermerkmalen, bewegender Musik, Geschichten über menschliche Moral und starken Extremen von Stille und Aktionen, die die Zuschauer durch eine breite Palette von emotionalen Zuständen führen. Zu seinen berühmtesten Spielfilmen zählen *Bambi* (1943), *Pinocchio* (1939), *Die Schatzinsel* (1950) und *Schneewittchen* (1938), die heute alle noch auf Filmwänden auf der ganzen Welt gezeigt werden.

Robert Dilts, ein langjähriger Entwickler des NLP, hat die Strategien von Walt Disney untersucht und Modelle zur Nutzung durch andere entwickelt. Disneys zugrunde liegende Denkweise, um neue Charaktere, Geschichten oder Schauplätze zu schaffen, war sehr speziell. Sie bestand aus drei verschiedenen Denkphasen:

- Träumer,
- Realist,
- Kritiker.

Der Träumer

Die Träumer-Phase arbeitet ausschließlich mit Vorstellungskraft. Sie sucht nach den Möglichkeiten, die sein könnten. Es gibt für diesen Modus keine Beschränkungen, Grenzen oder Bewertungen. Es ist in erster Linie ein visueller Modus mit einer Synthese aus Geräusch und Gefühl. Disney visualisierte eigentlich symphonische Musik – der er Form gab –, Musik übernahm die Führung seiner bevorzugten visuellen Modalität.

> **Die Träumer-Phase arbeitet ausschließlich mit Vorstellungskraft. Sie sucht nach den Möglichkeiten, die sein könnten.**

Die mit seiner träumerischen Phase assoziierte Physiologie ist aufrecht, mit leicht nach oben geneigtem Kopf und Augen oben rechts (visuelle Konstruktion).

Der Realist

Bei der Phase des Realisten geht es um das »wie« der Umsetzung.

Bei der Phase des Realisten geht es um das »wie« der Umsetzung – wie das Output des Träumers in die Tat umgesetzt und Realität werden kann. Es geht nicht darum, zu beurteilen oder zu kritisieren – eher darum, Wege zu erforschen, wie man die Vision des Träumers wahr werden lassen kann. Der Schlüssel, um ein effektiver Realist zu sein, ist die Fähigkeit, sich mit verschiedenen Charakteren zu assoziieren und verschiedene Perspektiven auf die feineren Einzelheiten der Vision des Träumers einzunehmen. Zu diesem Zweck kann es nützlich sein, die Physiologie eines jeden Charakters anzunehmen.

Der Kritiker

Die Phase des Kritikers ist eine Phase des Details, der Logik und der Konsequenzen.

Die Phase des Kritikers ist eine Phase des Details, der Logik und der Konsequenzen. Der Kritiker sucht mit einem »Was/Wenn«-Rahmen nach Problemen. Um die Arbeit des Träumers und Realisten effektiv kritisieren zu können, muss der Kritiker ausreichend von der Situation entfernt sein. Der Kritiker beschäftigt sich damit, die Einzelheiten in Ordnung zu bringen. Alles muss an der richtigen Stelle sein, ohne Ecken und Kanten oder unfertige Handlungsstränge.

Das ist keine negative Haltung, sondern ein wertvoller Beitrag zur Überprüfung von Ideen und Sicherstellung, dass sie die festgesetzten Kriterien erfüllen und widerstandsfähig sind. Der Kritiker kann genau so kreativ sein wie der Träumer, wenn er ein fehlendes oder unangemessenes Element eines Plans identifiziert. Kritiker sollten immer fragen: »was, wenn?« Die Physiologie des Kritikers ist in der kritischen Bewertungspose mit dem Kopf leicht nach unten geneigt und der Hand an der Seite des Gesichts oder als Stütze des Kinns.

Verwendung der Strategie

Der Träumer hat kein Monopol auf Ideen. Die Walt-Disney-Strategie ist ein kreativer Prozess zur Erzeugung von Ideen und jede Phase trägt gleichermaßen zur Kreativität bei. Ohne Realist und Kritiker werden die Ideen des Träumers wahrscheinlich nie in Handlungen umgesetzt. Es folgen zwei Möglichkeiten, wie man die Walt-Disney-Kreativitätsstrategie in Gruppen einsetzen kann.

Übung 15: Disneys Wahrnehmungspositionen

Für kleine Gruppen

Diese Übung basiert auf demselben Raumkonzept, das in diesem Buch bereits angewandt wurde, nur werden dieses Mal vier physikalische Positionen als Träumer, Realist, Kritiker und Beobachter bezeichnet. Der Vorteil des Anlegens von physikalischen Positionen für jeden Blickwinkel ist, dass es erleichtert wird, die verschiedenen Denkmuster zu trennen. Probieren Sie diese Übung aus, wenn Sie sich das nächste Mal in einem Meeting befinden, in dem Problem, Lösung und Ideen keinem logischen Denk- oder Diskussionsprozess zu folgen scheinen. Die drei Disney-Positionen stellen sicher, dass die einzelnen Phasen des Kreativitätsprozesses voneinander getrennt sind, und die Beobachter-Position stellt sicher, dass sie kongruent miteinander arbeiten.

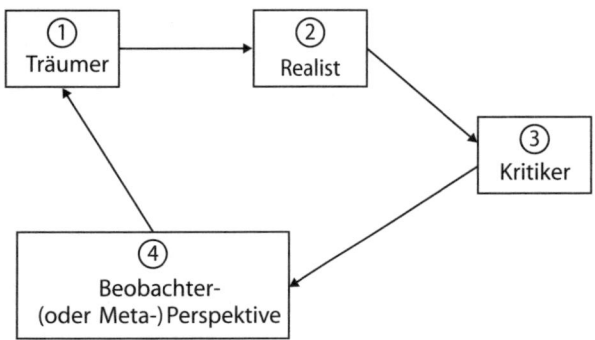

Abbildung 9.4: Disneys Wahrnehmungspositionen

Schritt 1

Verfassen Sie eine Kurzbeschreibung des Kontextes und des Zieles, wofür Kreativität benötigt wird. Ein visuelles Bild mit dem Text wird helfen, den Fokus der Gruppe auf den Zielen zu halten, ohne den Zustand zum Lesen brechen zu müssen. Ein Bild übermittelt seine Bedeutung sofort, wenn das Auge darauf fällt, während Text erst gelesen werden muss, bevor die Bedeutung abgeleitet werden kann. Daher halten Bilder den Fokus einer Gruppe besser aufrecht, selbst wenn sie nur aus dem Augenwinkel betrachtet werden.

Schritt 2

Organisieren Sie das Team in vier Gruppen. Bitten Sie jede Gruppe, einen reinen und starken Zustand für jede der drei Positionen zu ankern – Träumer, Realist und Kritiker. Wenn die Gruppe keine Fertigkeiten im Ankern mitbringt, können Sie den Teilnehmern helfen, für jede Position einen optimalen Zustand zu generieren, indem Sie sie auffordern, sich an einen Zeitpunkt zu erinnern, an dem sie (a) geträumt haben, (b) Realist waren bzw. (c) kritisiert haben.

Schritt 3

Assoziieren Sie sich der Reihe nach mit jeder Position. Beginnen Sie mit dem Träumer. Nehmen Sie sich so viel Zeit wie nötig, um sicherzustellen, dass die Zustände rein sind, bevor Sie sich zu der nächsten Position begeben. Nutzen Sie auf der Position des Träumers nur Visualisierung, Geräusche und Gefühle. Innerer Dialog ist kein nützlicher Modus für Kreativität. In der Position des Realisten nehmen Sie die von dem Träumer erschaffenen Bilder und lassen sie arbeiten. Assoziieren Sie sich mit jeder Figur, die beteiligt ist, um ein realistisches Gefühl dafür zu bekommen, wie sich die generierten Ideen auf sie auswirken. Von der Position des Kritikers stellen Sie wiederholt die Frage »was, wenn?«, bis alle möglichen Probleme und Risiken überwunden sind.

Schritt 4

Begeben Sie sich auf die Position des Beobachters und betrachten Sie den gesamten Kreativitätsprozess, der zwischen den drei

Positionen abläuft. Überprüfen Sie, ob alles kongruent ist und sich auf den Kontext und die Ziele konzentriert.

Schritt 5

Bewegen Sie sich weiterhin zwischen den Positionen, bis Sie zufrieden und die generierten Ideen kongruent sind.

Eine Variation für große Gruppen

Als Alternative zum Bewegen zwischen den Wahrnehmungspositionen kann auch jede Gruppe bei einer Perspektive bleiben und die Informationen an die anderen Gruppen weitergeben. Sie benötigen dann für diese Übung vier Gruppenräume. In Raum 1 halten sich die Träumer auf, die die Aufgabe haben, Ideen zu generieren und an die Realisten in Raum 2 weiterzugeben. Die Kritiker in Raum 3 übernehmen die Ideen von den Realisten und leiten sie weiter an die Beobachter in Raum 4. Die Beobachter verändern die Ideen nicht, geben aber jeder Gruppe Feedback, wie gut sie sich an den Kontext und die Ziele hält. Sie sollten auch qualitative Informationen über den Inhalt des Beitrags einer jeden Gruppe erkennen und darüber Rückmeldung geben.

Eine Ladenkette in einer Haupteinkaufsstraße investierte in ein neues Image und wollte ein paar kreative Ideen einführen, um neue Kunden anzulocken und länger in dem Geschäft zu halten. Wir unterstützten Manager aus verschiedenen Geschäften mittels der Disney-Strategie, indem wir zunächst eine sehr verspielte Umgebung in dem Raum schufen und verrückte Ideen förderten. Während dieses Prozesses schlug ein Manager vor, dass die Kunden sich an der Kasse in Wagen anstellen könnten, die auf Schienen laufen. Viele weitere Ideen wurden während der anfänglichen träumerischen Phase generiert.

Als wir dann zu der realistischen Phase wechselten, richteten wir den Raum komplett anders ein – wir entfernten das Spielzeug und drehten die Stühle um, sodass sie in die entgegengesetzte Richtung standen. Es war, als wäre alles in dem Raum in die Hand genommen und um 180 Grad gedreht worden. Wir beseitigten das Chaos, das in Phase 1 entstanden war, und das verbrauchte Material. Als wir das Team wieder in den Raum brachten, erzählten wir einige Geschichten aus der Praxis, um die Teammitglieder in einen guten »realistischen« Zustand zu versetzen. In diesem Zustand wurde die »Wagen auf Schienen«-Idee als unpraktisch erachtet, aber ein anderer Manager kam auf die Idee, die Kunden in der Schlange zu unterhalten, um ihnen das Warten angenehmer zu gestalten. Andere trugen etwas dazu bei und dachten praktisch darüber nach, wie man die Idee umsetzen könnte. Am Ende dieser Phase bestand die Idee darin, Kunden in der Kassenschlange Produkte wie z. B. Videospiele, Kameras, Hightech-Spielzeuge und tragbare DVD-Spieler ausprobieren zu lassen, bis sie an der Reihe wären.

Alle Ideen, die am Ende der realistischen Phase noch Bestand hatten, wurden mit an den Arbeitsplatz genommen und den anderen Managern unterbreitet. Die abschließende kritische Phase wurde in dem Ladengeschäft abgehalten, damit sie sehen konnten, was sie tun mussten, damit die Ideen funktionierten. Die »Unterhaltung der Schlange« wurde umgesetzt und führte sofort zu einer Umsatzsteigerung von fünf Prozent. Ein entscheidender Beitrag während der kritischen Phase war sicherzustellen, dass an der Kasse viele der »Test«-Produkte vorrätig waren, damit das jeweilige Produkt zum Verkauf stand, wenn der Kunde an der Kasse ankam.

Die Einstein-Strategie

Die meisten Menschen kennen Albert Einstein wegen seiner Relativitätstheorie ($E = MC^2$). Einstein brauchte viele Jahre, um zu dieser Formel zu gelangen. Sein erster Gedanke über die Relativität kam ihm im Alter von 16 Jahren, als er in einer Mathematikstunde in der Schule mit offenen Augen träumte. Er fragte sich, wie die Welt wohl aussähe, wenn man auf dem Ende eines Lichtstrahls säße. Und wenn man einen Spiegel in der Hand hielte, würde man dann sein Spiegelbild sehen?

Einstein wird wegen seines Beitrags zur Wissenschaft als Genie betrachtet, und wir können uns glücklich schätzen, dass uns so viele geschichtliche Unterlagen über seine kreative Denkstrategie vorliegen. Es folgt ein Beispiel für die Anwendung von Einsteins Denkstrategie in einem Gruppenkreativitätsprozess.

Die Technik

Einstein bevorzugte das Denken in Bildern statt in Worten. Reine visuelle Vorstellungskraft unterliegt nicht den Assoziationen, Bedeutungen, Regeln und Strukturen wie die gesprochene Sprache. Wenn Sie in Worten denken, beeinflussen Sie bereits die Qualität und Quantität der Ideen, die Sie möglicherweise generieren können. Erst nachdem die Gedanken generiert worden sind, ist die gesprochene Sprache von Nutzen.

Einige Menschen mögen entgegnen, dass sie keine Bilder sehen oder dass sie nicht visualisieren können. Was tatsächlich geschieht ist, dass diese Menschen visualisieren, aber andere Repräsentationssysteme als Präferenz über die visuelle Modalität entwickelt haben. Folgendes überzeugt diese Menschen häufig: *Ich möchte, dass Sie sich einen grünen Affen vorstellen, der mit einem lila-gelben Nilpferd Basketball spielt. Können Sie sich das vorstellen?* Natürlich können sie das. Nun, jetzt ist es an der Zeit zu visualisieren.

Übung 16: Denken wie Einstein

Die Anweisungen hierfür sind einfach. Zunächst benötigen Sie einen Situationsrahmen – ein paar Worte zur Definition des Problems und vielleicht ein Systemdiagramm, das die Grenzen des Problems aufzeigt. Ist der Rahmen festgesetzt, so werden die Personen angewiesen, nur in visuellen Bildern zu denken. Dazu müssen sie vielleicht ihren inneren Dialog zähmen – sagen Sie ihnen, dass sie ihn abschalten und sich auf die Bilder konzentrieren sollen, wenn er sich einschleicht.

Lassen Sie die Vorstellungskraft die Kontrolle über den Denkprozess gewinnen. Entspannungsmusik hilft, und eine Atmung hoch oben in der Brust hilft, visuelle Bilder zu erzeugen. Regen Sie sie an, sich zu entspannen und ihre Augen zu schließen – wie es ihnen am bequemsten ist. Die Ideen den anderen im Entstehungsprozess mitzuteilen, kann Ideen von anderen in der Gruppe stimulieren. Wenn sie fertig sind, bitten Sie sie, ihre Ideen in kleinen Gruppen von drei bis fünf Personen den anderen frei mitzuteilen. Während ein jeder seine Ideen erläutert, stellen die anderen Gruppenmitglieder Fragen zu Wahrnehmung, Identität, Werten und Überzeugungen. Beispielsweise welche Identität wäre am nützlichsten, um diese Idee umzusetzen? Welche Werte und Überzeugungen wären dafür nötig? Welche Wahrnehmungen könnten Menschen um diese Idee herum erzeugen?

> Ich kann nie stillstehen. Ich muss erforschen und experimentieren. Ich bin nie mit meiner Arbeit zufrieden. Ich ärgere mich über die Begrenzungen meiner eigenen Vorstellungskraft.
>
> *Walt Disney (1901–1966)*
> *Amerikanischer Trickfilmzeichner und Regisseur*

Die Ergebnisse können zwecks späterer Auswertung festgehalten werden. Diese Technik kann man auch in der träumerischen Phase der Walt-Disney-Strategie anwenden. Erinnern Sie sich, dass Übungen dieser Art ausschließlich für die Generierung von Möglichkeiten gedacht sind und dass die Ideen in dieser Phase nicht bewertet werden.

NLP und Zögern

Die Fähigkeit, bestimmte Aufgaben oder Entscheidungen zu vermeiden, ist ein mächtiges Phänomen. Beinahe jeder Manager, den ich kennengelernt habe, gestand ein gewisses Maß an Zögern ein. Die Frage ist, wie viel Zeit man damit verbringt, Dinge zu vermeiden, die man eigentlich erledigen sollte. Wenn Sie ganz und gar damit aufhören könnten zu zögern, wie viel Zeit stünde Ihnen dann zusätzlich zur Verfügung? Wie viel besser würden Sie sich fühlen, wenn Sie alles in Angriff genommen und erledigt hätten, weshalb Sie zögern? Wie funktioniert das Zögern also? Denken Sie über eine Aufgabe nach, die Sie erledigen müssen, oder eine Entscheidung, die Sie gegenwärtig fällen müssen. Wie stellen Sie diese Überlegung, während Sie jetzt gerade darüber nachdenken, in Ihren Gedanken dar? Wie sind Ihre Bilder und Geräusche? Ist das Bild entfernt, verschwommen oder grau? Sind die Geräusche dumpf und unzusammenhängend? Was häufig geschieht, wenn wir Dinge vermeiden wollen, ist, dass die Bilder und Geräusche, die Ihr Denken ausmachen, entfernt und grau sind – dabei handelt es sich um eine Funktion Ihres Unterbewusstseins. Wenn Sie also über die Sache nachdenken, die Sie Ihrem Gefühl zufolge erledigen sollten, schiebt Ihr Geist den Gedanken in weite Ferne oder in den Hintergrund und wendet sich dann etwas zu, das eine schnellere Belohnung verspricht wie z. B. eine Tasse Kaffee kochen oder E-Mails abrufen. Wenn dann immer noch Zeit ist, sich später wieder der Aufgabe oder Entscheidung zuzuwenden, werden Sie dieses Muster wahrscheinlich bis zur letzten Minute wiederholen, wenn die Frist abläuft und Sie nicht länger zögern können. Das Problem, das so verursacht wird, abgesehen von dem schlechten Gefühl, nicht Herr der Lage zu sein, besteht darin, dass Sie keine Zeit für kreativen Input haben, weil die Geschwindigkeit der Erledigung an erster Stelle steht. Das kommt Ihnen bekannt vor? Glücklicherweise gibt es Techniken, um dieses Muster des Zögerns zu überwinden.

Wert für Sie

Engagieren Sie sich nur für Aufgaben, die Ihnen etwas bedeuten. Wenn Sie nicht in der Lage sind, in Ihrer Arbeit eine Bedeutung zu finden, haben Sie möglicherweise den falschen Beruf. Es ist so leicht, in die Falle zu geraten, einer Arbeit nur nachzugehen, um den Lebensunterhalt zu verdienen, obwohl sie für Sie keine Bedeutung hat, Sie das Gefühl haben, keine ausreichende Wertschätzung zu erfahren, und Sie letztlich das Ausbleiben guter Leistungen schlechtem Zeitmanagement zuschreiben. Das Ergebnis ist Zögern. Mehr Menschen denn je kündigen heutzutage gutbezahlte Stellungen, weil sie in ihrer Rolle keine persönliche Erfüllung finden. Natürlich wird es, wie in den meisten Rollen heutzutage, Aufgaben geben, die Ihnen wirklich Freude bereiten, und andere, die Sie lieber nicht erledigen würden – das Gleichgewicht ist wichtig. Der einfache Weg, den Wertgehalt Ihrer Arbeit zu überprüfen ist, eine Liste aller Tätigkeiten zu erstellen, mit denen Sie in einer typischen Woche oder in einem Monat zu tun haben, und während Sie jede einzelne ausführen, ihr einen Wert gemäß dem, was sie Ihnen – nicht der Organisation – gibt, zu geben. Wie fühlen Sie sich, während Sie dies tun? Was ziehen Sie daraus für sich? Welche Aufgaben haben das meiste Zögern ausgelöst?

Nehmen Sie sich jetzt die Aufgaben mit dem höchsten Wert des Zögerns vor und wenden Sie eine oder mehrere der folgenden Techniken an, um sich selbst wirklich zu motivieren, sie zu erledigen. Nehmen Sie sich eine nach der anderen vor und fragen Sie sich: »Was ist an dieser Aufgabe wichtig?« Wenn Sie keine geeignete Antwort finden können, dann muss sie vielleicht nicht unbedingt erledigt werden. Oder könnte sie jemand anderes erledigen? Was würde geschehen, wenn Sie sie nicht erledigten? Was könnten Sie stattdessen tun, das gewinnbringender wäre? Nehmen Sie sich die Aufgaben vor, von denen Sie immer noch meinen, dass Sie sie erledigen sollten, und fahren Sie mit der nächsten Stufe dieser Technik fort.

Ergebnis-Fokus

Entscheiden Sie, was das Ergebnis der Aufgabe sein soll. Was möchten Sie erreicht haben, nachdem Sie sich bei dieser Aufgabe angestrengt haben? Sie können die »wohl formulierten Ergebnisse/ Outcomes« aus Kapitel 3 als Führer nutzen, um sicherzustellen, dass Sie alles abgedeckt haben. Manchmal wird Zögern durch schlecht definierte Kriterien oder fehlenden Fokus auf das, was an der Aufgabe wirklich wichtig ist, verursacht. Verwenden Sie die folgenden Fragen, um Ihr »wohl formuliertes Ergebnis« zu gestalten.

1 Was möchte ich damit erreichen?
2 Welche internen und externen Ressourcen benötige ich zur erfolgreichen Ausführung?
3 Wie bringe ich es in Gang, trage die Verantwortung für alles, was geschieht, und habe die ganze Zeit die Kontrolle?
4 Was wird mein Gelingen für mich und andere bedeuten? Welchen größeren Einfluss wird es haben?
5 Wie erkenne ich, dass ich erfolgreich war? Aufgrund welcher Belege werde ich dies messen?
6 Welcher Zeitplan ist für mich realistisch und akzeptabel?

Auf diese Weise wohl formulierte Ergebnisse zu schaffen, kann auch zur Überwindung eines anderen Grundes für Zögern führen – Angst! Einmal coachte ich einen Vertriebsleiter, der mir berichtete, dass er es vermied, sich mit neuen potenziellen Kunden zu treffen aus Angst, sofort abgelehnt zu werden. Um diese Angst zu überwinden, schuf er ein wohl formuliertes Ergebnis für den nächsten Besuch mit einem potenziellen Kunden und erweckte den Anschein, als ob es ihm bereits gelungen sei, aus dem potenziellen Kunden einen echten Kunden zu machen. Ihm wurde allmählich klar, wie lächerlich es gewesen war, dass er neue Geschäftspartner gemieden hatte, und wurde motiviert, neue potenzielle Kunden zu finden und zu besuchen. Er nutzte auch die folgenden Techniken, um seine Intention, Erfolg zu haben, zu verstärken, was dazu führte, dass er noch positiver auf seine neuen potenziellen Kunden zuging.

Optionen-orientiertes Muster

Nun kommen wir zu dem häufigsten Grund für Zögern – das Optionen-orientierte Muster. Wenn Sie, wie viele Menschen, durch Auswahl motiviert werden, dann werden Sie wahrscheinlich immer zögern, wenn Sie die Wahl haben. In der Tat, je weniger Sie Verfahren-orientiert sind, desto wahrscheinlicher ist es, dass Sie unter »Optionen-orientiertem Zögern« leiden. Sie werden dieses Muster an der Tendenz erkennen, das Rad neu zu erfinden, oder an der Untätigkeit durch Ihren Widerwillen, eine Wahl zu treffen. Sich Ihres Optionen-orientierten Musters bewusst zu werden, ist der erste Schritt, damit umzugehen. Der nächste Schritt ist, Kriterien für jede Wahl, die Sie zu treffen haben, festzulegen – und sich dann daran zu halten! Nutzen Sie wieder die folgenden Techniken, damit Sie in Schwung kommen.

Übung 17: Antriebstechnik
Denken Sie an einen Zeitpunkt, als Sie mit einer Aufgabe wirklich vorankamen und sie erfolgreich abschlossen. Achten Sie auf das Bild, das Ihnen in den Kopf kommt, und regeln Sie die Farbe und die Helligkeit hoch. Holen Sie das Bild gleichzeitig näher, bis Sie vollständig damit assoziiert sind. Intensivieren Sie jetzt die guten Gefühle und halten Sie sie fest, während Sie mit dem nächsten Schritt fortfahren.

Nehmen Sie sich eine der Aufgaben vor, mit deren Erledigung Sie gezögert haben, und erschaffen Sie ein Bild, in dem Sie sich auf den Hosenboden gesetzt haben und Erfolg hatten. Schaffen Sie jetzt ein weiteres Bild der Konsequenzen Ihres Erfolgs und ein weiteres von Ihnen und Ihrer neuen Fähigkeit, jetzt wo Sie das Zögern durch Handeln ersetzt haben. Jetzt haben Sie drei Bilder, mit denen Sie arbeiten können. Regeln Sie die Helligkeit und die Farbe hoch und sehen Sie jedes Bild klar und deutlich in seinem eigenen Rahmen. Projizieren Sie die Bilder über den Horizont und vor Sie. Schauen Sie jetzt nach unten und sagen Sie sich (mit entschiedener Stimme), dass Sie bereit sind, sich in die Sache hineinzuknien. Schauen Sie dabei nach oben und verschmelzen Sie die drei Bilder. Schauen Sie, wie sie herumwirbeln und eine sich drehende orange Sphäre dynamischer Energie bilden. Bewegen Sie die orange Sphäre jetzt von Ihrem Geist in Ihren Unterbauch und drehen Sie sie schneller in einer sich vorwärts drehenden Bewegung. Sagen Sie sich weiterhin, dass Sie wirklich in Schwung kommen ... und während sich die orange Sphäre schneller dreht ... achten Sie darauf, wie Sie vorwärts getrieben werden zu Handlungen!

Es folgt noch eine weitere Übung mittels des Denkens in orangen Kreisen (Orange Circle Thinking), eine Technik auf der Grundlage des ursprünglichen NLP-Verfahrens der verschmelzenden Anker. Für diese Technik benötigen Sie einen blauen Stift, einen orangen Stift, ein Blatt Papier, eine Schere und etwas Platz.

Denken in orangen Kreisen

Schneiden Sie ein Quadrat aus und zeichnen Sie mit dem blauen Stift ein Symbol dafür, weshalb Sie gezögert haben, darauf. Legen Sie nun Ihr blaues Quadrat auf den Boden und stellen Sie sich davor, während Sie fühlen, wie es ist, über diese Situation gezögert zu haben. Bewegen Sie sich nun ein paar Schritte von dem blauen Quadrat weg, atmen Sie ein paar Mal tief ein und beantworten Sie die folgenden Fragen:

- Was wollen Sie mit dieser Situation machen?
- Welches Ergebnis wollen Sie erzielen, wenn Sie damit weitermachen?
- Wie wollen Sie sich fühlen, wenn Sie sie erledigt haben?

Schneiden Sie jetzt einen Kreis aus und schreiben Sie mit dem orangen Stift ein Symbol darauf, das diese drei neuen Reaktionsmöglichkeiten darstellt. Legen Sie den orangen Kreis mindestens zwei Meter von dem blauen Quadrat entfernt auf den Boden und schauen Sie ihn sich an. Erinnern Sie sich an eine Zeit, als Sie mit etwas gut vorankamen und ein zufriedenstellendes und positives Ergebnis erreichten. Achten Sie auf die Bilder, die Sie mit dieser Zeit assoziiert haben, und intensivieren Sie die Farbe, die Helligkeit und den Kontrast. Holen Sie das Bild näher, bis die Gefühle stärker werden, und schauen Sie dann auf dem Gipfel der Intensität auf das blaue Quadrat und achten Sie darauf, wie Sie sich dann im Hinblick auf die Situation fühlen. Sie werden ein mächtiges Bedürfnis empfinden, loszulegen. Die Bedeutung der orangen Kreise und blauen Quadrate wurde in Kapitel 4 erläutert.

NLP und Entscheidungsfindung

Woher wissen Sie, ob Sie für sich selbst und Ihre Firma die beste Entscheidung treffen? Manche Menschen sagen, dass Entscheidungsfindung Intuition ist, andere, dass es die Wissenschaft des Abwägens von Pro und Kontra ist. Wenn Sie darüber nachdenken, dass Sie eine Entscheidung treffen müssen, greifen Sie immer mehr auf Evidenzen und Erfahrungen zu als Ihnen bewusst ist. Wenn Sie starke Gefühle im Hinblick auf eine Sache hatten und sie bis zu einer Entscheidung weiterverfolgt haben, stehen die Chancen gut, dass Sie ein gutes Ergebnis erzielt haben. Manche Menschen bezeichnen dies als Intuition. Was in diesen Fällen tatsächlich geschieht ist, dass Ihr Unterbewusstsein Einfluss auf Ihre Denkweise hat. Alle Erfahrungen, die Sie in Zusammenhang mit der betreffenden Entscheidung gesammelt haben, werden berücksichtigt – viel zu viele, um bewusst darüber nachzudenken. Ihr Unterbewusstsein sendet dann über Ihr Gefühl ein Signal, mit dem es Ihnen rät, ob Sie diese Entscheidung treffen sollen oder nicht. Betrachten Sie es mehr als Ihre unbewusste Intelligenz anstatt als Intuition. Das Problem ist, dass Sie das Signal von Ihrem Unterbewusstsein möglicherweise nicht spüren oder, schlimmer noch, es spüren, aber dennoch ignorieren, sofern Sie stark gestresst oder kein gefühlsbetonter Mensch sind.

Einer der Gründe für Fehlentscheidungen ist, dass Sie häufig getroffen werden, wenn man sich wegen irgendetwas schlecht fühlt. Wenn Sie an einige der besseren Entscheidungen zurückdenken, die Sie getroffen haben, so wurden sie wahrscheinlich getroffen, als Sie sich wohl in Ihrer Haut gefühlt haben. Wenn Sie das nächste Mal vor einer Entscheidung stehen, stellen Sie sicher, dass Sie sich in Ihrer Haut wohl fühlen, anderenfalls wählen Sie eine Technik, um Ihren Gefühlszustand zu verändern.

Zusätzlich zu Ihren unterbewussten Signalen haben Sie eine Entscheidungsfindungsstrategie. Sie besteht aus einer Folge von Ereignissen in Ihrem Kopf, die Sie jedes Mal abspielen, wenn Sie eine Entscheidung fällen müssen. Sie nutzen wahrscheinlich dieselbe Entscheidungsstrategie, um im Restaurant ein Essen zu bestellen oder eine wichtige geschäftliche Entscheidung zu treffen. Wenn Ihre Entscheidungsfindung nicht gut funktioniert, können Sie sie verbessern oder eine vollkommen neue Strategie kreieren. Vielleicht stellen Sie auch fest, dass Ihr unbewusstes Signal für Sie leichter erkennbar wird, wenn Sie Ihre Strategie erst einmal verbessert haben.

Ihre Strategie hervorlocken

Alle Strategien setzen sich aus einer Kombination folgender Elemente zusammen:

- externe visuelle Informationen,
- interne Bilder,
- externe auditive Informationen,
- interne auditive Informationen (wie z. B. Ihr innerer Dialog und im Gedächtnis gebliebene Gespräche oder ein Ohrwurm, der Ihnen nicht aus dem Kopf geht),
- interner Dialog,
- externe Gefühle (taktil),
- interne Gefühle,
- Physiologie.

Ihre Strategie wird auch von Ihren Werten, Überzeugungen und Metaprogrammen beeinflusst.

Eine Strategie für ›gute Entscheidungen‹ aufbauen

Denken Sie an eine gute Entscheidung, die Sie getroffen haben, als Sie gespürt haben, dass es das Richtige war, und deren Ergebnis positiv war. Rufen Sie sich den Zeitpunkt in Erinnerung, als Sie sich zum ersten Mal bewusst waren, dass eine Entscheidung getroffen werden musste. Was haben Sie zuerst getan? Haben Sie ein Bild gesehen, ein Gespräch mit sich selbst oder anderen Personen geführt? Diese Art von Abfolge der Ereignisse ist entscheidend für die Qualität Ihrer Entscheidungen. Ein Manager, den ich coachte, hatte beispielsweise eine Reihe von Fehlentscheidungen getroffen, worüber er sehr unglücklich war. Er bat um Hilfe, um die Auswirkungen seiner Entscheidungen zu verbessern. Während des Coachings erkannte ich, dass seine Strategie der »Fehlentscheidungen« sich aus der folgenden Abfolge von Ereignissen zusammensetzte:

1 Intern visuell – Bild des Ergebnisses, das ich mit dieser Entscheidung erzielen will, vor dem geistigen Auge.
2 Interner Dialog – Selbstgespräch darüber, was zu tun ist, um das Ergebnis zu erzielen.
3 Internes Gefühl – Fühlt sich an, als ob ich diese Entscheidung jetzt wirklich treffen und etwas in Gang setzen möchte.

Achten Sie auf das Gefühl der Dringlichkeit, ausschließlich auf der Grundlage von internen Informationen zu agieren – zwei Metaprogramme, die möglicherweise für das Misslingen dieser Strategie verantwortlich sind. Daher verbrachten wir einige Zeit mit der Entscheidung, woraus eine verbesserte Strategie bestehen könnte, und fanden eine Alternative.

Im Rahmen der Sitzung führte der Manager die folgende alternative Strategie ein:

1 Intern visuell – Bild des Ergebnisses, das ich mit dieser Entscheidung erzielen will, vor dem geistigen Auge.
2 Interner Dialog – An wen könnte ich mich wegen weiterer Informationen zu dieser Sache wenden?

3 Extern auditiv – Mit anderen Personen sprechen und Informationen beschaffen.

4 Extern visuell – Nach Beispielen für ähnliche Entscheidungen suchen, die andere getroffen haben.

5 Intern visuell – Überarbeitetes Bild vor dem geistigen Auge aufgrund neuer Informationen.

6 Interner Dialog – Reicht das, um fortzufahren? Wenn nicht, zurück zu Schritt 2.

7 Internes Gefühl – Ja, es fühlt sich richtig an, also los geht's!

Sie können Strategien zur Verbesserung all Ihrer entscheidenden Strategiemuster verwenden, einschließlich Ihrer Strategien für Eigenmotivation, Kreativität, Erinnerung, Lernen und Überzeugungen. Hier geht es darum, genau dort anzusetzen, wo Sie Ihre Gedanken zusammensetzen, und dann neue Wahlmöglichkeiten zu erschließen. Nehmen Sie sich ein wenig Zeit und spüren Sie Ihre Strategie zur Entscheidungsfindung auf; fragen Sie sich dann, ob sie für Sie funktioniert oder nicht. Wenn die Antwort *nein* lautet, dann ändern Sie Ihre Strategie.

NLP und Gruppenpräsentationen

Denken Sie an Redner, die Sie bewundern, und an solche, bei denen Sie gegen den Schlaf gekämpft haben. Wo liegt der Unterschied? Abgesehen von einzigartigen Persönlichkeitsmerkmalen unterscheiden sich ein dynamischer und ein langweiliger Redner normalerweise nur durch Technik und Übung. Sofern Sie kein Naturtalent sind, werden Sie nicht über Nacht zum großen Redner. Die Mehrzahl der besten dynamischen Redner hat daran gearbeitet und geübt.

Vor der Übung muss aber eine wichtige Frage gestellt werden. Aus welchem Grund werden Menschen als Gruppe zusammengebracht? Widerstehen Sie der Versuchung, Menschen zu bitten, wertvolle Zeit zu opfern, nur um ihnen Informationen zu geben. Das kann man viel effektiver durch E-Mails, Briefe oder Prospekte erledigen. Die echte Gelegenheit, die sich bietet, wenn Menschen zu einer Präsentation zusammenkommen, besteht darin, sie für Ideen sowohl mental als auch emotional zu begeistern. Sie können

Ihr Publikum begeistern und inspirieren, indem Sie viele der NLP-Konzepte und Techniken aus diesem Buch zusammenfassen. Wenn man im Hinterkopf behält, dass das Publikum aus vielen verschiedenen Menschen mit verschiedenen Metaprogrammen, Repräsentationssystemen, Werten und Überzeugungen besteht, müssen Sie einen Weg finden, allen Rechnung zu tragen, wenn Sie sie alle fesseln wollen. Es folgen einige Ideen:

1 Entscheiden Sie über Ihr Ergebnis – was ist der Zweck Ihrer Präsentation? Welche Nachricht möchten Sie übermitteln? Stellen Sie sicher, dass Ihre Präsentation nicht mehr als drei Kernbotschaften enthält. Wenn Sie einer von mehreren Vortragenden auf ein- und derselben Veranstaltung sind, nehmen Sie sich die Zeit, die Kernbotschaften der anderen Redner zu ermitteln. Stellen Sie Ihre Aussagen zu anderen in Beziehung, indem Sie ihren Sachverstand anerkennen und Ihre Gemeinsamkeiten verstärken.

2 Messen Sie der Zeit, die die Menschen sich genommen haben, um Ihrer Präsentation zuzuhören, viel Wert bei. Damit stellen Sie sicher, dass Sie der Präsentation die Zeit und das Engagement widmen, die Sie verdient.

3 Visualisieren Sie sich, wie Sie die Präsentation beendet haben und das tun, was Sie tun werden, wenn sie ein Erfolg gewesen ist – Applaus, Dank oder wirklich interessante Fragen entgegennehmen. Während Sie dieses Bild festhalten, verwenden Sie eine Time-Line, um festzustellen, was Sie tun mussten, um dorthin zu gelangen. Markieren Sie eine Stelle auf dem Fußboden, die das »jetzt« darstellt. Notieren Sie Ihr Ergebnis zusammen mit einem Symbol für das, was Sie sehen, hören und fühlen werden, wenn Sie Erfolg haben, auf einem orangen Kreis. Gehen Sie vorwärts vom »jetzt« zu einem Zeitpunkt, an dem Sie Ihre Präsentation zum Abschluss gebracht haben werden und legen Sie ihn auf den Boden. Schauen Sie zurück zum »jetzt« und genießen Sie den Augenblick. Schauen Sie dann auf all die Dinge, die Sie tun mussten, um Ihr Ergebnis bei Ihrer Präsentation zu erreichen. Vielleicht benötigten Sie bestimmte Fertigkeiten, ein wenig Recherchearbeit, ein bisschen Zeit zum Üben, einige

professionelle visuelle Elemente. Achten Sie darauf, an welcher Stelle auf der Time-Line diese Dinge erscheinen, stellen Sie einen orangen Kreis für jedes einzelne her und entwickeln Sie ein Gefühl für die Struktur Ihrer Präsentation.

4 Entscheiden Sie, in welchem Zustand Sie bei Ihrer Präsentation sein wollen und ankern Sie ihn. Feuern Sie den Anker, bevor Sie den Raum betreten (siehe Kapitel 8).

5 Stellen Sie sicher, dass Ihre Sprache »kunstvoll vage« und positiv ist (siehe Kapitel 7). Nutzen Sie zu Beginn der Präsentation das »Ja«-Konzept. Es ist allgemein anerkannt, dass Sie Menschen, die Sie drei Mal dazu bringen »ja« zu sagen, auf Ihrer Seite haben. Stellen Sie sicher, dass Sie jeden Einzelnen in Ihre einleitenden Bemerkungen einbeziehen und dass jeder bei mindestens drei Aussagen nicht anderer Meinung sein kann. Es folgt ein Beispiel:

»Einige von Ihnen, die ich bereits kennengelernt habe, sind mit dem Thema meiner Präsentation heute Nachmittag bereits vertraut, wohingegen es für andere völlig neu ist. In jedem Fall bin ich sicher, dass Sie alle etwas zu der Diskussion beitragen können, sei es jetzt oder später, wenn Sie die Gelegenheit hatten, darüber nachzudenken. Ich freue mich auf Ihre Ansichten und Ideen, die ich gerne entgegennehme.«

Es gibt hier nicht viel, über dass man diskutieren könnte, und es bleibt vage genug, damit sich alle wohl fühlen.

6 Schließen Sie alle überwiegend visuellen, auditiven und kinästhetischen Personen ein, indem Sie Prädikate aller Systeme verwenden (siehe Kapitel 6). Bieten Sie visuelle Elemente in Form von Bildern, Fotos und Schaubildern für die visuellen Personen, setzen Sie den Klang der Stimme, das Tempo und die Geschwindigkeit zwecks vollständiger Wirkung auf die auditiven Personen ein und stellen Sie sicher, dass der Raum für die Kinästhetiker angenehm ist. Denken Sie daran, dass Kinästhetiker gerne bequem auf ihren Stühlen sitzen – vielleicht lümmeln Sie sich auf ihren Stühlen, kreuzen die Arme oder zappeln möglicherweise herum. Das bedeutet nicht, dass sie gelangweilt sind, sondern dass sie sich wohl fühlen. Wenn möglich, stellen Sie ihnen Modelle, Spielzeuge oder Muster zur Verfügung, die sie berühren können.

7 Sie können eine Reihe verschiedener Metaprogramme ansprechen, indem Sie Körpersprache, Gestik und Beispiele einsetzen. Sprechen Sie Verfahren-orientierte Personen an, indem Sie umreißen, worüber Sie sprechen werden, und erläutern Sie es, indem Sie die Punkte an Ihren Fingern aufzählen. Sprechen Sie Optionen-orientierte Personen an, indem Sie Ihre Arme ausbreiten und nahelegen, dass es bei den Punkten, die Sie behandeln werden, Wahlmöglichkeiten geben könnte. Generell müssen Präsentationen auf einer hohen Sprachebene gehalten werden, damit jedem Rechnung getragen wird – Sie können die detail-orientierten Personen zufriedenstellen, indem Sie die Rahmenbedingungen Ihrer Präsentation klären (Preframe) und ihnen mitteilen, dass die Unterlagen, die Sie beim Hinausgehen mitnehmen können, weitere Einzelheiten enthalten. Beispiele, die Ihre wichtigsten Punkte unterstreichen, werden auch dazu beitragen, diejenigen zufriedenzustellen, die ein Bedürfnis nach Details haben.

8 Die Stimme verfügt über einen großen Umfang im Hinblick auf Klang, Tonhöhe, Resonanz, Sprechgeschwindigkeit und Lautstärke. Ein guter Vortragsredner nutzt die gesamte Bandbreite der Stimme, um seiner Präsentation Nachdruck zu verleihen. Arbeiten Sie mit der Stimme und gleichzeitig mit der Körperhaltung und Gestik, um reichhaltige Nachrichten für Ihr Publikum zu erzeugen. Hören Sie beliebten Vortragsrednern und Sprechern zu, und achten Sie darauf, wie sie ihre Stimme einsetzen, um verschiedene Effekte zu erzielen. Üben Sie, Ihre Stimme zu verändern, um die Art von Betonung widerzuspiegeln, die Sie wünschen.

> **Üben Sie, Ihre Stimme zu verändern, um die Art von Betonung widerzuspiegeln, die Sie wünschen.**

Wechseln Sie von einer tiefen, lauten Stimme, um einen wichtigen Punkt zu betonen, zu einer weicheren, leiseren Stimme, die die Aufmerksamkeit des Publikums auf ein kleines, spezifisches, aber wichtiges Detail lenkt. Erforschen Sie die Bandbreite, die Ihnen zur Verfügung steht, und stellen Sie Kombinationen aus Stimme und Gestik für einen größeren Einfluss bei Ihrer nächsten Präsentation zusammen.

9 Verwenden Sie stimmliche Markierungen, um die Schlüssel-
   worte hervorzuheben. Verwenden Sie Pausen, damit Ihre
   Nachrichten durchsickern können. Verwenden Sie Geschichten, damit sie im Gedächtnis bleiben – Menschen erinnern
   sich an die Geschichte, und daher an die Bedeutung Ihrer
   Präsentation, noch lange nachdem Sie fertig sind.
10 Wenn Sie bestimmte Zustände bei Ihrem Publikum ankern
   wollen, beschließen Sie vorher, wo Sie sich selbst für den jeweiligen Zustand positionieren wollen. Vielleicht wollen Sie
   beispielsweise links von dem Rednerpult stehen, wenn Sie
   einen Zustand voller Energie ankern, und sich auf die rechte
   Seite begeben, wenn Sie wollen, dass Ihr Publikum nach-
   denklich wird. Sie brauchen die Anker nur ein paar Mal zu
   setzen, bis das Publikum verstanden hat, dass Sie seine
   Energie auf eine höhere Ebene heben werden, wenn Sie
   nach links gehen – und umgekehrt.
11 Sprechen Sie in Alltagssprache, die die Menschen verstehen
   – widerstehen Sie der Versuchung, firmeninterne Sprache
   zu verwenden. Sprechen Sie aus dem Herzen und glauben
   Sie, was Sie sagen.

Umgang mit Fragen aus dem Publikum

Es gibt drei grundlegende Anforderungen für die Beantwortung
aller Fragen:

1 Beantworten Sie eine Frage nie direkt, solange Sie die dahinter stehende Intention nicht ermittelt haben. Es geht um einen Unterschied im Hinblick auf den *Prozess*, nicht den Inhalt.
2 Seien Sie vollkommen im Up-Time-Modus, wenn Ihnen eine
  Frage gestellt wird, damit Ihre Sinnesschärfe hoch ist, und
  achten Sie auf unbewusste Kommunikationsprozesse in Physiologie und Stimmmerkmalen.
3 Bleiben Sie emotional losgelöst. Wenn jemand eine Frage hat
  – gut. Besprechen Sie sie. Es ist die Information, die Gegenstand der Frage ist, nicht Sie. Wenn Ihnen eine direkte

persönliche Frage gestellt wird, ist es möglicherweise besser, sie nach der Präsentation zu beantworten.

Die Intention hinter der Frage zu ermitteln, ist recht einfach. Manchmal liefert sie der Fragesteller Ihnen gleich mit: »Ich habe gerade erst mit der Arbeit in diesem Bereich begonnen, und es wäre für mich hilfreich, wenn ich dieses Thema besser verstehen würde. Was ist ...?« Andere sind nicht so entgegenkommend und fragen einfach »Warum bedeutet x, dass y nicht zufriedenstellend ist?«

Diese »Warum«-Frage mag aufrichtig sein oder auch nicht – um sicherzugehen, entgegnen sie: »Bevor ich Ihnen das erkläre, wüsste ich gerne, wie ausgeprägt Ihr Interesse in diesem Bereich ist.« Die Antwort auf diese Frage enthüllt die Intention hinter der ersten Frage, und Sie können bei Ihrer Antwort besser auf den Fragesteller eingehen.

Manche Fragesteller bekommen gerne Feedback auf das Wesen Ihrer Frage. Das sind dann die Menschen mit »externen Referenzen«. Sie können Ihnen ein gutes Gefühl vermitteln, indem Sie sagen »Das ist eine sehr sachdienliche Frage – vielen Dank dafür« oder eine beliebige Variation dieser Worte.

Hypothetische Fragen und Wertungsfragen

- »Was ist Ihre Meinung zu ...?«
- »Was würde geschehen, wenn...?«
- »Wie weit, denken Sie, kann das führen?«

Sie können aus einer Palette von Antworten auf diese Fragen wählen, wobei bei den meisten die Frage einfach dorthin zurückgegeben wird, wo sie herkam, wie ein Bumerang. Zum Beispiel:

- »Ich bin nicht hier, um meine Meinung zu sagen, sondern um die Fakten zu präsentieren. Haben Sie eine Meinung, die Sie dem Publikum gerne mitteilen würden?«
- »Das ist eine interessante Idee. Mal sehen, ob wir das zusammen herausarbeiten können. Wenn X Y täte, was würde dann Ihrer Meinung nach geschehen?«
- »Ich kenne die Antwort auf diese Frage nicht. Hat vielleicht jemand im Publikum eine Antwort? Irgendwelche Ideen?«
- »Was meinen Sie?«

Fragen oder Aussagen von verwirrten Geistern

- »Wofür, sagten Sie, ist das gelbe Band?«
- »Das passt nicht zu dem, was Sie vorhin gesagt haben.«
- »Wie kann der Gewinn dieses Jahr höher sein als der im vergangenen Jahr, wenn wir alle wissen, dass der Umsatz zurückgegangen ist?«

Wahrscheinlich brauchen Sie für diese Art von Fragen einen »Backtrack-Rahmen«, und vielleicht auch ein »Chunking-Up« (Verallgemeinern, Abstraktion) auf eine höhere Ebene. Zum Beispiel:

- »Lassen Sie uns einen Schritt zurück machen und das noch einmal besprechen. Ich habe erwähnt, dass ...«
- »Ich gehe noch einmal zurück und stelle es in Relation zu dem, was ich vorhin gesagt habe. Das Konzept des gelben Bandes ...«
- »Lassen Sie mich das erklären, indem ich zunächst klarstelle, was ich vorhin gesagt habe. Die Gesamteinnahmen im letzten Jahr ...«

Der persönliche Angriff

- »Wie kann man dem mittleren Management in dieser Sache trauen?«
- »Weshalb glauben Sie, dass die Ingenieure dazu in der Lage sind?«

Mit persönlichen Angriffen kann man leicht umgehen. Sie müssen die Kritik von der Person weg und auf die Sache lenken. Chunking-Up ist auch eine nützliche Technik, z. B.:

- »Wir könnten alle etwas mehr Vertrauen haben, und es ist wichtig, Vertrauen in das von dem Produktionsteam erarbeitete Verfahren zu haben.«
- »Dieses Unternehmen verdankt seinen Erfolg den Fähigkeiten all seiner Mitarbeiter. Sie müssen kontinuierlich weiterentwickelt werden.«

Die direkte Herausforderung

- »Was soll das alles?«
- »Ich sehe nicht, wie das etwas ändern soll.«
- »Das haben wir alles schon versucht – und es hat nicht funktioniert.«

Diese Fragen weisen daraufhin, dass die Person Ihre Ideen nicht akzeptiert, weil sie an einer bestimmten Überzeugung festhält. Sie müssen sich für eine von zwei Reaktionen entscheiden.

1 *Nehmen Sie die Bemerkung/Frage zur Kenntnis und fahren Sie fort*

»Ich kann verstehen, warum Sie diese Aussage getroffen haben. Hier ist aber nicht der geeignete Ort, um sich damit zu befassen. Ich werde mich gerne nach der Präsentation mit Ihnen darüber unterhalten.«

2 *Die Überzeugung erschüttern*

»Das ist ein Blickwinkel auf dieser Tagesordnung. Was wären Ihrer Ansicht nach die Konsequenzen, wenn man die Veränderung nicht vornehmen würde?«

»Was würde Sie dazu bringen, es zu sehen?«

Setzen Sie Ihren Körper ein

Ihr Körper ist ein äußerst nützliches Werkzeug, wenn Sie es mit Menschen zu tun haben, die auf Egotrips zu sein scheinen. Diese Leute müssen oft dem Publikum und dem Vortragsredner beweisen, dass sie Sachverständige auf Ihrem Gebiet sind. Vermeiden Sie immer, sich in eine Fachdebatte ziehen zu lassen. Werden Sie nicht defensiv. Halten Sie an dem Prozess fest, indem Sie die in diesem Abschnitt erläuterten Techniken anwenden, und positionieren Sie sich zwecks zusätzlicher Wirkung so nahe wie möglich beim Fragesteller. Das hat den Effekt, dass er im Scheinwerferlicht steht, was den meisten Menschen unangenehm ist. Das gleichzeitige Einsetzen selbstsicherer Gesten wird die Wirkung noch verstärken.

Effektiv mit Fragen umzugehen, ist eine Frage des Prozesses. Der Prozess besteht aus:

1 Kenntnisnahme der Frage
2 Identifikation der Intention hinter der Frage

3 Entscheidung, ob man sich jetzt oder später damit beschäftigt
4 Wahl eines Informationsrahmens, innerhalb dessen man sich
   mit der Frage beschäftigt:
   - Backtrack,
   - Relevancy Challenge,
   - Evidenz,
   - Outcome,
   - Ökologie,
   - Als-ob.
5 Wahl einer Strategie:
   - Bumerang,
   - Chunking-Up,
   - Umleiten der Kritik weg von der Person und hin zu dem
     Thema,
   - Erschüttern der Überzeugung.

> Das Ziel der Redekunst ist nicht allein die Wahrheit,
> sondern die Überzeugung.
>
> *Lord Macaulay (1800–1859), Englischer Historiker*

Der letzte Ratschlag, damit Sie eine effektive Präsentation halten
können, ist der wichtigste: Übung. Genau wie beim Rad fahren ist
es beim ersten Mal ein bisschen schwierig, wird aber nach einiger
Zeit Gewohnheit. Üben Sie für sich. Beobachten Sie Ihre Physiologie im Spiegel und zeichnen Sie Ihre Stimme auf, um die Merkmale wahrnehmen zu können. Proben Sie Ihre nächste Präsentation wie ein Schauspieler für ein Theaterstück proben würde. Nach
einiger Zeit werden Beeinflussung und Überzeugungskraft durch
firmeninterne Präsentation für Sie ganz natürlich. Vielleicht
möchten Sie nur eine oder zwei Techniken auswählen, um für Ihre
nächste Präsentation zu üben. Machen Sie einen Schritt nach dem
anderen.

NLP und Motivation

Wenn Sie in der Lage sind, sich selbst voll zu motivieren, ist es leichter, für andere eine Umgebung zu schaffen, in der sie es Ihnen gleichtun können. Ich habe häufig Manager getroffen, die dieselbe Frage gestellt haben:»Wie motiviert man Menschen?« Eine große Anzahl dieser Manager ist selbst nicht einmal motiviert. Manchmal fühlen sie sich in ihrer Rolle gestresst oder unsicher, anderen fällt es schwer, offen mit Menschen zu kommunizieren. Kürzlich hörte ich, wie ein Personaldirektor in einer Präsentation vor seiner Firma mit 3 000 Beschäftigten sagte:»Es steht uns eine große Veränderung bevor, aber wir werden es überleben.« Ganz offensichtlich war dieser Manager selbst nicht motiviert, aber was noch schlimmer war, ihm war nicht bewusst, wie seine Worte auf alle anderen wirken würden. Überleben? Wie motivierend ist das?

Wenn Sie selbst nicht voll motiviert sind, arbeiten Sie daran, nicht an der Motivation anderer Leute. Menschen können sich sehr gut selbst motivieren, und als Manager müssen Sie nur die Umgebung schaffen, die es ihnen leicht macht, es zu tun. Während Sie sich durch die folgenden Aspekte der Motivation arbeiten und sie auf sich selbst anwenden, bekommen Sie ein besseres Verständnis dafür, wie man andere ermutigt, dasselbe zu tun.

Ambitionen

Es gibt kurzfristige und langfristige Motivation. Wenn ich beispielsweise Kochen und Essen als eine Unannehmlichkeit des Lebens betrachte und meine Ernährung aus Pizza und anderem Fast Food besteht, bin ich motiviert zu essen, wenn ich hungrig bin, aber nach einer Mahlzeit werde ich nicht mehr dasselbe Verlangen verspüren. Wenn es aber meine Ambition ist, gesund zu sein und mich mit qualitativ hochwertigen Lebensmitteln zu ernähren, kann die Motivation, einkaufen zu gehen, zu kochen, zu essen und gesunde Alternativen auszuprobieren, eine ständige Triebkraft sein, in meiner Küche frische und gesunde Zutaten vorrätig zu haben.

Wenn die Motivation nicht von Dauer ist, könnte es am Fehlen höherer Ambitionen liegen. Denn das ist es, was Menschen wirklich antreibt, die eine Leidenschaft für das an den Tag legen, was sie tun. Ambitionen sind größer als Ziele. Zu essen ist ein Ziel. Gesund zu sein, ist eine Ambition. Ambitionen stehen in engerem Zusammenhang mit Ihnen als Person und wofür Sie im Gedächtnis bleiben werden. Ambition ist etwas, das Sie bei Tätigkeiten fesselt, die für Sie oder andere auf irgendeine Weise einen Unterschied machen. Daher würden Sie »Generaldirektor werden« nicht als Ambition bezeichnen, aber wenn Sie es würden, bestünde die Ambition eher darin, wie Sie als Generaldirektor andere Menschen beeinflussen können. Es kommt heutzutage nur allzu häufig vor, dass jemand eine Stelle nur wegen finanzieller Vorzüge und Vergünstigungen oder persönlicher Annehmlichkeiten annimmt, tatsächlich aber die Arbeit ungern tut, sich jedoch damit abfindet. Wenn diese Person Manager wird, wird sie sicherlich darum kämpfen, andere zu motivieren, da sie keine Ahnung von den Grundlagen hat, sich selbst zu motivieren! Motivation liegt nicht in den Vergünstigungen einer Arbeit, sondern in der Arbeit selbst.

Metaprogramme

Wenn Sie es als lästige Pflicht betrachten, eine bestimmte Aufgabe zu erledigen, dann besteht wahrscheinlich ein Metaprogrammkonflikt. Das heißt, die Aufgabe, die Sie erledigen, erfordert einen gewissen Fokus, der Ihnen nicht leicht fällt und möglicherweise sogar Ihrem natürlichen Muster widerspricht, beispielsweise eine Aufgabe, bei der die Aufmerksamkeit auf feinen Details liegen muss, während Sie Ihren Fokus lieber auf das große Ganze richten würden, oder eine sehr verfahrensorientierte Aufgabe, die Ihnen keine Gelegenheit bietet, Ihre Präferenz für Optionen auszuüben. Metaprogrammmuster können Ihre Flexibilität in bestimmten Situationen wirklich begrenzen. Vergleichen Sie die Tabelle über Metaprogramme in Kapitel 4.

Ihre Metaprogrammpräferenzen, deren Schwerpunkt auf der einen Seite des Kontinuums liegen, sind diejenigen, derer Sie sich am stärksten bewusst sind. Wenn Sie genauso gerne mit Details arbeiten wie mit dem großen Ganzen, dann haben Sie die Flexibilität, Aufgaben zu erledigen, die beides erfordern. Unflexibilität entsteht, wenn Sie eine starke Neigung zu einem Muster haben und selten das Muster auf der anderen Seite des Kontinuums nutzen. Metaprogramme liegen häufig auf einem Kontinuum, mit Ausnahme des zweiten Musters »Inhalt der Tätigkeit«, wobei sich der Fokus Ihrer Aufmerksamkeit in variablen Anteilen auf fünf Aspekte verteilen kann: Menschen, Orte, Tätigkeiten, Informationen und Dinge. Sich Aufgaben zu widmen, die ein Metaprogramm erfordern, das Sie nur selten nutzen, wird Sie in einen Stresszustand versetzen. Wenn jemand einen Beruf ausübt, der nicht an seinem Metaprogrammprofil ausgerichtet ist, werden ihn weder Zuckerbrot noch Peitsche dazu bringen, dauerhaft gute Leistungen zu vollbringen. Es ist wesentlich besser, Menschen in Positionen zu bringen, in denen sie vorzügliche Leistungen erbringen können. Selbstverständlich kann man ein Metaprogrammmuster verändern; dafür braucht es aber den Wunsch nach Veränderung, ein geeignetes Vorbild als Modell und eine oder zwei Techniken.

Den Motor anlassen

Dann und wann lerne ich Menschen kennen, die so unmotiviert sind, dass jede Tätigkeit für sie zur Qual wird, sogar morgens aufzustehen. Das deutet auf ein Problem mit ihrem Lebensstil hin, und es kann viele Gründe für die Antriebslosigkeit geben. Man kann letztlich eine Bandbreite von Techniken anwenden, um einem Menschen in einem derart niedrigen Zustand zu helfen, aber ohne einen bestimmten Ansatzpunkt liefert er kein ideales Thema für ein Buch. Wenn Sie aber andererseits etwas Bestimmtes im Hinterkopf haben, was Sie wirklich tun wollen, aber nicht in die Gänge kommen, finden Sie hier eine Technik, mit der Sie Ihren Motor anlassen und durchstarten können. Es kann etwas sein, dass Sie gerade tun, worauf Sie sich aber nicht freuen, oder etwas, wegen dem Sie zögern. Vielleicht eine Aufgabe, die Ihnen Furcht einflößt und die Sie nicht so gut erledigen. Lassen Sie uns die Sache, für die Sie motiviert sein wollen, als X bezeichnen.

Übung 19: Übung – Lassen Sie den Motor an!

Beschreiben Sie zunächst, wie Sie sich fühlen, wenn Sie an X denken!

Atmen Sie nun ein paar Mal tief ein und beschreiben Sie, wie Sie sich stattdessen fühlen wollen. Während Sie eine Verbindung zu diesen positiven Gefühlen herstellen, erinnern Sie sich an eine Zeit, als Sie sich so gefühlt haben, und achten Sie auf die Bilder, die Ihnen ins Gedächtnis kommen. Wenn die Erfahrung, an die Sie denken, ein Erlebnis mit hoher Motivation war, so sollte das Bild farbig und hell sein. Achten Sie auf alle Qualitäten des Bildes und verankern Sie es klar und deutlich in Ihrem Kopf. Regeln Sie die Helligkeit, die Farbe, den Kontrast und die Größe des Bildes hoch, um die Gefühle zu intensivieren. Während Sie es im Gedächtnis behalten, erzeugen Sie ein neues Bild, wie Sie mit X hoch motiviert vorankommen, und lassen Sie es genau dieselben Qualitäten wie im ersten Bild annehmen. Nehmen Sie Ihr Bild und kippen Sie es leicht zu sich, wobei Sie es gleichzeitig noch näher holen und fühlen, wie Sie in das Bild fallen. Nehmen Sie jetzt X in Angriff!

NLP und Meetings

NLP kann eingesetzt werden, damit Meetings lebendig, zielstrebig, fokussiert und vor allem produktiv bleiben. Wir erleben nur allzu häufig, dass in Organisationen Meetings zu einer Reihe von Verpflichtungen verkommen, auf die sich die Menschen nicht freuen. Meetings sind eine grundlegende Funktion erfolgreicher Organisationen, und es gibt keinen Grund, warum sie nicht frisch und lebendig bleiben sollten.

Was ist der Zweck?

Es ist sinnvoll, hier noch einmal auf das Modell der Ausrichtung (siehe Kapitel 1) Bezug zu nehmen. Betrachten Sie zunächst den Zweck des Meetings. Behalten Sie im Hinterkopf, dass Sie die Menschen bitten, für ihre Teilnahme an dem Meeting wertvolle (und teure) Zeit zu opfern, und dass sie möglicherweise lange Strecken zurücklegen müssen. Ist ein Meeting der beste Weg, Ihr Ziel zu erreichen? Wären eine Telefon- oder Videokonferenz ebenso effektiv? Oder könnten Sie ihnen die Informationen einfach zusenden? Wenn Sie sich den Zweck erst einmal klar gemacht haben, können Sie Maßnahmen einleiten, damit die Teilnehmer von Anfang an engagiert dabei sind. Wir nehmen noch einmal Bezug auf das Modell der Ausrichtung und ermutigen die Teilnehmer, sich ihrer Rolle in dem Meeting bewusst zu sein und sich Gedanken zu machen, wie sie sich an dem Meeting beteiligen werden. Fragen Sie sie, was sie aus dem Meeting mitnehmen wollen – mit anderen Worten, ermutigen Sie sie, klar definierte Ergebnisse zu haben. Klären Sie die Rahmenbedingungen des Meetings (Preframe), indem Sie den Wert für jeden einzelnen Teilnehmer hervorheben und den Nutzen für alle betonen, wenn Sie Ihr Ziel erreichen. Räumen Sie jeglichen Zweifel aus dem Weg, dass Sie Ihr Ziel erreichen werden, bevor Sie beginnen – selbst wenn das Ziel lediglich ein Brainstorming zu Beginn eines neuen Projektes ist.

Tragen Sie dem *In-Time/Through-Time*-Metaprogramm Rechnung, indem Sie mit einem Kaffee beginnen – so erhalten die *Through-Time*-Personen die Chance anzukommen und erst einmal Höflichkeiten und Ideen auszutauschen, bevor die *In-Time*-Personen eintreffen, die kaum eine Minute erübrigen können. Niemand verpasst etwas und niemand wird durch den anderen frustriert.

Verwenden Sie Informationsrahmen (siehe Kapitel 7), um das Meeting auf Kurs zu halten. Setzen Sie grundlegende Regeln fest, bevor Sie beginnen. Wenn Sie zum Beispiel beim Brainstorming Ideen sammeln, möchten Sie vielleicht Worte und Phrasen wie »nein« oder »das geht nicht« verbannen und sicherstellen, dass auch die ungeheuerlichste Idee in dieser Phase aufgenommen wird. Damit verhindern Sie Zurückhaltung und ermöglichen es den Menschen, frei zu denken.

Sorgen Sie dafür, dass die Umgebung der Art von Meeting, das Sie halten, förderlich ist. Wenn Sie möchten, dass die Menschen kreativ sind, möchten Sie, dass sie häufig aufschauen, sich bewegen, um Zustände des Feststeckens zu brechen und in neue, ressourcenreichere zu wechseln. Sich an einen Tisch zu setzen und auf die Papiere zu schauen, bedeutet, dass sich die Personen natürlicherweise in der Position des inneren Dialogs und der Emotionen befinden – das ist der Kreativität abträglich. Wenn möglich, sorgen Sie für natürliches Licht, viele Pausen und halten Sie die Energie im Fluss.

Tragen Sie visuellen Menschen mit Bildern, Plänen, Schaubildern, Farben, Flip-Charts etc. Rechnung. Kommen Sie auditiven Menschen mit klaren Backtracks und Analysen und kinästhetischen Menschen mit Modellen, Stiften oder Spielzeugen zum Herumfingern entgegen, und sorgen Sie für eine behagliche Sitzordnung. Stellen Sie die Menschen zufrieden, die Freude an Details haben, indem Sie ihnen versichern, dass den Ideen noch Fleisch zugesetzt werden muss, wenn sie erst einmal formuliert sind.

Anker spielen in Meetings eine große Rolle und können sowohl produktiv als auch destruktiv sein. Wenn Teilnehmer bei einem Meeting eine negative Erfahrung gemacht haben, werden sie diese geankerte Negativität wahrscheinlich mit in das nächste Meeting bringen und möglicherweise sogar eine verallgemeinerte Überzeugung in ihrem Gehirn speichern, dass »alle Meetings Zeitverschwendung sind« oder »ich kann meine Meinung nie rüberbringen, weshalb soll ich also hingehen?« Sie können negative Anker vermeiden, indem Sie das Format, die Umgebung und den Inhalt variieren. Verändern Sie beispielsweise die Sitzordnung – lassen Sie die Teilnehmer keinen »Anspruch auf bestimmte Plätze erheben« – wechseln Sie den Tagungsort, variieren Sie die Zeit zwischen den Meetings. Ernennen Sie unterschiedliche Personen als Sitzungsleiter. Erstellen Sie eine Tagesordnung aufgrund der wirklichen Interessen der Teilnehmer anstatt aufgrund von Firmenbelangen. Vielleicht überrascht Sie die Qualität der firmenbezogenen Themen, die auf diesem Weg präsentiert werden.

Ebenso wie Sie Meetings frei von negativen Ankern halten, können Sie positive Anker setzen. Beginnen Sie mit einer erbaulichen Einleitung, auch wenn in der letzten Zeit die Erwartungen nicht erfüllt wurden. Wenn Sie den Fokus auf das richten, was gut war, werden Sie eher einen positiven Anker für die Teilnehmer setzen können, als wenn Sie das Meeting mit einer Ohrfeige eröffnen. Denken Sie daran, am Ende des Meetings eine erbauliche Zusammenfassung zu geben, die verdeutlicht, was Sie in der Zeit gemeinsam erreicht haben, damit die Teilnehmer mit einem guten Gefühl nach Hause gehen und gerne beim nächsten Mal wiederkommen.

Nutzen Sie das Metamodell, um taktvoll Klarheit über die Ideen der Teilnehmer zu gewinnen, und pacen und führen (lead) Sie sie in ihrer Denkweise.

NLP und Projektmanagement

Vor einigen Jahren beschloss die Banque Paribas, ihr Büro im Zentrum von London zu schließen und in einen neuen, zu diesem Zweck erbauten Bürokomplex in Marylebone zu ziehen. Der Projektmanager, der für den Umzug von über 6000 zur Computerausstattung gehörenden Einzelteilen verantwortlich war, bat mich, sein Team bei der Ausarbeitung eines Projektplans zu unterstützen. Seine Vorgabe war, dass jeder Paribas-Mitarbeiter bei seiner Ankunft in dem neuen Büro Logins und Passwörter für das Computersystem vorfinden sollte und die einprogrammierten Telefonnummern genau dieselben sein sollten wie im alten Büro. Das angestrebte Ziel war ein zu 98 Prozent fehlerfreier Umzug – und sie bekamen ihn.

Die übliche Methode, ein solches Projekt zu planen, wäre, sich an einen Konferenztisch zu setzen und eine Liste zu erstellen, was zu tun ist, und dabei auf bestehende Projektpläne zurückzugreifen. Dann würden diese Aufgaben in die Planungssoftware eingegeben und Ressourcen und Zeitplänen zugeordnet. Dieses Mal war es anders. Ich fuhr mit dem achtköpfigen Planungsteam in ein Konferenzzentrum und wir verbrachten den Tag damit, das Projekt auf NLP-Weise zu planen.

Als Erstes bat ich das Team auf dem Boden eine Time-Line zu ziehen, die die Zeit darstellen sollte, die uns bis zum Abschluss des Projekts zur Verfügung stand. Dann bat ich die Gruppe (wobei ich keine bestimmte Person ansprach), langsam die Time-Line entlangzugehen, am Ende stehen zu bleiben, wo sie die Aufgabe erfolgreich abgeschlossen haben wird, zurückzuschauen und sich alle Dinge vorzustellen, die sie getan hat und die zu ihrem Erfolg geführt hat. Sofort begannen drei stark visuelle Teammitglieder damit, alle möglichen Dinge zu sehen, die sich ereignet hatten. Meine nächste Frage war: »Und wer wird all diese wertvollen Informationen festhalten?« Daraufhin sprangen zwei kinästhetische Mitglieder des Projektteams auf und begannen, auf Flip-Charts zu schreiben. So blieben drei stark auditive Personen übrig, denen ich vorschlug, darauf zu hören, was vor sich ging, Fragen zu stellen, und die Details zu überprüfen. Dann überließ ich sie ihren Aufgaben.

Nach wenigen Stunden stellte mir das Team seinen Plan vor. Es war jedoch mehr als ein Plan, weil jedes Teammitglied sich dem Prozess voll und ganz verschrieben hatte und stark an der Leistung beteiligt war. Sie schufen neue Eventualitäten, an die noch nie zuvor gedacht worden war, und sie waren hochmotiviert, das Projekt in Angriff zu nehmen.

Wenn Sie Menschen auf natürliche Weise fesseln und ihnen die Möglichkeit geben, ihre Stärken als Team zu nutzen, so wird der Prozess für sich selbst sorgen. Hier bewiesen wir, wie eine Projektanweisung und ein Projektplan einfach, aber unverwüstlich kreiert werden konnten, wobei der größtmögliche Erfolg sichergestellt wurde. Infolgedessen befürworteten die Projektmanager, dasselbe Verfahren immer anzuwenden, wenn detaillierte Pläne erstellt werden müssten.

NLP und das Managen Ihrer Freunde

Bevor Sie Manager wurden, gehörte es wahrscheinlich nicht zu dem Anforderungsprofil Ihres Berufes, Menschen zu mögen. Ich habe es nur selten in einer Arbeitsplatzbeschreibung gelesen. Vielleicht wird von Ihnen erwartet, dass Sie als Teil eines Teams kooperieren, aber es wird nicht verlangt, dass Sie Menschen mögen oder jedermanns Freund sind. Alles schön und gut, solange bis es Ihre Aufgabe ist, Ihre Freunde zu managen. Einige Gesichter in dem Team sind für Sie vielleicht neu und einige sind vielleicht Ihre Freunde – Menschen, die Sie mögen, mit denen Sie gut auskommen und persönliche Erfahrungen austauschen können. Vielleicht sind Sie mit ihnen eine Zeit lang auf einer Ebene der Hierarchie gewesen, aber jetzt ist es Ihre Aufgabe, sie zu motivieren, ihnen

Zielvereinbarungen vorzugeben, ihnen Feedback zu geben, sie zur Ordnung zu rufen, sie zu belohnen und sie zu coachen! Aus dieser Situation ergeben sich normalerweise zwei Probleme:

1　Sie führen Ihre Beziehung mit ihnen so weiter, als hätte sich nichts verändert, genießen ihre Gesellschaft und hoffen, dass sie gute Leistungen erbringen, ohne dass Sie zu sehr eingreifen müssen. Das wird ins Auge gehen, weil Menschen in Organisationen Richtungsvorgaben, Leadership, Feedback und Entwicklung brauchen – und dies normalerweise bei ihrem Manager suchen. Außerdem ist wahrscheinlich der Mittelpunkt des Manager/Mitarbeiter-Verhältnisses – Vertrauen – gefährdet. Diejenigen, die nicht Ihre Kumpel sind, sehen, dass Sie mit bestimmten Personen anders umgehen, und beschließen, dass man Ihnen nicht trauen kann. Um diese Menschen zu motivieren, müssen Sie daran arbeiten, ihr Vertrauen zurückzugewinnen.

2　Ihr Pendel schlägt zu stark zur anderen Seite aus und Sie werden ein roboterartiger Manager, d.h., Sie übermitteln Ihren Freunden die Nachricht, dass Sie nicht mehr ihr Freund, sondern ihr Manager sind. Sie entfremden sich von ihnen und schaffen dadurch eine Situation, in der Ihre Freunde Ihre Feinde werden und sich gegen Ihre Ideen und Versuche sie zu motivieren stellen.

Daher besteht die Lösung dann darin, ein Gleichgewicht zwischen Freund und Manager zu finden. Betrachten Sie es so: Anstatt ihr *Freund* zu sein, bleiben Sie *freundlich* als ihr Manager. So ist es kein Schwarz-Weiß-Szenario, sondern eher mit wechselnden Grautönen. Freundlich zu sein, bedeutet nicht, ein Freund zu sein. Sie können zu einem Fremden freundlich sein, aber die Identität eines Freundes ist normalerweise für die Menschen reserviert, zu denen Sie eine tiefere Beziehung haben. Sie bewahren sich also den freundlichen Teil Ihres Verhaltens und passen ihn in die Identität eines Managers ein.

Übung 20: Das richtige Gleichgewicht finden

Denken Sie über Ihre Rolle als Manager nach. Wählen Sie einige Worte oder Aussagen, die Sie für geeignet halten, um Ihre Rolle zu beschreiben, und die beide Verhaltensweisen – Freundlichkeit und Managen – erfassen. Kreieren Sie als Nächstes mit Ihrer Vorstellungskraft zwei Szenarien in Ihrem Kopf. Im ersten Szenario sind Sie zusammen mit einem Teammitglied, das Sie nicht unbedingt zu Ihren Freunden zählen würden. Sehen Sie, wie Sie freundlich über Zielvorgaben, Feedback, Coaching oder eine andere Manager/Mitarbeiter-Dynamik sprechen. Lassen Sie Ihr Bild hell, klar und farbig werden. Stellen Sie sicher, dass Sie es über den Horizont projizieren. Wenn Sie das Gespräch hören können, das stattfindet, dann lassen Sie die Stimmen verständlich und angenehm klingen. Prüfen Sie, ob es sich gut anfühlt, indem Sie das Bild langsam näher holen, bis es direkt vor Ihrem Gesicht ist. Wie ändert das Ihr Gefühl? Wird das Gefühl intensiver? Wenn ja, halten Sie dieses Bild fest und bewegen Sie es etwas weiter weg und nach links. Erzeugen Sie jetzt ein weiteres Bild mit einem ähnlichen Szenario, aber mit einem Teammitglied, das Sie zu Ihren Freunden zählen. Gehen Sie genauso vor wie beim ersten Bild, außer dass Sie es, nachdem Sie das Gefühl intensiviert haben, wieder weg und nach rechts schieben. Jetzt haben Sie also zwei Bilder im Kopf – links das Bild, wo Sie eine Person freundlich managen, die zu Ihrem Team gehört, aber kein Freund ist, und rechts das Bild, auf dem Sie genau dasselbe mit einem Freund tun.

Verwenden Sie jetzt die Bilder, die Sie gerade erzeugt haben, um das erwünschte Verhalten zu generieren. Bringen Sie beide Bilder auf dem Monitor in Ihrem Kopf nach oben rechts und sehen Sie, wie Sie sich verhalten. Schauen Sie nach links unten und fragen Sie sich: »Wie werde ich aussehen, wenn ich Menschen manage, die meine Freunde sind, und Menschen, die nicht meine Freunde sind?« Schauen Sie wieder nach oben rechts auf Ihre Bilder und achten Sie auf die Details Ihrer Interaktion. Schauen Sie nach rechts unten und spüren Sie, ob es für Sie passt. Rotieren Sie noch ein paar Mal um diese drei Positionen, Bilder, innerer Dialog und Gefühle, um dieses Verhalten als neue Fähigkeit zu verankern.

NLP und der Aufbau effektiver Teams

Mit dem kontinuierlich steigenden Fokus auf Teamwork müssen Führungskräfte ständig nach Wegen suchen, nicht nur *effektive* Teamarbeit, sondern *exzellente* Teamarbeit zu erzeugen und aufrechtzuerhalten. Die Qualität der geleisteten Arbeit hat unmittelbare Auswirkungen auf die Dynamik und Effektivität eines Teams. Eine Gruppe aus Individuen bildet ein Team, aber ohne aktives Leadership agieren sie nicht notwendigerweise als Team. Das Team könnte als grundlegender Baustein für eine zeitgenössische Organisation betrachtet werden. Jedes einzelne Team bzw. jeder einzelne Baustein ist eine dynamische Kraft und ihre gemeinsamen Anstrengungen richten sich darauf aus, die Organisation zum Erfolg zu führen. Nun, das ist die Idee! Manchmal erhalten Teams nicht das adäquate Leadership oder die entsprechende Führung und befinden sich in einem Zustand der Dysfunktion oder sind uneins mit den Bemühungen anderer Teams.

Vom Standpunkt des NLP aus betrachtet, kann eine Gruppe von Individuen am effektivsten sein, wenn man ihre Kommunikation verbessert und wenn sie ein starkes Gefühl der Identifikation mit der Gruppe empfindet. Zusätzlich teilt ein effektives Team gemeinsame Werte und Überzeugungen im Hinblick auf seine Rolle und das, was im Rahmen des Möglichen ist. Der erste Schritt, um Ihr Team in diese Position zu versetzen, besteht darin, mit einer offenen Diskussion zu beginnen und mitzuteilen, wie jeder Einzelne die Dinge sieht. Davon ausgehend können Sie das Team an den weiteren Fortschritten beteiligen. Dieser Abschnitt enthält eine Reihe von Ideen, die Sie bei diesem Prozess unterstützen.

Prüfung der Team-Performance

Damit Teams gute Leistungen erbringen können, müssen sie vier Aspekten der Teamarbeit Beachtung schenken:

1. Team-Orientierung – die Bedeutung, ein Team zu sein, und was das für die einzelnen Teammitglieder bedeutet.
2. Kommunikation – die Art, der Inhalt und die Häufigkeit der Kommunikation innerhalb des Teams.

3 Unterstützung – ein echter und aufrichtiger Wunsch, sich gegenseitig zum Erfolg zu helfen.

4 Prozesse – wie das Team Entscheidungen trifft und Probleme löst.

Der folgende Fragebogen wird Ihrem Team dabei helfen, zu messen, wie gut es in jedem der vier Aspekte der Teamarbeit abschneidet. Die Ergebnisse geben deutlich Aufschluss darüber, was das Team tun kann, um seine Performance zu verbessern. Händigen Sie jedem Mitglied Ihres Teams ein Exemplar dieses Fragebogens aus und erklären Sie, dass der Zweck darin besteht, festzustellen, wie gut das Team die Aufgabe meistert, »ein effektives Team zu sein«. Das Ergebnis wird zeigen, was getan werden muss, um Verbesserungen zu erzielen. Lassen Sie den einzelnen Mitgliedern zum Ausfüllen des Fragebogens höchstens 30 Minuten Zeit und fassen Sie die Ergebnisse in den vier Kategorien, wie unten abgebildet, zusammen. Geben Sie dem Team Feedback über die Ergebnisse und lassen Sie es darüber entscheiden, was es tun möchte, um die Team-Performance zu verbessern. Geben Sie für diesen Prozess zwei Stunden Zeit.

Übung 21: Prüfung der Team-Performance

Kreisen Sie bei jeder der 16 Aussagen in der unten stehenden Tabelle diejenige ein, die Ihrer Erfahrung am besten entspricht.

	A	B	C
Es gibt genug Team-Meetings, um die Performance zu überprüfen.	Ich stimme voll zu.	Ich stimme teilweise zu.	Ich bin anderer Meinung.
Ich kenne die Prioritäten für mich und mein Team auf täglicher Basis.	Ich stimme voll zu.	Ich stimme teilweise zu.	Ich bin anderer Meinung.
Teamwerte sind klar und werden zur Lösung schwieriger teambezogener Fragen eingesetzt.	Ich stimme voll zu.	Ich stimme teilweise zu.	Ich bin anderer Meinung.

Das Team bekommt nützliches Feedback von außerhalb des Teams über den Wert seines Beitrags zum Unternehmen.	Ich stimme voll zu.	Ich stimme teilweise zu.	Ich bin anderer Meinung.
Teammitglieder werden ermutigt, offen über Probleme zu sprechen, die die Arbeitsweise des Teams betreffen.	Ich stimme voll zu.	Ich stimme teilweise zu.	Ich bin anderer Meinung.
Sie würden sich sicher fühlen, wenn Sie Ihre Bedenken über die Team-Performance bei Ihrem Teamleiter vorbringen würden.	Ich stimme voll zu.	Ich stimme teilweise zu.	Ich bin anderer Meinung.
Teammitglieder informieren sich häufig gegenseitig über den neuesten Stand ihrer Projekte und teilen sich arbeitsbezogene Informationen mit, die sie inner- und außerhalb der Organisation ermittelt haben.	Ich stimme voll zu.	Ich stimme teilweise zu.	Ich bin anderer Meinung.
Die Kommunikation zwischen Ihrem Team und den wichtigsten Beteiligten, die unmittelbares Interesse an der Performance des Teams haben, funktioniert gut.	Ich stimme voll zu.	Ich stimme teilweise zu.	Ich bin anderer Meinung.
Die Teammitglieder fühlen mit und unterstützen Einzelne, die berufliche oder private Probleme haben.	Ich stimme voll zu.	Ich stimme teilweise zu.	Ich bin anderer Meinung.

Teammitglieder ermutigen sich bei schwierigen Herausforderungen gegenseitig zum Erfolg.	Ich stimme voll zu.	Ich stimme teilweise zu.	Ich bin anderer Meinung.
Teammitglieder coachen sich gegenseitig bei bestimmten Aufgaben, Vorgängen oder fachlichen Aspekten ihrer Arbeit.	Ich stimme voll zu.	Ich stimme teilweise zu.	Ich bin anderer Meinung.
Wenn Sie eine Meinungsverschiedenheit mit einem Kunden, Lieferanten oder anderen Mitarbeitern hätten, wären Sie sicher, dass Ihr Team Sie unterstützen würde.	Ich stimme voll zu.	Ich stimme teilweise zu.	Ich bin anderer Meinung.
Ihr Team kooperiert effektiv mit anderen Teams in Ihrer Organisation.	Ich stimme voll zu.	Ich stimme teilweise zu.	Ich bin anderer Meinung.
Das Team ergreift die Initiative, Brainstorming bei Problemen zu betreiben und Verbesserungen bei Arbeits- bzw. Teamprozessen vorzunehmen.	Ich stimme voll zu.	Ich stimme teilweise zu.	Ich bin anderer Meinung.
Mitglieder Ihres Teams erhalten Training in Techniken zur kreativen Problemlösung.	Ich stimme voll zu.	Ich stimme teilweise zu.	Ich bin anderer Meinung.
Das Team übernimmt die Verantwortung für die Verbesserung seiner Performance auf täglicher Basis.	Ich stimme voll zu.	Ich stimme teilweise zu.	Ich bin anderer Meinung.
Gesamt			

Rechnen Sie nun die Antworten, die Sie in jeder Spalte ein-
gekreist haben, zusammen und ordnen Sie ihnen die folgenden
Punktzahlen zu.

Für eine Antwort in Spalte A geben Sie 1 Punkt.
Für eine Antwort in Spalte B geben Sie 3 Punkte.
Für eine Antwort in Spalte C geben Sie 5 Punkte.

Die Gruppen mit den niedrigsten Werten zeigen auf, wo Ent-
wicklungsarbeit am dringendsten nötig ist.

Gruppenwerte
Gruppe 1:
Fragen 1–4   Team-Orientierung

Punkte =

Gruppe 2:
Fragen 5–8   Kommunikation

Punkte =

Gruppe 3:
Fragen 9–12   Unterstützung

Punkte =

Gruppe 4:
Fragen 13–16   Team-Prozesse

Punkte =

Denkanstoß ...

Wie läuft die Teamarbeit in Ihrem Unternehmen verglichen mit
der Ihrer Wettbewerber?

Der Einfluss von Werten auf Teams

Einige Teams und Unternehmen investieren Zeit und Mühe in das Schaffen gemeinsamer Werte und Verhaltenskodizes mit dem Ziel, die Art und Weise zu verbessern, wie die Menschen zusammenarbeiten und Erfolg haben. Meiner Erfahrung nach scheinen nur sehr wenige Teams den Kniff herauszuhaben, Werte in ihre Arbeitsbeziehungen zu integrieren. Die Mehrzahl landet bei einer Liste mit herzerwärmenden moralischen Prinzipien auf einem Flip-Chart und denkt, dass das alles sei. Die Folgen, wenn man Zeit auf diese Tätigkeit verwendet, sie jedoch nur unzureichend weiterverfolgt, zeigen sich häufig im Sinken der Moral und in Skepsis, wenn wieder einmal jemand einen »Werte-Kreations-Tag« vorschlägt.

Wenn Ihr Team oder Unternehmen zu einer Reise wie dieser aufgebrochen ist, oder kurz davor steht aufzubrechen, sind Sie möglicherweise dankbar für einige Tipps, damit Sie *Ihre Werte leben* und für Kunden, Mitarbeiter und alle anderen Beteiligten echte Gewinne erzielen können. Ich bin mir sicher, dass Sie mit der Investition Ihrer Zeit und anderer wertvoller Ressourcen am Ende ein Klima für ein erfolgreiches Ergebnis schaffen möchten.

Es folgen einige grundlegende Tipps, um das gewünschte Ergebnis zu erreichen.

1. Bilden Sie häufig neue Gruppen, um Ihre Werte zu überprüfen und herauszufinden, ob sie beibehalten worden sind, und gegebenenfalls. wie. Ein einmaliger Versuch genügt nie. Bringen Sie die Teams drei oder vier Mal pro Jahr zusammen, damit ihre Werte lebendig bleiben.

   Beispiel: Halten Sie im Verlauf eines Monats eine Reihe gemeinsamer Treffen zum Frühstück ab und legen Sie bei jedem Meeting den Schwerpunkt auf einen oder zwei Werte. Sorgen Sie bei diesen Treffen für eine informelle Atmosphäre und ermuntern Sie die Teilnehmer, sich aktiv zu beteiligen und im Hinblick auf die Realität der *Werte in Aktion* offen und ehrlich zu sein. Bewahren Sie die positive Stimmung mit amüsanten Elementen und richten Sie den Fokus darauf, wie man die Werte besser einsetzen kann, um Nutzen daraus zu ziehen.

Wenn Ihr Team über verschiedene Zeitzonen verteilt ist, halten Sie eine Videokonferenz ab. Nutzen Sie die verfügbare Technologie, um Zeit- und Entfernungsprobleme zu lösen.

2. Halten Sie die Augen offen nach Situationen in der Arbeitsumgebung, die Ihre vereinbarten Werte gefährden.

Beispiel: Bleiben Sie hart in Situationen, die Werte gefährden. Wenn Sie dies ignorieren, werden Ihre Werte schnell bedeutungslos und Zynismus könnte aufkommen. Sagen wir, Sie bemerken, dass ein Kunde am Empfang zwanzig Minuten auf den Manager wartet. Tun Sie in diesem Augenblick für den Kunden, was Sie können, und erörtern Sie diesen Vorfall dann auf jeden Fall schnellstmöglich mit Ihrem Team. Nutzen Sie den gefährdeten Wert als Leitfaden für die Verbesserung der Art und Weise, wie Besucher empfangen werden.

3. Nutzen Sie Ihre Werte, wenn Sie entstehende Probleme oder Konflikte lösen. Stellen Sie sicher, dass jeder weiß, welcher Wert gefährdet ist, und nutzen Sie den Wert als Teil der Lösungskriterien.

Beispiel: Sagen wir, einer Ihrer Teamwerte ist »aktive Kooperation mit anderen Funktionen«, und Sie stellen fest, dass es lange dauert, ein Problem zu lösen, weil jemand aus Ihrem eigenen Team keine Maßnahme ergreift. Seien Sie offen und direkt, wenn Sie sich gegenseitig fragen: »Wie können wir diesen Wert nutzen, um schnell zu einer Lösung dieses Problems zu finden?« Legen Sie den Schwerpunkt auf Lösungen, nicht Schuld oder Strafe. Verwenden Sie besser *wir* als *Sie* oder *ich*.

4. Ermutigen Sie Ihr(e) Team(s), Verbesserungsvorschläge für ein Leben und Erleben der Werte durch andere zu machen. So verbessern Sie die Akzeptanz der Werte und stärken ihren Einfluss auf Entscheidungsfindung und Konfliktlösung.

Beispiel: Heben Sie die Bedeutung des *Lebens der Werte* bei Teambesprechungen hervor, und ermutigen Sie die Menschen, ihre Erfahrungen beizusteuern, wo sie glauben, dass ein Wert gefährdet war, und wo ein Wert zur Lösungsfindung beigetragen hat. Verschreiben Sie sich 100-prozentig dem Ergreifen von Maßnahmen in jeder Situation, in der ein Wert gefährdet ist.

5. Geben Sie dann und wann, eventuell bei einer jährlichen Konferenz oder saisonalen Zusammenkunft, positives Feedback darüber, wie Ihre Werte genutzt werden, um mit alltäglichen Problemen umzugehen. So lernen die Einzelnen, wie sie Werte in die Tat umsetzen können. Geben Sie Erfolgsgeschichten zum Besten, und zeigen Sie den Menschen Ihre Anerkennung, die Werte in Aktion demonstriert haben.

Beispiel: Gestalten Sie eine Reihe kurzer Workshops und lassen Sie die Personen in Kleingruppen von, sagen wir, acht bis zwölf arbeiten. Das Ziel ist, die Erfahrungen der Gruppe mit *Werten in Aktion* zu erörtern und eine bestimmte Situation zu ermitteln, die die Gruppe gerne allen anderen mitteilen würde. Die Situation kann erfolgreich oder auch nicht erfolgreich gewesen sein; das Hauptziel besteht darin, aus der Erfahrung zu lernen. Ermutigen Sie jede Untergruppe, eine Situation auszuwählen und sie mittels einer Geschichte zu beschreiben. Im nächsten Schritt erzählt jede Untergruppe der Hauptgruppe ihre Geschichte.

Bei dieser Tätigkeit kann man sehr kreativ sein, indem man die Untergruppen auffordert, zum Erzählen ihrer Geschichte ein beliebiges Medium einzusetzen, z. B. Seifenoper, Werbung, Kinderreim, Lied, Theaterstück, Pantomime oder was einem sonst noch einfällt.

> »Sei du selbst die Veränderung, die du dir wünschst für diese Welt.«
>
> *Gandhi (1869–1948)*

Beim Umsetzen von Werten in Aktion geht es darum, was man in dem entscheidenden Moment *tut* und *sagt*. Je länger man wartet, desto schwächer wird die Intervention. Für jede Veränderung benötigt man Rollenvorbilder, die unterschiedliche Denk- und Verhaltensweisen vorleben. Jeder, der Verantwortung für Menschen trägt, muss die Konsequenzen erkennen, die es mit sich bringt, wenn man ein schlechtes Vorbild ist.

Teamleiter und CEOs erzielen gleichermaßen großartige Ergebnisse, wenn sie in der Lage sind, Rollenvorbilder für die gewünschte Veränderung zu sein.

Menschen benehmen sich so, wie die Kultur es diktiert

Wenn ein Mitarbeiter in Angst lebt, lernt er, das Eingehen von Risiken zu vermeiden.

Wenn eine Mitarbeiterin mit Hinterlist lebt, lernt sie, die Wahrheit zu beugen.

Wenn ein Mitarbeiter mit niedrigen Erwartungen lebt, lernt er, ein begrenztes Wirkungsfeld zu haben.

Wenn eine Mitarbeiterin mit einer harten Hand lebt, lernt sie, wie man das System schlägt.

Wenn ein Mitarbeiter mit Lächerlichkeit lebt, lernt er, seine Ideen für sich zu behalten.

Wenn eine Mitarbeiterin mit Formalität lebt, lernt sie, Bürokratin zu sein.

Wenn ein Mitarbeiter mit Misstrauen lebt, lernt er misstrauisch zu sein.

Wenn eine Mitarbeiterin mit Feindseligkeit lebt, lernt sie zu kämpfen.

Wenn ein Mitarbeiter mit Desinteresse lebt, lernt er, gleichgültig zu sein.

Wenn eine Mitarbeiterin in dem Gefühl von Wertschätzung lebt, lernt sie, zusätzliche Anstrengungen zu unternehmen.

Wenn ein Mitarbeiter mit Leadership lebt, lernt er, die Initiative zu ergreifen.

Wenn eine Mitarbeiterin mit Offenheit lebt, lernt sie, ehrlich zu sein.

Wenn ein Mitarbeiter mit Experimentierfreude lebt, lernt er, innovativ zu sein.

Wenn eine Mitarbeiterin mit klaren Werten lebt, lernt sie, Prioritäten zu setzen.

Wenn ein Mitarbeiter mit Respekt vor Kunden lebt, lernt er, herausragenden Service zu bieten.

Wenn eine Mitarbeiterin mit Ermutigung lebt, lernt sie, selbstbewusst zu sein.

Wenn ein Mitarbeiter mit positiven Visionen lebt, lernt er, Wunder zu vollbringen.

Wenn eine Mitarbeiterin mit Herausforderungen lebt, lernt sie, Veränderungen zu bewältigen.

Abschließende Gedanken

Auf den Seiten dieses Buches haben Sie eine Disziplin von Geist und Körper erforscht – eine Disziplin, die von immer mehr Menschen aller Berufsgruppen praktiziert wird. Diese Menschen erkennen, was es braucht, um im Informationszeitalter ein effektiver Manager zu sein – die Herausforderungen der Komplexität und Divergenz anzunehmen –, und dass vor allem anderen der Geist eine unerschöpfliche Ressource ist.

Ihnen werden immer wieder Menschen begegnen, die Sie auf die eine oder andere Weise in Erstaunen versetzen – vielleicht bewundern Sie eine hochentwickelte Fertigkeit des kreativen Denkens, der Problemlösung, des Fokus, der Entschlossenheit, des Motivierens von Teams, des öffentlichen Sprechens oder des Führens eines internationalen Unternehmens. Alle diese Fertigkeiten können Sie erlernen und beherrschen, und der erste Schritt dazu besteht darin, das *Lernen zu lernen*. Sobald Sie dies beherrschen, sind den Fertigkeiten, die Ihnen zur Verfügung stehen, nur wenige Grenzen gesetzt.

In diesem Buch geht es um das Lernen lernen für Manager. Es wurde jeder einzelne Bestandteil Ihres Kommunikationsprozesses behandelt und dabei erläutert, wie Programme aufgebaut werden, die Ihnen die Macht verleihen, mehr Ihrer gewünschten Ergebnisse zu erreichen. Wissen Sie noch: *Zu lernen erfordert, die Grenzen dessen zu überschreiten, was Sie bereits wissen.* Wenn das unangenehm ist, so haben Sie das Wissen, einen starken Wohlfühlfaktor in diese Erfahrung einzubauen – jetzt sofort.

NLP im Management. David Molden
Copyright © 2009 WILEY-VCH Verlag GmbH & Co. KGaA, Weinheim
ISBN: 978-3-527-50283-7

Hier folgt ein einfacher Leitfaden, der Ihnen hilft, das NLP zu praktizieren. Er besteht aus drei einfachen Schritten:

1 **Gestalten Sie Ergebnisse, die wohl formuliert sind.**
2 **Nutzen Sie Ihre Sinnesschärfe, um Feedback zu bekommen.**
3 **Seien Sie flexibel, um entsprechend dem Feedback, das Sie bekommen, Veränderungen vorzunehmen.**

Gute Reise!

Danksagungen

Ich danke den beiden Pionieren und Begründern des NLP – Richard Bandler und John Grinder – und den vielen Menschen, die für die große Bandbreite der Entwicklungen und Anwendungen verantwortlich sind. Meinen Lehrern Brad Waldron, Willie Monteiro, Wyatt Woodsmall, Marvin Oka, Richard Diehl, Dave Marshall, Robert Smith und all meinen Studenten dafür, dass sie ihre Zeit in meine Persönlichkeitsentwicklung investiert haben. Robert Dilts für seine Arbeit auf neurologischem Gebiet, für seine Einblicke in die Strukturen von Überzeugungen/Glaubenssätzen und sein Modellieren von Walt Disney und Albert Einstein. Allen weiteren Menschen, die auf dem Gebiet des NLP Beiträge geleistet haben, zu viele, als dass man sie alle namentlich erwähnen könnte, und den vielen Mandanten von Quadrant 1 International, auf die sich unsere Programme positiv ausgewirkt haben.

Einen ganz besonderen Dank an Brad Waldron, Mike O'Sullivan und Ray Perkins dafür, dass sie mir ihre eigenen einzigartigen Ansichten über meine Ideen und mein Material mitgeteilt haben, und an Pat Hutchinson, meinen Geschäftspartner, der Struktur genau da anbringt, wo sie erforderlich ist, dafür, dass er eine solch kreative treibende Kraft und effektive Testperson ist und Beiträge zu der Entwicklung und Ausformung unserer Ideen leistet.

Glossar der NLP-Begriffe

»Als-Ob«-Rahmen (As-if-Frame)	Vorgeben, dass ein Ereignis geschehen ist. Denken, »als ob« es geschehen wäre, fördert die kreative Problemlösung, indem man mental über scheinbare Hürden zu gewünschten Lösungen findet. Fragen Sie »Wie wäre es, wenn ich …?«
Analog	Unterschiedliche Nuancen in der Bedeutung, im Gegensatz zu digital, was eine eigenständige (ein/aus) Bedeutung hat, wie bei einer analogen Uhr (eine Uhr mit Stunden- und Minutenzeiger).
Analoge Markierung	Unter Einsatz von Stimme, Körpersprache, Gestik etc. Schlüsselwörter in einem Satz oder bestimmten Teil Ihrer Präsentation markieren.
Anker	Jeder beliebige Reiz, der mit einer bestimmten Reaktion assoziiert wird. Anker entstehen von Natur aus, können aber auch absichtlich gesetzt werden, z. B. ein Glöckchen läuten, um die Aufmerksamkeit von Personen zu bekommen, oder subtiler, auf einer bestimmten Stelle stehen, wenn man Fragen beantwortet.
Ankern	Der Vorgang, eine interne Reaktion mit einem externen Auslöser zu assoziieren, sodass die Reaktion schnell und manchmal heimlich neu bewertet wird. Ankern kann visuell (bestimmte Handbewegungen), auditiv (bestimmte Wörter und Stimme) und kinästhetisch (Berühren eines Arms oder jemandem die Hand auf die Schulter legen) sein. Kriterien für Ankern sind: • Intensität oder Reinheit der Erfahrung, • Timing; auf dem Höhepunkt der Erfahrung, • Genauigkeit der Wiedergabe des Ankers.
Assoziation	Wie in der Erinnerung, durch die eigenen Augen sehen, hören, was man hörte, und fühlen, was man fühlte, als ob man tatsächlich dort wäre. Dies wird als assoziierter Zustand bezeichnet.

NLP im Management. David Molden
Copyright © 2009 WILEY-VCH Verlag GmbH & Co. KGaA, Weinheim
ISBN: 978-3-527-50283-7

Auditiv

Mit Bezug auf das Hören oder den Hörsinn.

Augenzugangshinweise

Bewegungen der Augen in bestimmte Richtungen, die auf visuelles, auditives oder kinästhetisches Denken hinweisen.

Ausrichten

So arrangieren, dass alle ausgerichteten Elemente parallel sind und sich somit in dieselbe Richtung bewegen.

Backtrack

Überprüfen oder Zusammenfassen mit den Schlüsselwörtern und Tonalitäten eines anderen, oder in Präsentationen eine ganze genaue Zusammenfassung mit denselben Schlüsselwörtern und mit derselben Intonation, die ursprünglich benutzt wurden.

Beschreibungen aufgrund von Sinneseindrücken

Informationen, die unmittelbar von den Sinnen beobachtet und verifiziert werden können. Es ist der Unterschied zwischen »die Lippen sind gespannt, ihre Zähne sind teilweise sichtbar und ihre Mundwinkel sind höher als die Hauptlinie ihres Mundes« und »sie ist glücklich«, was eine Interpretation ist.

Bevorzugtes System

Das Repräsentationssystem, das eine Person im Normalfall meistens verwendet, um bewusst zu denken und ihre Erfahrungen zu organisieren.

Chunking

Das Organisieren oder Unterteilen von Erfahrungen in größere oder kleinere Einheiten (Chunks). Beim Chunking-Up (Verallgemeinern) begibt man sich auf eine größere, abstraktere Informationsebene. Beim Chunking-Down (Konkretisieren) begibt man sich auf eine spezifischere und konkretere Informationsebene. Beim seitlichen (lateralen) Chunking findet man andere Beispiele auf derselben Informationsebene.

Digital

Mit einer eigenständigen (ein/aus) Bedeutung, im Gegensatz zu analog, was Bedeutungsnuancen hat.

Dissoziation

Wie z. B. in der Erinnerung den eigenen Körper im Bild von außen anschauen, sodass man nicht die Gefühle hat, die man spüren würde, wenn man tatsächlich dort wäre.

Down-Time

Alle Kanäle für sensorischen Input sind nach innen gerichtet.

Dritte Position

Wenn Sie sich selbst und andere beobachten.

Einstellung	Eine Sammlung von Werten und Überzeugungen bezüglich eines bestimmten Themas. Unsere Einstellung ist die Wahl, die wir getroffen haben.
Elizitation	Der Akt des Aufspürens und Entdeckens von gewissen internen Prozessen.
Future Pacing	Der Prozess, im Geiste eine zukünftige Situation durchzuspielen, um so sicherzustellen, dass das gewünschte Verhalten dann natürlich und automatisch eintritt.
Gustatorisch	Den Geschmack oder Geschmackssinn betreffend.
Hierarchie	Organisation von Dingen oder Ideen, wobei die wichtigeren Ideen eine Rangfolge aufgrund Ihrer Bedeutung erhalten.
Identität	Unser Verständnis dessen, wer wir sind. Unser Verständnis von unserer Identität organisiert unsere Überzeugungen, Fähigkeiten und Verhaltensweisen in ein einziges System.
Inkongruenz	Zustand der Vorbehalte; nicht völlig einem Ergebnis verpflichtet. Der innere Konflikt zeigt sich im Verhalten der Person.
Innere Darstellung	Informationsmuster, die wir in unseren Gedanken als Kombinationen aus Bildern, Geräuschen, Gefühlen, Gerüchen und Geschmäckern erzeugen und speichern. Die Art und Weise, auf die wir unsere Erinnerungen speichern und kodieren.
Intention	Die Absicht oder das gewünschte Ergebnis des Verhaltens.
Kalibration	Der Prozess, die unbewussten, nonverbalen Reaktionen einer anderen Person in einer laufenden Interaktion durch Paaren sichtbarer Verhaltenshinweise mit einer bestimmten inneren Reaktion lesen zu lernen.
Kinästhetisch	Die Empfindungen des Körpers betreffend. Im NLP bezeichnet der Begriff *kinästhetisch* alle Arten von Gefühlen – taktil, viszeral und emotional.
Kongruenz	Wenn alle inneren Überzeugungen, Strategien und Verhaltensweisen einer Person vollkommen im Einklang und auf das Sicherstellen eines gewünschten Ergebnisse ausgerichtet sind. Worte, Stimme und Verhalten vermitteln alle dieselbe Nachricht.

Kontext	Der Rahmen um ein bestimmtes Ereignis. Dieser Rahmen legt häufig fest, wie eine bestimmte Erfahrung oder ein Ereignis interpretiert wird.
Kriterien	Die Werte oder Normen, aufgrund derer eine Person Entscheidungen trifft oder Urteile über die Welt fällt. Ein einzelnes Kriterium setzt sich aus zahlreichen Elementen zusammen – bewusste und unbewusste. Die zu stellende Frage lautet: »Was ist wichtig im Hinblick auf …?«
Landkarte der Realität (Modell der Welt)	Die einzigartige Darstellung der Welt einer jeden Person, die sie aufgrund ihrer individuellen Wahrnehmungen und Erfahrungen aufbaut.
Leading (Leiten, Führen)	Die eigenen Verhaltensweisen mit ausreichendem Rapport zu verändern, damit das Gegenüber folgen kann.
Leitsystem (Lead System)	Das bevorzugte Repräsentationssystem (visuell, auditiv, kinästhetisch), das Informationen für die Aufnahme ins Bewusstsein findet (Input).
Logische Ebenen	Eine interne Hierarchie, in der jede Ebene progressiv psychologisch umfassender und einflussreicher wird. In der Reihenfolge ihrer Bedeutung (von hoch nach gering) umfassen diese Ebenen:

1 spirituell
2 Identität
3 Überzeugungen und Werte
4 Fähigkeiten
5 Verhalten
6 Umgebung

Matching	Übernahme von Teilen der Verhaltensweisen einer anderen Person zwecks Stärkung des Rapports.
Mehrdeutigkeit	Der Gebrauch einer Sprache, die vage oder mehrdeutig bleibt. Mehrdeutige Sprache ist auch abstrakt (im Gegensatz zu konkret).
Meta	Aus dem Griechischen, über oder jenseits.
Meta-Modell	Ein von John Grinder und Richard Bandler entwickeltes Modell, das Kategorien der Sprachmuster identifiziert, die problematisch oder mehrdeutig sein können. Das Meta-Modell basiert auf Transformationsgrammatik und identifiziert gängige Verzerrungen, Tilgungen und Verallgemeinerungen, die die Tiefenstruktur/ursprüngliche

Bedeutung verschleiern. Das Modell stellt klärende Fragen, die die ursprüngliche Bedeutung der Nachricht wiederherstellen. Das Meta-Modell verbindet Sprache mit Erfahrungen und kann zur Informationsbeschaffung, Klarstellung von Bedeutungen, Feststellung von Beschränkungen und Eröffnung von Wahlmöglichkeiten genutzt werden.

Metapher

Der Prozess, eine Situation oder ein Phänomen als etwas anderes zu denken, d.h. Geschichten, Parabeln und Analogien.

Metaprogramme

Eine Ebene des mentalen Programmierens, die festlegt, wie wir unsere Erfahrungen sortieren, ausrichten und einteilen. Unsere Metaprogramme sind abstrakter als unsere konkreten Strategien des Denkens und definieren unsere allgemeine Herangehensweise an eine bestimmte Frage eher als die Einzelheiten unseres Denkprozesses.

Milton-Model

Die Umkehrung vom Meta-Modell, wobei kunstvoll vage Sprachmuster verwendet werden, um die Erfahrung einer anderen Person zu pacen und Zugang zu den unbewussten Ressourcen zu bekommen. Basiert auf der Sprache von Milton H. Erickson, M.D.

Mismatching

Andere Verhaltensmuster als das Gegenüber annehmen; den Rapport in einer Sitzung oder einer Unterhaltung brechen, um ihr eine neue Richtung zu geben, sie zu unterbrechen oder zu beenden.

Modell der Welt

Die innere Darstellung des Zustands der Welt einer Person.

Modellieren (Modelling)

Der Prozess des Beobachtens und des Kartierens erfolgreicher Verhaltensweisen anderer. Dazu gehören profilierende Verhaltensweisen/Physiologie, Überzeugungen und Werte, innere Zustände und Strategien.

Nonverbal

Ohne Worte. Normalerweise mit Bezug auf den analogen Teil unseres Verhaltens, wie z.B. Tonfall oder andere äußere Verhaltensweisen.

Oberflächenstruktur

Die Worte oder die Sprache, die die tatsächlichen primären sinnesspezifischen Darstellungen im Gehirn beschreiben oder für sie stehen.

Ökologie	Erforschung der Auswirkungen einzelner Handlungen auf das größere System.
Olfaktorisch	Den Geruch oder den Geruchssinn betreffend.
Outcomes	Ziele oder erwünschte Zustände (Ergebnisse), die eine Person zu erreichen anstrebt.
Pacing	Eine von Kommunikatoren angewandte Methode, um schnell durch Matching bestimmter Aspekte ihres Verhaltens mit denen ihres Gesprächspartners Rapport aufzubauen – Matching oder Spiegeln des Verhaltens.
Physiologie	Den physischen Teil einer Person betreffend.
Prädikate	Sinnesspezifische Worte, die den Gebrauch eines Repräsentationssystems anzeigen.
Präsupposition (Vorannahme)	Eine grundlegende zugrunde liegende Annahme, die notwendig ist, damit eine Darstellung Sinn macht. In Sprachsystemen ein Satz, der wahr sein muss, damit ein anderer Satz Sinn macht.
Problem-Space	Problem-Space wird definiert durch sowohl physische als auch nicht-physische Elemente, die ein Problem erzeugen oder dazu beitragen. Lösungen ergeben sich aus einem »Lösungs-Space« der Ressourcen und Alternativen. Ein Lösungs-Space muss größer sein als der Problem-Space, damit eine adäquate Lösung gefunden werden kann.
Prozess und Inhalt	Beim Inhalt geht es darum, was getan wird, während es beim Prozess darum geht, wie es getan wird. Was Sie sagen, ist Inhalt, und wie Sie es sagen, ist Prozess.
Rahmen (Frame)	Einen Kontext oder eine Art der Wahrnehmung wie bei Ergebnis-Rahmen, Backtrack-Rahmen etc. festsetzen.
Rapport	Das Herstellen von Vertrauen, Harmonie und Kooperation in einer Beziehung.
Referenzstruktur (Reference Structure)	Die Summe aller Erfahrungen in der Lebensgeschichte einer Person. Auch die vollständigste Darstellung, von der andere Darstellungen innerhalb einiger Systeme abgeleitet werden; zum Beispiel dient die Tiefenstruktur als Referenzstruktur für die Oberflächenstruktur.

Reframing	Veränderung des Referenzrahmens um eine Aussage, damit sie eine andere Bedeutung bekommt.
Reiz-Reaktion (Stimulus Response)	Eine Assoziation zwischen einer Erfahrung und einer nachfolgenden so genannten Reaktion; der natürliche Lernprozess, den Iwan P. Pawlow demonstrierte, als er das Läuten eines Glöckchens mit der Absonderung von Speichel bei Hunden korrelierte.
Relevancy Challenge oder Relevanz-Rahmen	Fragen, wie eine bestimmte Aussage oder Verhaltensweise dazu beiträgt, ein vereinbartes Ergebnis zu erreichen.
Repräsentationssysteme	Die fünf Sinne: Sehen, Hören, Fühlen (Gefühle), Riechen und Schmecken.
Ressourcen	Jedes Mittel, das wir einsetzen können, um ein Outcome zu erreichen: Physiologie, Zustände, Gedanken, Strategien, Erfahrungen, Menschen, Ereignisse oder Gegenstände.
Ressourcenvoller Zustand	Die vollkommene neurologische und physiologische Erfahrung, wenn sich eine Person ressourcenvoll fühlt.
Sinnesschärfe	Der Lernprozess, um feinere und nützlichere Unterscheidungen der Sinnesinformationen machen zu können, die wir von der Welt bekommen.
Sortieren (Sort)	Ein Begriff aus der Computersprache, mit dem die Reorganisation bzw. das Filtern von Informationen im Prozess der Reorganisation bezeichnet wird.
Spiegeln (Mirrowing)	Teile des Verhaltens anderer matchen.
Stimme	Der zweitwichtigste Kanal der Kommunikation und des Einflusses. Forschungen zufolge beträgt ihr Einfluss auf die gesamte Kommunikation 38 Prozent.
Stimmliche Markierung	Durch Einsatz der Stimme bestimmte Worte als besonders wichtig markieren.
Strategie	Eine Reihe expliziter mentaler und verhaltensmäßiger Schritte zur Erreichung eines bestimmten Ergebnisses.
Submodalitäten	Die bestimmten sinnesspezifischen Qualitäten, die die einzelnen Sinne wahrnehmen. Beispielsweise umfassen visuelle Submodalitäten Farbe, Form, Bewegung, Helligkeit, Tiefe etc., auditive Submodalitäten umfassen Laut-

stärke, Höhe, Tempo etc. und kinästhetische Submodalitäten umfassen Druck, Temperatur, Beschaffenheit, Örtlichkeit etc.

Swish-Muster

Ein generativer NLP-Submodalitätsprozess, der Ihr Gehirn in eine neue Richtung programmiert.

Systemisch

Betreffend Systeme, Betrachten von Beziehungen und Konsequenzen über Zeit und Raum hinweg, nicht lineare Ursache und Wirkung.

Teile (Parts)

Eine metaphorische Art, über unabhängige Programme und Strategien des Verhaltens zu sprechen. Programme oder »Teile« entwickeln häufig eine Verhaltensweise, die zu einem ihrer identifizierenden Erkennungsmerkmale wird.

Tiefenstruktur

Die sinnesspezifischen Landkarten (sowohl bewusst als auch unbewusst), die Menschen nutzen, um ihr Verhalten zu organisieren und lenken.

Tilgung

Eine der drei allgemeingültigen Regeln für das menschliche Modellieren; der Prozess, bei dem ausgewählte Teile der Welt von der Darstellung der sie modellierenden Person ausgeschlossen werden. Im Sprachsystem handelt es sich bei Tilgung um einen Transformationsprozess, bei dem Teile der Tiefenstruktur entfernt werden und daher nicht in der Darstellung der Oberflächenstruktur erscheinen.

Time-Line

Die Art und Weise, auf die wir Bilder, Geräusche und Gefühle unserer Vergangenheit, Gegenwart und Zukunft speichern.

Trance

Ein veränderter Zustand mit einem nach innen gerichteten Fokus der Aufmerksamkeit auf einige wenige Reize (Stimuli) hin.

Überzeugungen (Glaubenssätze)

Tief sitzende Verallgemeinerungen über
1 Ursache,
2 Bedeutung und
3 Grenzen in
   - der Welt um uns herum,
   - Verhalten,
   - Fähigkeiten und
   - Identität.

Überzeugungen funktionieren auf einer anderen Ebene als die konkrete Wirklichkeit und dienen zur Lenkung und Interpretation der Wahrnehmungen der Wirklichkeit, häufig durch Verbindung mit Kriterien oder Wertesystemen. Überzeugungen sind bekanntermaßen schwer durch typische Regeln der Logik oder rationales Denken zu verändern.

Umgebung

Der externe Kontext, in dem unser Verhalten stattfindet. Unsere Umgebung ist das, was wir als »außerhalb« von uns wahrnehmen. Sie ist nicht Teil unseres Verhaltens, sondern eher etwas, auf das wir reagieren müssen.

Up-Time

Zustand, in dem sich die Aufmerksamkeit und Sinne nach außen richten.

Verallgemeinerung (Generalisierung)

Eine der drei allgemeingültigen Regeln des menschlichen Modellierens; der Prozess, durch den eine bestimmte Erfahrung die vollständige Kategorie, der sie angehört, darstellt.

Verhalten

Die konkreten physischen Handlungen und Reaktionen, durch die wir mit den Menschen und der Umgebung um uns herum interagieren.

Verhaltensflexibilität

Die Fähigkeit, sein eigenes Verhalten zu variieren, um einer anderen Person eine Reaktion zu entlocken oder diese Reaktion sicherzustellen. Die Flexibilität des Verhaltens kann sich auf die Entwicklung einer ganzen Bandbreite von Reaktionen auf jeden gegebenen Reiz beziehen, im Gegensatz zu gewohnheitsmäßigen und daher begrenzenden Reaktionen, die das Potenzial der Arbeitsleistung hemmen würden.

Verzerrung

Eine der drei allgemeingültigen Regeln für das menschliche Modellieren; der Prozess, bei dem die Beziehungen, die zwischen den Teilen des Modells bestehen, unterschiedlich von den Beziehungen dargestellt werden, die sie darstellen sollen.

Visualisierung

Der Prozess, vor dem geistigen Auge Bilder entstehen zu lassen.

Visuell

Das Sehen oder den Sinn des Sehens betreffend.

Wahrnehmungsfilter

Die einzigartigen Ideen, Erfahrungen, Überzeugungen und die Sprache, die unser Modell der Welt formen.

Wahrnehmungsposition

Ein besonderer Blickwinkel oder Standpunkt. Im NLP gibt es drei grundlegende Positionen, die man einnehmen kann, um eine bestimmte Erfahrung wahrzunehmen. Auf der ersten Position erlebt man eine Erfahrung durch seine eigenen Augen und assoziiert sich mit dem Blickwinkel einer ersten Person. Auf der zweiten Position macht man eine Erfahrung, als ob man in den Schuhen eines anderen steckte. Auf der dritten Position tritt man einen Schritt zurück und nimmt die Beziehung zwischen sich selbst und anderen von einem dissoziierten Standpunkt war.

Werte
Die Dinge, die uns wichtig sind, und unsere Handlungen veranlassen.

Wohl formulierte Bedingungen
Die Gruppe von Bedingungen, die etwas erfüllen muss, um ein effektives und ökologisches Ergebnis/Outcome zu produzieren.

Zugangshinweise (Accessing cues)
Subtile Verhaltensweisen, die anzeigen, welches Repräsentationssystem eine Person verwendet. Typische Zugangshinweise sind u. a. Augenbewegungen, Klang und Tempo der Stimme, Körperhaltung, Gestik und Atemmuster.

Zustand
Die Gesamtheit der laufenden mentalen und physischen Bedingungen, unter denen eine Person agiert. Unser Zustand hat Auswirkungen auf unsere Fähigkeiten und Interpretation von Erfahrungen.

Zweite Position
Die Welt aus dem Blickwinkel einer anderen Person sehen und so ihre Realität verstehen.

Kontaktadresse des Autors
für
NLP-Coaching und -Programme

www.quadrant1.com
david@quadrant1.com

+44 (0) 870 762 1300

Stichwortverzeichnis

a

Als-ob-Rahmen 193
– Ankern 211 ff
– Kreativität 212 f
– leicht zu wiederholen 213
– Meetings 217
– Modalitäten 212
– Zustände 211 f
– Reize 212
– Timing 213
Aristoteles 77
Assoziierte Zustände 64 f
Atmung 112
Auditives System 157 ff
– Atmung 159
– Augenbewegungen 158
– Gestik 159
– Sprache 157
– Stimme 159
Augenbewegungen 155, 158, 160 f
Autopilot 29 ff

b

Backtrack-Rahmen 193
Boethius 116
Brainstorming 256
Branson, Richard 92
Butler, Samuel 199

c

Chaos, kreatives 21
Chunking 174 ff
Coaching, Leader als Befähiger, 144 ff
– Fragen 145
– Anregungen 147
Collins, John Churton 169

d

Denken in blauen Quadraten 121 ff
Denken in orangen Kreisen 116 ff
Denkmuster 53 f, 149 f
Dieses nicht *jenes* 117 f
Dilts, Robert 249
Disney, Walt 263 ff
Dissoziation 65
Divergente Probleme 246 ff
Dobson, Austin 233
Down-Time 203

e

Einfluss 199 ff
– Ankern 211 ff
– sein wie 201 f
– Kalibrieren 204
– Integrität des Zwecks 201
– Intention 201
– Leading 210
– Pacing 204 f
– respektvoll 200
– sinnesspezifische Information,
  Beschaffung von 202 f
– Vertrauen 200
– *siehe auch* Rapport
Einstein, Albert 270 ff
Emerson, Ralph Waldo 218
Emotionen 54, 60, 62, 64, 255, 265
Empowerment 127 ff
– generatives 136
– Leadership 138
– Zeit für 135
– Rad 134
Endwerte (End Values) 44
Entscheidungsfindung 277 ff
– Strategie, Elizitation 278 f

NLP im Management. David Molden
Copyright © 2009 WILEY-VCH Verlag GmbH & Co. KGaA, Weinheim
ISBN: 978-3-527-50283-7

– unbewusste Intelligenz 277 f
Erickson, Milton 178
Erinnerung 62 ff
Evidenz-Rahmen 193

f
Fähigkeit 47 ff
Feedback 23 f
Filter *siehe* Informationsfilter
Flexibilität 32, 34 f, 39, 46, 49
Ford, Henry, 262
Fragen, Umgang mit 284 ff
– Körper, Einsatz des 287
– wirre Fragen 286
– direkte Herausforderungen 287
– hypothetische/wertende Fra-
  gen 285
– persönliche Angriffe 286
Freunde, Management von 296 f
Froud, Jim 140
Future Pacing 93

g
Galileo 200
Gandhi, Mahatma 178
Gehirn, linke und rechte Hälfte 253 f
Geist 73
Generalisierungen 187
Generative Entwicklung 24 f
Gesetz der erforderlichen Varietät
  (Law of requisite Variety) 34
Gibran, K. 93
Goethe, Johann Wolfang von 74
Gurdjieff, George 53
Gustatorisches System 152, 59

h
Hitler, Adolf 178

i
Identität 36 ff
– Identifikation mit Ihrer Rolle
  (Übung) 37 f
– Identitätsbezeichnungen 36, 38
– Metaphern 39
– Werte und Überzeugungen 40 f
Informationsfilter 60 ff

– interne Repräsentationssyste-
  me 151 ff
– Sprache 60
– Zustände des Seins 64 ff
Informationsrahmen 190 ff
– Als-ob-Rahmen 193
– Backtrack-Rahmen 193 f
– ökologischer Rahmen 191 f
– Evidenz-Rahmen 193
– Ergebnis-Rahmen 192
– Relevanz-Rahmen oder Relevancy
  Challenge 192 f
Informationsverarbeitung 59 ff
Inkongruenz 75
Innerer Dialog 161
Intention 275 f, 284 ff
In-Time/Through-Time-Metaprogramme
  70 ff
Intuition 277

j
Johnson, Samuel 29

k
Kael, Pauline 140
Kalibrieren 204
Kinästhetisches System 159 ff
– Atmung 161
– Augenbewegungen 160
– Gestik 161
– Sprache 159
– Stimme 161
King, Martin Luther 178
– Kommunikation 55 f
– Encoder, Decoder 56
– Informationsfilter 56, 59 ff
– NLP-Kommunikationsmodell 58 f
– Denkmuster 53 f
– *siehe auch* Sprache
Kongruenz 73 f, 85 f
Konvergente Probleme 246 ff
Körpersprache 204 ff, 239, 248, 283
Kreatives Chaos (Tom Peters) 21
Kreativität (Gruppe) 255 ff
– Brainstorming 256
– Einstein-Strategie 270 f
– multiple Blickwinkel
  (Übung) 263 ff

- Problem, Ursachen für 257 f
- Problemdefinition 256 f
- Walt-Disney-Kreativitätsstrategie 265 f
Kreativität (persönliche) 241 ff
- Gehirn zerhacken (Übung) 254
- konvergente/divergente Probleme 246 f
- gewohnheitsmäßige Denkweise, Heraustreten aus der 243
- Ideen, Generieren von 241 f
- und Innovation 241 f
- natürliche Kreativität 252
- Blickwinkel erweitern 243
- Problem, Heraustreten aus dem 244
- spontanes und flexibles Denken und Reagieren oder auch 250 f
- »Thinking On Your Feet« (Übung) 250 f

l

Landkarte der Realität 57 f
Leading 139 f, 210
- Empowerment 126 f, 142 f
- Pacing 210
Lehrer, Leader als 143 ff
- Coaching, Gelegenheiten für 143
- Matching von Personen und Aufgaben 144
- Ergebnisse vereinbaren 144
Lernen 130 f

m

Macht 126 ff
- Autorität 130
- Zwang 130
- Kontrolle-Empowerment-Kontinuum 132
- Sachverstand 130
- generative 130 ff, 136
- Verantwortung 134
- Vertrauen 133
- *siehe auch* Empowerment
Matching 144, 205 f
Meetings 292 ff
- Ausrichtung 292
- Anker 294

- Umgebung 293 f
- Informationsrahmen 293
- Zweck 292 f
Meta-Modell (Sprache) 179
- Ursache und Wirkung 184
- Vergleiche 182
- komplexe Äquivalenz 185
- Verallgemeinerungen (Generalisierungen) 187
- Gordon Brown Redebeispiel 189 f
- Lost Performative (verlorener Sprecher) 181
- Gedankenlesen 182 f
- Modaloperatoren der Notwendigkeit 187 f
- Modaloperatoren der Möglichkeit 188 f
- Nominalisierungen 180 f
- Präsuppositionen/Vorannahmen 185
- Universalquantifikatoren 186
- unspezifische Nomen 180 f
- unspezifische Verben 181
Metaphern 196
Metaprogramme 105
- Tätigkeitsinhalt 106
- Richtung der Aufmerksamkeit 108
- Größe der Einheit 108
- Vergleichssortierung 110
- Gruppenverhalten 109
- Ebene der Tätigkeit 107
- Richtung der Motivation 106
- Art der Referenz 108
- Arbeitsmuster 107
Milton-Modell (Sprache) 178 f
Mittelwerte (Means Values) 44
Modellieren 111
Motivation 289 ff
- Ambitionen 289
- Den Motor anlassen (Übung) 291 f
- Metaprogramme 290
- Motivieren Sie sich, die Dinge zu erledigen (Übung) 227
- Eigenmotivation 280
Multiple Blickwinkel 263

n

Neugierde 245 ff, 256

o

Ökologischer Rahmen 191
Olfaktorisches System 59, 152
Outcome-Rahmen 152
– Outcomes/Ergebnisse 86 ff
– *vs.* Ziele 86
– wohl formuliert
  (PRIEST Abkürzung) 87

p

Pacing 139 f, 204 ff
– Atmung 204
– extreme neurologische Zustände
  205
– Matching und Spiegeln 205 f
– Rapport 206
– Werte 207 ff
Pauling, Linus 243
Peter-Prinzip 90
Präsuppositionen 223 f
Probleme 31 f
– Beschreibungen als Lösungen 31 f
– Reagieren auf 31 f
Projektmanagement 295 f

r

Rahmen, *siehe* Informationsrahmen
Rapport 179, 189 f 193, 202
Realität, Landkarte der 57 f
Reframing 140 f
Relevancy Challenge oder Relevanz-
  Rahmen 192
Repräsentationssysteme 151 ff
– auditives System 59, 157 ff
– gustatorisches System 59, 152
– innerer Dialog 161 f
– kinästhetisches System 59, 159 ff
– Leitsystem 153
– olfaktorisches System 59, 152
– bevorzugtes, Fragebogen
  (Übung) 162 f
– visuelles System 50, 154 ff
– *siehe auch* Submodalitäten 166 ff
Respekt 136 f
Ressourcenarmer Zustand 43 f

Richtung, Gestalten der 77 ff
– Feedback 81 f
– Analogie des inspirierten
  Dirigenten 78
– Umsetzung 89 f
– Firmenphilosophien 80
– Wahrnehmung anderer 81 f
– geplante Veränderung 79 f

s

Sassoon, Siegfried 203
Sechste-Strategie-Zustand 96 f, 101 f,
  116
Selbstbeherrschung 95 ff
– erreichen 114
– Ziele und Wünsche 96
– Modellieren 111
– Denken in orangen Kreisen 116 f
– ungelernt, für Aufgaben 113
– *siehe auch* Sechste-Strategie-Zu-
  stand 96 f, 101 f, 116
Selbstbewusstsein 43
Selbstreflexion 29
Selbstvertrauen 233 ff
– Atmung des Selbstvertrauens 237,
  239
– Selbstvertrauen aufbauen 234 f
– gegen sich selbst antreten 238
– Kontext-Switch 235
– Entschlossenheit 240
– Fokus mit Klarheit 240 f
– Gestik 239 f
– nach innen schauen 238
– an sich selbst glauben 236
– Gedanken anlächeln 237
Semco S/A 41
Semler, Ricardo 41
Sibley, Dave 219
Sich selbst erfüllende Prophezei-
  ungen 142
Sinnesspezifische Information 202 ff
– Sinnesschärfe 202 f
– Up-Time/Down-Tim 203e
Spiegeln 205 f
Sprache 60 f, 171 ff
– kunstvoll vage 178 f
– Größe der Einheit 174 ff

- Kommunikation, Power Rating
  der 171
- Kongruenz 197
- Erfahrung 173
- Informationsrahmen 189 ff
- Intention 172
- Metaphern, Lernen mit 196
- Zweck 172
- Reframen der Denkweise 194 ff
- Oberflächen- und Tiefenstruktur 175
- Meta-Modell, Milton-Modell 179
Stress-Management 221 ff
- Stress bezwingen (Übung) 222
Submodalitäten 166 ff
Swish-Technik (Übung) 65 f

t

Tao Te Ching 95
Teams, effektiv aufbauen 299 ff
- aktives Leadership 299
- Kultur, Einfluss der 307
- Prüfung der Team-Performance
  (Übung) 299 f
- Werte, Auswirkungen von 304 f
Tiefenstruktur 175
Träumen mit offenen Augen 249 f

u

Überzeugungen 261, 263 f, 271, 279 ff
Umgebung 50 f
Unterbewusstsein 29 ff
- Autopilot 29 f
- Matching und Spiegeln 205 f
Up-Time 203

v

Verallgemeinerungen 187
Verhalten 49
Vertrauen
- Empowerment 133
- Macht 126 ff
Visuelles System 154 ff
- Atmung 156
- Augenbewegungen 155
- Gestik 156
Sprache 154

w

Wahl des Verhaltens 24
Wahrnehmung, Tätigkeit motiviert
  durch 54 f
Wahrnehmungspositionen
- Disneys Wahrnehmungspositionen
  (Übung) 267
- multiple Blickwinkel 263 f
Wendell Holmes, Oliver 197
Werte und Überzeugungen 40 ff
- Veränderungen 42
- Endwerte (end values) 44
- Identifikation Ihrer Werte
  und Überzeugungen (Übung) 45 f
- Mittelwerte (means values) 44
Williams, Raymond 147

y

Yin-Yang-Theorie 118 f

z

Zeitmanagement 223 ff
- Fokus auf das Wichtige
  (Übung) 229
- Motivation, Dinge zu erledigen
  (Übung) 227 f
- Erfolgsplanung (Übung) 230
- Prioritäten, und Emotionen 225 f
- Prioritäten verwalten 224
- dieses nicht jenes 226 f
- In-Time- und Through-Time-Muster
  228
- Zeit-Metaphern 223 f
- Time-Lines 229 f
Zögern 272 ff
Options-orientiertes Muster 275
- Denken in orangen Kreisen
  (Übung) 276 f
- Ergebnis-Fokus 274
- Antriebstechnik (Übung) 275
- Aufgaben, Wert für Sie 273
Zustand des Geistes, Beherrschung
  des 73 f
Zustand des Seins 64 ff
- assoziierter Zustand 64 ff
- Steuerung des 74
- Kreativität 241 ff
- dissoziierter Zustand 65
- Swish-Technik (Übung) 65 f

Über den Autor

David Molden ist Direktor, Coach und Trainer bei Quadrant 1 International. Quadrant 1 International leistet Geschäftsleuten Hilfestellung bei Aufstieg, Entwicklung, Führung und Erfolg im Berufsleben. Zu Davids Aufgabenbereich gehört das 1:1-Coachen von Mandanten und eine große Bandbreite von Projekten mit Großunternehmen, kleinen Firmen und Unternehmern.

David erwarb wertvolle Management-Erfahrung in der IT-Branche, wo er lernte, wie man durch die Motivation von Einzelpersonen und Gruppen erfolgreich ist. Er empfand diese Erfahrung persönlich als so bereichernd, dass er seine Position als Leiter der Service-, Ausbildungs- und Entwicklungsabteilung bei Computacenter plc aufgab und stattdessen in seine eigenen Fähigkeiten investierte und seine Karriere in dem Bereich neu ausrichtete, der ihm den größten Spaß bereitet: das Beste aus Menschen herausholen.

Heute arbeitet er mit Firmengruppen, CEOs und Managern in zahlreichen Branchen und vielen Ländern. Er ist Senior Partner am Oxford Taiji Gongfu Institute, Tai Chi-Lehrer und persönlicher Schüler des Großmeisters Gou Kongjie, 11. Generation, Chen-Stil. Er hat eine Reihe von Selbsthilfe-Büchern in sieben Sprachen im Pearson Education Verlag veröffentlicht. Molden lebt in Oxford, England, und liebt das Reisen, Schreiben, Musik, Tai Chi und Lesen. Er interessiert sich besonders für östliche Weisheit und ihre Anwendung in der Welt von heute.

NLP im Management. David Molden
Copyright © 2009 WILEY-VCH Verlag GmbH & Co. KGaA, Weinheim
ISBN: 978-3-527-50283-7